信山社双書
法学編

法学民事訴訟法
逐条解説

野村秀敏 著

信山社

はしがき

——民事訴訟法を学ぶにあたって——

　最近は、公害の差止請求訴訟、薬害の損害賠償請求訴訟や消費者被害の損害賠償請求訴訟をはじめ、様々な民事訴訟がマスコミで報道されることが多くなり、それとともに民事訴訟への国民の関心が急速に高まりつつあるようにみえます。しかし、個々の民事訴訟が正しく運営されているかとか、現在の民事訴訟制度によって国民の権利が守られているか、といったような問題について正しい判断をするためには、民事訴訟法を勉強することが必要です。

　ところで、みなさんは、どのような場合に公害を差し止めることができるのか、どのような場合に薬害や消費者被害を理由に損害賠償を請求できるのか、といったことについては既に学んできたかもしれません。これらのことを定めた法律を実体法といいますが、実体法で定められた権利も、最終的には訴訟を通じてしか実現されません。したがって、法律学の学習も、実体法を学ぶだけでは不十分で、それとともに訴訟法を学んで初めて完全になるわけであり、この意味においても民事訴訟法を勉強することが必要です（逆にいえば、民事訴訟法の理解のためには、民法や商法などの実体法の知識が前提となるわけであり、したがって、本書のなかでも民法や商法に言及していることがあります。そして、その際には、言及されたことがらについて一応の解説がしてありますが、それらはスペースの関係上必ずしも十分ではありませんから、理解が困難な場合は、それぞれの分野の入門書を参照されることをお勧めします）。

　先に述べたように、最近では民事訴訟への国民の関心が急速に高まっていますが、他方では、それには時間や費用がかかり、普通の紛争の解決のためには利用しづらくなっているといった批判も大きくなっていました。そこで平成8年に、「民事訴訟を国民に利用しやすく、分かりやすくする」ことを目標として、民事訴訟法は全面改正され、平成10年1月1日から施行されています。そしてその後さらに、最近の司法制度改革の一環として「民事訴訟を国民により利用しやすくする」ために、民事訴訟法は平成15年・16年と続けてかなり大幅な改正を受け、平成16年の改正法

も平成17年1月1日から施行されています。このような民事訴訟法については、既にすぐれた体系書がいくつも公表されていますが、それらは高度な内容の詳細な著書で、初学者が読みこなすには困難を感ずるでしょう。これに対して、本書は、初めて民事訴訟法を学ぼうとする人たちのために、現在の民事訴訟法のやさしい入門書として書かれたものです。ひとりでも多くの読者が本書を通じて民事訴訟法に興味をいだかれることを願うとともに、そのような興味をいだかれた読者がさらに本格的な体系書と取り組まれることを希望します。

＊　　　＊　　　＊

　本書は、もともと、このようなコンセプトの下に、法律の解説シリーズの1冊の『民事訴訟法の解説』(一橋出版)として、公刊されていた旧著を基礎としています(この旧著は、平成20年の4訂版第5刷以降、出版社の都合により絶版となっていました)。上記「はしがき」は旧著のものですが、これから分かるように、旧著の読者として想定されていたのは、一般の方々など、必ずしも法学部の学生ではない方たちでした。ところが、幸いにも、想定を超え、旧著は学生諸君をも含めて様々な職種の、ある程度多くの人々に継続的に受け入れられてきたようです。そこで、このまま廃刊にするのを残念に思っていましたところ、このたび、信山社から信山社双書(法学編)の1冊に加えていただけるとのお話をいただきましたので、ここに『法学民事訴訟法』と書名を変え、装いも新たに公刊させていただく次第です。その際、『司法統計年報(民事・行政編)』(本書では単に「司法統計年報」とのみ表記しています)による統計数字を新しくしたり、平成23年の国際裁判管轄に関する改正を叙述にとりいれるなど、内容を更新したことはいうまでもありません。旧著同様、幅広い方々に、それぞれの用途に応じてお読みいただければ幸いです。

　なお、今回も、信山社から刊行されている私の他の著書についてと同様に、袖山貴・稲葉文子の両氏にお世話になるとともに、特に加藤真冬さんに様々なご配慮をいただきました。最後になりましたが、記して感謝申し上げる次第です。

　　平成25年10月

野 村 秀 敏

目　次

はしがき―民事訴訟法を学ぶにあたって

第1章　民事訴訟制度と民事訴訟法 ―― 1
第1節　紛争とその解決方法 …… 1
第2節　民事訴訟の流れ …… 4
第3節　民事訴訟法の改正 …… 5
第4節　民事訴訟法の通則 …… 7
第1条（趣　旨）…… 7
第2条（裁判所及び当事者の責務）…… 7
第3条（最高裁判所規則）…… 7

第2章　訴えの提起 ―― 9
第1節　日本の裁判所に提起できる訴え …… 9
第3条の2（被告の住所等による管轄権）…… 9
第3条の3（契約上の債務に関する訴え等の管轄権）…… 9
第3条の4（消費者契約及び労働関係に関する訴えの管轄権）…… 11
第3条の5（管轄権の専属）…… 11
第3条の6（併合請求における管轄権）…… 11
第3条の7（管轄権に関する合意）…… 12
第3条の8（応訴による管轄権）…… 12
第3条の9（特別の事情による訴えの却下）…… 13
第3条の10（管轄権が専属する場合の適用除外）…… 15
第3条の12（管轄権の標準時）…… 15
第2節　訴えを提起する裁判所 …… 16
第4条（普通裁判籍による管轄）…… 16
第5条（財産権上の訴え等についての管轄）…… 18
第6条（特許権等に関する訴え等の管轄）…… 19
第6条の2（意匠権等に関する訴えの管轄）…… 19
第7条（併合請求における管轄）…… 22
第8条（訴訟の目的の価額の算定）…… 23

第9条　（併合請求の場合の価額の算定）………………………………… 23
　第11条（管轄の合意）…………………………………………………… 24
　第12条（応訴管轄）……………………………………………………… 25
　第13条（専属管轄の場合の適用除外等）……………………………… 26
　第15条（管轄の標準時）………………………………………………… 27
　第16条（管轄違いの場合の取扱い）…………………………………… 27
　第17条（遅滞を避ける等のための移送）……………………………… 27
　第20条（専属管轄の場合の移送の制限）……………………………… 27
　第23条（裁判官の除斥）………………………………………………… 29
　第24条（裁判官の忌避）………………………………………………… 29
　第25条（除斥又は忌避の裁判）………………………………………… 29
第3節　当事者および代理人 ……………………………………………… 31
　第28条（原　　則）……………………………………………………… 31
　第29条（法人でない社団等の当事者能力）…………………………… 31
　第31条（未成年者及び成年被後見人の訴訟能力）…………………… 31
　第32条（被保佐人，被補助人及び法定代理人の訴訟行為の特則）… 31
　第37条（法人の代表者等への準用）…………………………………… 32
　第54条（訴訟代理人の資格）…………………………………………… 34
　第55条（訴訟代理権の範囲）…………………………………………… 34
　第58条（訴訟代理権の不消滅）………………………………………… 35
　第155条（弁論能力を欠く者に対する措置）…………………………… 35
第4節　訴えの提起前における証拠収集の処分等 ……………………… 37
　第132条の2・第132条の3（訴えの提起前における照会）………… 37
　第132条の4（訴えの提起前における証拠収集の処分）……………… 38
　第132条の5（証拠収集の処分の管轄裁判所等）……………………… 39
　第132条の6（証拠収集の処分の手続等）……………………………… 39
　第132条の7（事件の記録の閲覧等）…………………………………… 40
第5節　訴え提起の方式 …………………………………………………… 42
　第133条（訴え提起の方式）…………………………………………… 42
第6節　訴訟受理後の裁判所の措置 ……………………………………… 51
　第137条（裁判長の訴状審査権）……………………………………… 51
　第138条（訴状の送達）………………………………………………… 51
　第98条（職権送達の原則等）…………………………………………… 52
　第99条（送達実施機関）………………………………………………… 52

第101条（交付送達の原則） …………………………………… 52
　　第103条（送達場所） ……………………………………………… 52
　　第104条（送達場所等の届出） …………………………………… 53
　　第106条（補充送達及び差置送達） ……………………………… 53
　　第107条（書留郵便等に付する送達） …………………………… 53
　　第109条（送達報告書） …………………………………………… 54
　　第110条（公示送達の要件） ……………………………………… 54
　　第111条（公示送達の方法） ……………………………………… 54
　　第112条（公示送達の効力発生の時期） ………………………… 54
　　第113条（公示送達による意思表示の到達） …………………… 54
　　第139条（口頭弁論期日の指定） ………………………………… 57
　　第93条（期日の指定及び変更） …………………………………… 57
　　第94条（期日の呼出し） …………………………………………… 58
　　第95条（期間の計算） ……………………………………………… 59
　　第97条（訴訟行為の追完） ………………………………………… 59
　第7節　電子情報処理組織による申立て等 …………………………… 60
　　第132条の10（電子情報処理組織による申立て等） …………… 60
　第8節　訴え提起の効果 …………………………………………………… 61
　　第142条（重複する訴えの提起の禁止） ………………………… 61
　　第147条（時効中断等の効力発生の時期） ……………………… 62

第3章　訴訟の審理 ─────────────────── 65
　第1節　訴訟要件 …………………………………………………………… 65
　　第140条（口頭弁論を経ない訴えの却下） ……………………… 65
　　第141条（呼出費用の予納がない場合の訴えの却下） ………… 65
　　第134条（証書真否確認の訴え） ………………………………… 67
　　第135条（将来の給付の訴え） …………………………………… 67
　第2節　口頭弁論の必要性とそれをめぐる諸主義 …………………… 69
　　第87条（口頭弁論の必要性） ……………………………………… 69
　　第88条（受命裁判官による審尋） ………………………………… 69
　　第92条（秘密保護のための閲覧等の制限） ……………………… 71
　　第249条（直接主義） ……………………………………………… 74
　第3節　専門委員等 ………………………………………………………… 74
　　第92条の2（専門委員の関与） …………………………………… 74

第92条の3（音声の送受信による通話の方法による専門委員
　　　　　の関与）·· 75
第92条の4（専門委員の関与の決定の取消し）······················· 75
第92条の5（専門委員の指定及び任免等）······························· 75
第92条の6（専門委員の除斥及び忌避）··································· 75
第92条の8（知的財産に関する事件における裁判所調査官の
　　　　　事務）·· 76
第92条の9（知的財産に関する事件における裁判所調査官の
　　　　　除斥及び忌避）·· 76

第4節　計画審理 ··· 78
第147条の2（訴訟手続の計画的進行）···································· 78
第147条の3（審理の計画）·· 78

第5節　口頭弁論の準備 ··· 80
第161条（準備書面）·· 80
第162条（準備書面等の提出期間）·· 80
第163条（当事者照会）·· 83
第164条（準備的口頭弁論の開始）·· 84
第165条（証明すべき事実の確認等）·· 84
第166条（当事者の不出頭等による終了）································ 84
第167条（準備的口頭弁論終了後の攻撃防御方法の提出）······ 84
第168条（弁論準備手続の開始）·· 86
第169条（弁論準備手続の期日）·· 86
第170条（弁論準備手続における訴訟行為等）························ 87
第171条（受命裁判官による弁論準備手続）···························· 87
第172条（弁論準備手続に付する裁判の取消し）···················· 87
第173条（弁論準備手続の結果の陳述）···································· 87
第174条（弁論準備手続終結後の攻撃防御方法の提出）········ 87
第175条（書面による準備手続の開始）···································· 88
第176条（書面による準備手続の方法等）································ 89
第177条（証明すべき事実の確認）·· 89
第178条（書面による準備手続終結後の攻撃防御方法の提出）······· 89

第6節　口頭弁論の実施 ··· 90
第148条（裁判長の訴訟指揮権）·· 90
第90条（訴訟手続に関する異議権の喪失）······························ 91

第159条（自白の擬制） …………………………………………………… 92
第149条（釈明権等） ……………………………………………………… 94
第152条（口頭弁論の併合等） …………………………………………… 97
第153条（口頭弁論の再開） ……………………………………………… 98
第156条（攻撃防御方法の提出時期） …………………………………… 98
第156条の2（審理の計画が定められている場合の攻撃防御方
　　　　　　法の提出期間） …………………………………………… 99
第157条（時機に後れた攻撃防御方法の却下等） ……………………… 99
第157条の2（審理の計画が定められている場合の攻撃防御方
　　　　　　法の却下） ………………………………………………… 99
第160条（口頭弁論調書） ………………………………………………… 101
第158条（訴状等の陳述の擬制） ………………………………………… 103
第244条（審理の現状に基づく終局判決） ……………………………… 103
第263条（訴えの取下げの擬制） ………………………………………… 103
第124条（訴訟手続の中断及び受継） …………………………………… 105
第126条（相手方による受継の申立て） ………………………………… 106
第129条（職権による続行命令） ………………………………………… 106
第130条（裁判所の職務執行不能による中止） ………………………… 106
第131条（当事者の故障による中止） …………………………………… 106
第132条（中断及び中止の効果） ………………………………………… 106

第7節　証　拠 …………………………………………………………… 108
第179条（証明することを要しない事実） ……………………………… 108
第247条（自由心証主義） ………………………………………………… 111
第248条（損害額の認定） ………………………………………………… 111
第180条（証拠の申出） …………………………………………………… 113
第181条（証拠調べを要しない場合） …………………………………… 113
第182条（集中証拠調べ） ………………………………………………… 114
第187条（参考人等の審尋） ……………………………………………… 115
第190条（証人義務） ……………………………………………………… 115
第191条（公務員の尋問） ………………………………………………… 115
第192条（不出頭に対する過料等） ……………………………………… 116
第193条（不出頭に対する罰金等） ……………………………………… 116
第196条・第197条（証言拒絶権） ……………………………………… 116
第200条（証言拒絶に対する制裁） ……………………………………… 116

第201条（宣　誓） ……………………………………………………………… 116
第202条（尋問の順序） ………………………………………………………… 117
第203条の2（付添い） ………………………………………………………… 117
第203条の3（遮へいの措置） ………………………………………………… 117
第204条（映像等の送受信による通話の方法による尋問） ………………… 118
第205条（尋問に代わる書面の提出） ………………………………………… 118
第207条（当事者本人の尋問） ………………………………………………… 120
第210条（証人尋問の規定の準用） …………………………………………… 120
第211条（法定代理人の尋問） ………………………………………………… 120
第212条（鑑定義務） …………………………………………………………… 121
第215条（鑑定人の陳述の方式等） …………………………………………… 121
第215条の2（鑑定人質問） …………………………………………………… 121
第215条の3（映像等の送受信による通話の方法による陳述） …………… 121
第216条（証人尋問の規定の準用） …………………………………………… 121
第217条（鑑定証人） …………………………………………………………… 122
第219条（書証の申出） ………………………………………………………… 123
第220条（文書提出義務） ……………………………………………………… 123
第222条（文書の特定のための手続） ………………………………………… 123
第223条（文書提出命令等） …………………………………………………… 124
第224条（当事者が文書提出命令に従わない場合等の効果） ……………… 125
第225条（第三者が文書提出命令に従わない場合の過料） ………………… 125
第226条（文書送付の嘱託） …………………………………………………… 125
第228条（文書の成立） ………………………………………………………… 125
第231条（文書に準ずる物件への準用） ……………………………………… 125
第232条（検証の目的の提示等） ……………………………………………… 129

第4章　複雑な訴訟形態 ―――――――――――――――――― 131
第1節　複数請求訴訟 ……………………………………………………… 131
第136条（請求の併合） ………………………………………………………… 131
第143条（訴えの変更） ………………………………………………………… 132
第145条（中間確認の訴え） …………………………………………………… 133
第146条（反　訴） ……………………………………………………………… 134
第2節　複数当事者訴訟 …………………………………………………… 136
第38条（共同訴訟の要件） ……………………………………………………… 136

第39条（共同訴訟人の地位） ………………………………………… 139
第40条（必要的共同訴訟） …………………………………………… 139
第41条（同時審判の申出がある共同訴訟） ………………………… 141
第30条（選定当事者） ………………………………………………… 142
第144条（選定者に係る請求の追加） ……………………………… 142
第42条（補助参加） …………………………………………………… 144
第43条（補助参加の申出） …………………………………………… 144
第44条（補助参加についての異議等） ……………………………… 144
第45条（補助参加人の訴訟行為） …………………………………… 144
第46条（補助参加人に対する裁判の効力） ………………………… 144
第53条（訴訟告知） …………………………………………………… 147
第47条（独立当事者参加） …………………………………………… 148
第48条（訴訟脱退） …………………………………………………… 148
第49条（権利承継人の訴訟参加の場合における時効の中断等） … 151
第50条（義務承継人の訴訟引受け） ………………………………… 151
第51条（義務承継人の訴訟参加及び権利承継人の訴訟引受け）… 151

第5章　訴訟の終了 ── 155
第1節　終局判決による終了 …………………………………… 155
第243条（終局判決） ………………………………………………… 155
第245条（中間判決） ………………………………………………… 155
第246条（判決事項） ………………………………………………… 157
第250条（判決の発効） ……………………………………………… 158
第251条（言渡期日） ………………………………………………… 158
第252条（言渡しの方式） …………………………………………… 158
第253条（判決書） …………………………………………………… 158
第254条（言渡しの方式の特則） …………………………………… 158
第255条（判決書等の送達） ………………………………………… 159
第256条（変更の判決） ……………………………………………… 161
第257条（更正決定） ………………………………………………… 161
第258条（裁判の脱漏） ……………………………………………… 161
第114条（既判力の範囲） …………………………………………… 163
第115条（確定判決等の効力が及ぶ者の範囲） …………………… 164
第117条（定期金による賠償を命じた確定判決の変更を求める

　　　　訴え） ………………………………………………………………………………… 169
　　第259条（仮執行の宣言） ……………………………………………………………… 170
　第2節　裁判によらない訴訟の終了 ……………………………………………………… 172
　　第261条（訴えの取下げ） ……………………………………………………………… 172
　　第262条（訴えの取下げの効果） ……………………………………………………… 172
　　第264条（和解条項案の書面による受諾） …………………………………………… 174
　　第265条（裁判所等が定める和解条項） ……………………………………………… 175
　　第266条（請求の放棄又は認諾） ……………………………………………………… 175
　　第267条（和解調書等の効力） ………………………………………………………… 175

第6章　上訴と再審 ───────────────────────── 179
　第1節　上　　訴 …………………………………………………………………………… 179
　　第281条（控訴をすることができる判決等） ………………………………………… 179
　　第283条（控訴裁判所の判断を受ける裁判） ………………………………………… 179
　　第285条（控訴期間） …………………………………………………………………… 179
　　第286条（控訴提起の方式） …………………………………………………………… 179
　　第292条（控訴の取下げ） ……………………………………………………………… 179
　　第293条（附帯控訴） …………………………………………………………………… 179
　　第296条（口頭弁論の範囲等） ………………………………………………………… 180
　　第297条（第一審の訴訟手続の規定の準用） ………………………………………… 180
　　第298条（第一審の訴訟行為の効力等） ……………………………………………… 180
　　第301条（攻撃防御方法の提出等の期間） …………………………………………… 180
　　第302条（控訴棄却） …………………………………………………………………… 180
　　第304条（第一審判決の取消し及び変更の範囲） …………………………………… 181
　　第305条（第一審判決が不当な場合の取消し） ……………………………………… 181
　　第306条（第一審の判決の手続が違法な場合の取消し） …………………………… 181
　　第307条・第308条（事件の差戻し） ………………………………………………… 181
　　第309条（第一審の管轄違いを理由とする移送） …………………………………… 181
　　第311条（上告裁判所） ………………………………………………………………… 186
　　第312条（上告の理由） ………………………………………………………………… 186
　　第313条（控訴の規定の準用） ………………………………………………………… 186
　　第314条（上告提起の方式等） ………………………………………………………… 186
　　第315条（上告の理由の記載） ………………………………………………………… 186
　　第316条（原裁判所による上告の却下） ……………………………………………… 187

第317条（上告裁判所による上告の却下等） ………………………… 187
第318条（上告受理の申立て） …………………………………………… 187
第319条（口頭弁論を経ない上告の棄却） ……………………………… 187
第320条（調査の範囲） …………………………………………………… 187
第321条（原判決の確定した事実の拘束） ……………………………… 187
第325条（破棄差戻し等） ………………………………………………… 188
第326条（破棄自判） ……………………………………………………… 188
第328条（抗告をすることができる裁判） ……………………………… 191
第330条（再抗告） ………………………………………………………… 191
第332条（即時抗告期間） ………………………………………………… 191
第333条（原裁判所等による更正） ……………………………………… 191
第337条（許可抗告） ……………………………………………………… 191

第2節　再　審 …………………………………………………………… 194
第338条（再審の事由） …………………………………………………… 194
第340条（管轄裁判所） …………………………………………………… 195
第342条（再審期間） ……………………………………………………… 195
第345条（再審の訴えの却下等） ………………………………………… 196
第346条（再審開始の決定） ……………………………………………… 196
第347条（即時抗告） ……………………………………………………… 196
第348条（本案の審理及び裁判） ………………………………………… 196
第349条（決定又は命令に対する再審） ………………………………… 196

第7章　少額訴訟 ───────────────────── 199
第368条（少額訴訟の要件等） …………………………………………… 199
第369条（反訴の禁止） …………………………………………………… 199
第370条（一期日審理の原則） …………………………………………… 199
第371条（証拠調べの制限） ……………………………………………… 199
第372条（証人等の尋問） ………………………………………………… 199
第373条（通常の手続への移行） ………………………………………… 199
第374条（判決の言渡し） ………………………………………………… 200
第375条（判決による支払の猶予） ……………………………………… 200
第376条（仮執行の宣言） ………………………………………………… 200
第377条（控訴の禁止） …………………………………………………… 201
第378条（異　議） ………………………………………………………… 201

第379条（異議後の審理及び裁判） ……………………………………… 201
　　第380条（異議後の判決に対する不服申立て） ……………………… 201
　　第381条（過　料） ……………………………………………………………… 201

第一審裁判所の新受件数の推移(205)
審理期間(206)

さくいん(207)

法学民事訴訟法
◀ 逐条解説 ▶

第1章　民事訴訟制度と民事訴訟法

第1節　紛争とその解決方法

　人々は，多くの他人といろいろなかかわりをもちながら生活をしています。すると，そのかかわり合いのなかから，人々の間に多くの紛争が生じてきます。たとえば，金銭の貸し借りをめぐる紛争，売掛金の支払いをめぐる紛争，土地や家の貸し借りをめぐる紛争，離婚をめぐる紛争，遺産の分配をめぐる紛争といったものです。これらは昔からあり，私たちの社会生活上最も身近な紛争ですが，最近では，公害紛争，薬害紛争，消費者紛争などの，従来は予想されなかった新しいタイプの紛争も生じています。知的財産権をめぐる紛争や労働紛争もあります。このような紛争が生じたときに，それをそのまま放置しておくならば，結局は力の強い者が勝ちを占めることになり，いくら権利があっても弱い者は泣き寝入りということになって，社会の秩序は混乱してしまいます。そこで，近代国家が成立してからは，国家は，民法や商法などの法規範を整備するとともに，裁判所を設置して，紛争の当事者からの申し出があれば，裁判所の判決によって人々の間の紛争を法にそって解決する制度を設けており，これが民事訴訟制度です。

　民事訴訟は，紛争の当事者の一方からの申し出があれば，他方がその紛争の裁判所による解決を望まない場合でも開始され，しかも，そこにおいて下された判決はそのような他方の当事者をも拘束します。そして，裁判所によって一定の行為をなすことやなさざることを命ぜられた相手方がその命令に従わない場合には，その命令に従った状態を国家の力によってつくりだすために，強制執行制度が設けられています。しかしながら，上記のような紛争の大部分はもともとが私人間の個人的な利害関係にのみ関係した紛争ですから，その紛争の当事者間で話し合いがつけばそれにこしたことはありません。そこで，裁判所が訴訟の途中で当事者にこの話し合いを勧めたり，紛争の当事者が相手方を話し合いのために簡易裁判所に呼び出すことが認められています(前者のような話し合

いの結果成立した合意を訴訟上の和解、後者のような話し合いの結果成立した合意を起訴前の和解または即決和解といい、双方をあわせて裁判上の和解といいます)。また、国家は、当事者間の話し合いを手助けするために、調停という制度を設けています。調停には家庭裁判所が離婚や遺産分割といった家事事件について行う家事調停と、それ以外の裁判所が行う民事調停とがありますが、いずれにしても、裁判所のなかに設けられた調停委員会のリードの下に、当事者間で譲り合いをさせ、合意に達するように試みられます。和解や調停では、必ずしも法律の一般的な定めにとらわれずに、それぞれの具体的な紛争の実情に即して、当事者双方の納得ずくで妥当かつ現実的な解決をはかるように試みられます。わが国においては、和解・調停は非常によく利用されています。他方、訴訟と和解・調停との中間的なものとして、仲裁という紛争の解決方法もあります。

仲裁判断は、訴訟で下される判決と同じように、相手方との合意がなくともこれを拘束しますけれども、仲裁という手続を開始すること自体については両当事者の合意が必要です。すなわち、私人間で将来紛争が生じたときには、——裁判所の判決ではなくして——あらかじめ定めた私人(仲裁人)の判断(仲裁判断)に服することによって紛争の解決をはかろうという約束(仲裁合意)がなされることがあり(紛争が生じてからなされることもあります)、このような紛争の解決方法を仲裁といい、建築紛争や国際的な商取引に関してよく用いられています。

調停や仲裁を含め訴訟以外の方式による紛争解決方式をADR (Alternative Dispute Resolution)といいますが、それには、以上にあげたもののほかにも、国民生活センターや交通事故紛争処理センターなど行政機関や民間機関でも数多くのADRが多様な活動を展開しており、最近ますます注目を集めています。

ところで、金銭の支払いを対象とする紛争においては、相手方が支払債務の存在を争っている場合もありますが、債務の存在を認めながら、ただ「払う」「払う」というばかりで、いっこうに支払いをしないという場合もあります。前者の場合には、支払債務の存在について争いがありますから、訴訟や調停などによって解決することが必要になりますが、後者の場合には、支払債務の存在そのものの紛争はないので、むしろ、はやく債権者の権利の実現を行えるようにして、紛争の解決をはかるようにすることが望ましいといえます。そこで、裁判所の書記官が債権者のいい分だけを聞いて、申し立てられた額の金銭の支払いを債務者に命令します。

この命令を支払督促といいますが、これに対しては、もしかすると債務者にもいい分があるかもしれませんから、債務者に異議(督促異議といいます)を述べる機会が与えられ、異議があると支払督促は効力を失って通常の訴訟が開始されます。そして、異議が述べられなければ、最終的には判決と同様、支払督促に基づいて強制執行をなしうることになります。このような手続を督促手続といい、これについては382条以下に詳しい規定がありますが、本書ではこの点に関する解説は省略します。他方、手形や小切手は、迅速に支払いがなされることを前提として信用が与えられ、取引界を転々と流通するものですから、それがいったん不渡りとなったときは、手形金や小切手金はすみやかに回収される必要があります。そこで、その取り立てのためには、そこにおいて取り調べることのできる証拠は文書に限るという制限を設けるなどした特別な簡易な手続が設けられています。これを手形・小切手訴訟といい、これについては350条以下に規定が設けられていますが、本書ではこの点に関する解説も省略します。

私人間の生活関係について裁判所で行われる手続としては、以上のほ

訴訟・督促手続・即決和解・調停の割合(高裁・地裁・簡裁)

	第一審訴訟 新受件数 A	督促手続 新受件数 B	即決和解 新受件数 C	民事調停 新受件数 D
平19年	681,053	364,655	5,622	255,565
20年	773,244	388,230	5,307	150,161
21年	915,755	420,196	4,528	108,615
22年	827,873	351,451	4,125	87,808
23年	737,268	329,114	3,865	74,896

	(A+B+C+D) E	A/E %	D/E %
平19年	1,306,895	52.1	19.6
20年	1,316,942	58.7	11.4
21年	1,449,094	63.2	7.5
22年	1,271,257	65.1	6.9
23年	1,145,143	63.4	6.5

(注) 1 地裁第一審行政、人事訴訟、高裁第一審訴訟を除き、少額訴訟を含む。
    2 「司法統計年報」(平23)4頁以下の第1-2表による。

かに,非訟事件とよばれるものがあります。すなわち,民事訴訟においては権利や義務の存在を定めた民法や商法などの法律を前提として,これに即して紛争の解決を求める者のいい分が正しいか否かを判断するという方法で紛争の解決をはかり,しかも,その際には厳格な手続にそって判断がなされなければならないとされていますが,非訟事件においては,裁判所が,いわば私人に対する保護者のような立場に立って,当事者の利害得失を公平に考え,むしろ法律から離れて,双方の間に妥当な新しい法律関係をつくりだすという形で紛争の解決がはかられ,しかも,その際の手続はより簡易かつ弾力的なものとされています。このような非訟事件で処理される事件としては,相続放棄の申述の受理,氏名の変更や養子の保護,株式会社の検査役の選任といった種々のものがありますが,最近その数をますます増しています。

第2節　民事訴訟の流れ

　先にみたように,社会には種々の紛争が存在し,その紛争の解決をはかるための制度として様々なものが用意されていますが,そのなかで民事訴訟制度は最も重要なものです。この民事訴訟においては,紛争の解決を求める者(これを「原告」といいます)は,まず,訴状に必要なことがらを書き,これを裁判所に提出して,紛争の解決を求めるのが通常です。こうして,訴えの提起があると,それを受け付けた裁判所の裁判長は,訴状の書き方について審査を行い,問題がなければ,その写しを相手方(これを「被告」といいます)に送り,最初に審理を行う日時を定めて,その日時に原告と被告を裁判所に出頭するよう呼び出します。この審理の行われる日時を口頭弁論期日といいますが,この期日においては,原告や被告はそれぞれ自己のいい分を述べたり,そのいい分が正しいこと

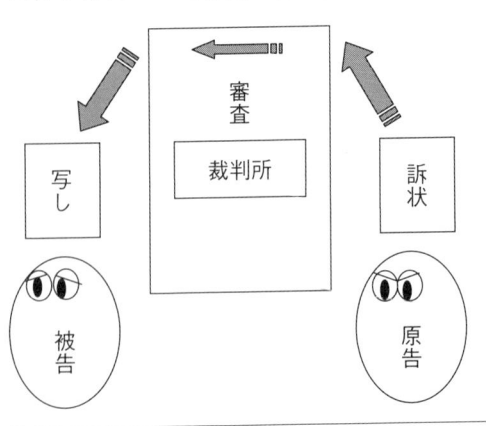

を裏付けるために証拠を提出したりします。口頭弁論とは別個に、それぞれのいい分のどこに食い違いがあり、おのおののいい分を証明するためにどのような証拠を取り調べたらよいかを整理するための手続が行われることもあります(この手続の結果を基礎として、口頭弁論期日に証拠調べを行うわけです)。裁判所は、このような審理をもとにして、原告のいい分が正しいか否かを判断できる状態になると、審理を終結し、その判断を判決という形で示して当事者間の紛争に決着をつけます。したがって、民事訴訟においては、私人間の紛争の法律的な解決という目的に向かって、原告や被告の行為、裁判所の行為などが積み重ねられていくのであり、このように、ある「目的」のためにいろいろな「行為」が連続して行われていくことを「手続」といいますから、民事訴訟は手続の一種であり、そのため民事訴訟手続とよばれます。

第3節　民事訴訟法の改正

　前節に述べたような民事訴訟手続は主として民事訴訟法によって規律されていますが、従来の民事訴訟法は明治23年に制定された古い法律でした。そして、これには大正15年に大きな改正が加えられましたが、戦後の何回かの改正は比較的小規模なものにとどまったため、民事訴訟法は時代にマッチしなくなってきていました。すなわち、最近では、民事裁判に時間と費用がかかりすぎるなどの批判が国民各層からなされていたところです。もっとも、この批判に応えるために、裁判所や弁護士会においては、民事訴訟の運用の改善のための活動が種々なされてきてはいましたが、これにも従来の法律を前提としたものであるため、限界があることは否めません。そこで、このような状況を背景として、国民の司法離れや民事裁判の機能低下を食い止めるために、「民事訴訟を国民に利用しやすく、分かりやすいものにする」ことを目標として、法務省に設置されていた法制審議会民事訴訟法部会において、平成2年から民事訴訟法改正のための作業が行われてきました。そして、その結果を踏まえて起草された法案が国会において可決され、平成8年6年18日に、新しい民事訴訟法として成立しました。この法律は、平成10年1月1日から施行されました。

　この現行法は、上記の目標を達成するために、新しい様々な制度を導入していますが、その主なものは、次の4つであるといわれています。すなわち、先に述べたように、裁判に時間がかかりすぎるというのが従来の批

判の要点の1つですが、このような批判に応えるためには、早期に争いのある点（争点）を確定し、証拠調べは確定された争点に的を絞って集中的に行うことが必要です。そこで第1に、現行法は、争点および証拠の整理手続を整備しました。ただ、争点や証拠を整理するとはいっても、当事者が事件に関する情報や証拠をもっていなければ、整理のしようがないことも事実です。そこで第2に、現行法は事件に関する情報や証拠の収集手段を拡充しました。次に通常の訴訟手続は、時間や費用の点からいって少額の紛争の解決に適していないことは明らかですが、従来は、必ずしも少額の紛争に見合った訴訟手続が用意されておらず、この点も、国民の司法離れの一因として指摘されてきたところです。そこで第3に、現行法は、少額の紛争の解決のための思い切って簡略化された手続を用意しました。最後に、最高裁判所は、憲法判断と法令の解釈の統一という重要な任務を担った裁判所ですが、この任務を十分には果たしえない状況にあるといわれてきました。そして、その原因は、つまらない上告事件の負担に最高裁判所があえいでいることにあるといわれてきました。他方、判決ではなく決定や命令という形式の裁判で判断されることがらのなかにも重要なものがあるのですが、従来は、原則として、決定や命令に対する最高裁判所への抗告は禁止されており、そのため、これらによって裁判されることがらに関する法令解釈の統一をはかりえない状態にありました。そこで、これらの事態に対処するために、現行法は、第4として、上告受理の申立てと許可抗告の制度を新たに設けました。

この現行法は相応の成果をあげていると評価されてきましたが、近時の科学技術の革新、社会経済関係の高度化・国際化はさらに著しく、これらに対応するための民事訴訟法の改正の必要性が、平成13年6月12日にとりまとめられた司法制度改革審議会意見書によって指摘されました。そこで、このような指摘を受け、民事司法を国民により利用しやすくするという観点から民事裁判の一層の充実・迅速化をはかるために、平成15年にかなり大幅な改正が民事訴訟法に加えられました。改正法は平成15年7月9日に成立し、平成16年4月1日から施行されています。この法律による改正点は、以下のような点などにあります。すなわち、改正法はまず、複雑な事件について適正かつ迅速な審理を実現するために、計画審理に関する規定を設けました。また、当事者が訴訟における主張立証の準備のために必要な証拠や情報を早期に入手することができるようにするために、訴えの提起前における証拠収集手段を拡充したり、専門家の専門

的な知識を訴訟にいかすための専門委員制度の創設をしたりしました。また,平成16年には,電子情報処理組織(オンライン)による申立てなど,インターネット等の現代の情報処理方法の発達に対応し,利用者の便宜に資するための改正や,知的財産に関する訴訟において裁判所調査官をより活用するための改正が行われました。この改正法も平成17年4月1日から施行されています。さらには,最近の社会生活の国際化に伴って,外国とのかかわりあいを持つ紛争が増えています。たとえば,当事者の住所や経済生活の中心が外国にあるとか,紛争が外国で発生したというような場合です。このような場合には種々の困難な問題が発生しますが,このうち,従来は判例法によって規律されていた国際裁判管轄(どこの国の裁判所が裁判をすることができるか,あるいは,すべきかの問題)に関する明文規定が平成23年の改正法によって民事訴訟法に設けられ,平成24年1月1日から施行されています。

　本書は,平成8年の民事訴訟法に平成15年と16年および23年の改正法による改正点をもあわせて,現在の民事訴訟法の全体をわかりやすく解説するものです。

第4節　民事訴訟法の通則

　(趣旨)
第1条　民事訴訟に関する手続については,他の法令に定めるもののほか,この法律の定めるところによる。
　(裁判所及び当事者の責務)
第2条　裁判所は,民事訴訟が公正かつ迅速に行われるように努め,当事者は,信義に従い誠実に民事訴訟を追行しなければならない。
　(最高裁判所規則)
第3条　この法律に定めるもののほか,民事訴訟に関する手続に関し必要な事項は,最高裁判所規則で定める。

用語解説

最高裁判所規則　最高裁判所が,訴訟に関する手続,弁護士,裁判所の内部規律および司法事務処理に関する事項について,憲法で認められた規則制定権に基づいて定める規則(憲法77条)。ここでは民事訴訟規則を指している。

◆訴訟における信義則

1条から3条までは、現行法で新たに設けられた規定であり、民事訴訟法の全体に通ずる基本的なことがらを定めています。このうちの2条後段は、当事者が相手方の証明を妨害したり、訴訟の引き延ばしをはかったりするような信義に反した不誠実な行動(信義則に反した行動)をとることのないよう求める趣旨であり、従来の判例の考え方を明文化したものです。

第2章　訴えの提起

第1節　日本の裁判所に提起できる訴え

（被告の住所等による管轄権）
第3条の2　①　裁判所は, 人に対する訴えについて, その住所が日本国内にあるとき, 住所がない場合又は住所が知れない場合にはその居所が日本国内にあるとき, 居所がない場合又は居所が知れない場合には訴えの提起前に日本国内に住所を有していたとき（日本国内に最後に住所を有していた後に外国に住所を有していたときを除く。）は, 管轄権を有する。
②　省略
③　裁判所は, 法人その他の社団又は財団に対する訴えについて, その主たる事務所又は営業所が日本国内にあるとき, 事務所若しくは営業所がない場合又はその所在地が知れない場合には代表者その他の主たる業務担当者の住所が日本国内にあるときは, 管轄権を有する。
（契約上の債務に関する訴え等の管轄権）
第3条の3　次の各号に掲げる訴えは, それぞれ当該各号に定めるときは, 日本の裁判所に提起することができる。

1　契約上の債務の履行の請求を目的とする訴え又は契約上の債務に関して行われた事務管理若しくは生じた不当利得に係る請求, 契約上の債務の不履行による損害賠償の請求その他契約上の債務に関する請求を目的とする訴え	契約において定められた当該債務の履行地が日本国内にあるとき, 又は契約において選択された地の法によれば当該債務の履行地が日本国内にあるとき。
2　手形又は小切手による金銭の支払の請求を目的とする訴え	手形又は小切手の支払地が日本国内にあるとき。
3　財産権上の訴え	請求の目的が日本国内にあるとき, 又は当該訴えが金銭の支払

	を請求するものである場合には差し押さえることができる被告の財産が日本国内にあるとき(その財産の価額が著しく低いときを除く。)。
4～7 省略 8 不法行為に関する訴え	不法行為があった地が日本国内にあるとき(外国で行われた加害行為の結果が日本国内で発生した場合において,日本国内におけるその結果の発生が通常予見することのできないものであったときを除く。)。
9・10 省略 11 不動産に関する訴え	不動産が日本国内にあるとき。
12 相続権若しくは遺留分に関する訴え又は遺贈その他死亡によって効力を生ずべき行為に関する訴え	相続開始の時における被相続人の住所が日本国内にあるとき,住所がない場合又は住所が知れない場合には相続開始の時における被相続人の居所が日本国内にあるとき,居所がない場合又は居所が知れない場合には被相続人が相続開始の前に日本国内に住所を有していたとき(日本国内に最後に住所を有していた後に外国に住所を有していたときを

除く。)。
13 省略
(消費者契約及び労働関係に関する訴えの管轄権)
第3条の4 ① 消費者(個人(事業として又は事業のために契約の当事者となる場合におけるものを除く。)をいう。以下同じ。)と事業者(法人その他の社団又は財団及び事業として又は事業のために契約の当事者となる場合における個人をいう。以下同じ。)との間で締結される契約(労働契約を除く。以下「消費者契約」という。)に関する消費者からの事業者に対する訴えは,訴えの提起の時又は消費者契約の締結の時における消費者の住所が日本国内にあるときは,日本の裁判所に提起することができる。
② 労働契約の存否その他の労働関係に関する事項について個々の労働者と事業主との間に生じた民事に関する紛争(以下「個別労働関係民事紛争」という。)に関する労働者からの事業主に対する訴えは,個別労働関係民事紛争に係る労働契約における労務の提供の地(その地が定まっていない場合にあっては,労働者を雇い入れた事業所の所在地)が日本国内にあるときは,日本の裁判所に提起することができる。
③ 消費者契約に関する事業者からの消費者に対する訴え及び個別労働関係民事紛争に関する事業主からの労働者に対する訴えについては,前条の規定は,適用しない。
(管轄権の専属)
第3条の5 ① 会社法第7編第2章に規定する訴え(同章第4節及び第6節に規定するものを除く。),一般社団法人及び一般財団法人に関する法律(平成18年法律第48号)第6章第2節に規定する訴えその他これらの法令以外の日本の法令により設立された社団又は財団に関する訴えでこれらに準ずるものの管轄権は,日本の裁判所に専属する。
② 登記又は登録に関する訴えの管轄権は,登記又は登録をすべき地が日本国内にあるときは,日本の裁判所に専属する。
③ 知的財産権(知的財産基本法(平成14年法律第122号)第2条第2項に規定する知的財産権をいう。)のうち設定の登録により発生するものの存否又は効力に関する訴えの管轄権は,その登録が日本においてされたものであるときは,日本の裁判所に専属する。
(併合請求における管轄権)
第3条の6 1の訴えで数個の請求をする場合において,日本の裁判所が1の請求について管轄権を有し,他の請求について管轄権を有しないときは,当該1の請求と他の請求との間に密接な関連があるときに限り,日本の裁判所にその訴えを提起することができる。ただし,数人からの

又は数人に対する訴えについては,第38条前段に定める場合に限る。
(管轄権に関する合意)
第3条の7　① 当事者は,合意により,いずれの国の裁判所に訴えを提起することができるかについて定めることができる。
② 前項の合意は,一定の法律関係に基づく訴えに関し,かつ,書面でしなければ,その効力を生じない。
③ 第1項の合意がその内容を記録した電磁的記録(電子的方式,磁気的方式その他人の知覚によっては認識することができない方式で作られる記録であって,電子計算機による情報処理の用に供されるものをいう。以下同じ。)によってされたときは,その合意は,書面によってされたものとみなして,前項の規定を適用する。
④ 外国の裁判所にのみ訴えを提起することができる旨の合意は,その裁判所が法律上又は事実上裁判権を行うことができないときは,これを援用することができない。
⑤ 将来において生ずる消費者契約に関する紛争を対象とする第1項の合意は,次に掲げる場合に限り,その効力を有する。
　1　消費者契約の締結の時において消費者が住所を有していた国の裁判所に訴えを提起することができる旨の合意(その国の裁判所にのみ訴えを提起することができる旨の合意については,次号に掲げる場合を除き,その国以外の国の裁判所にも訴えを提起することを妨げない旨の合意とみなす。)であるとき。
　2　消費者が当該合意に基づき合意された国の裁判所に訴えを提起したとき,又は事業者が日本若しくは外国の裁判所に訴えを提起した場合において,消費者が当該合意を援用したとき。
⑥ 将来において生ずる個別労働関係民事紛争を対象とする第1項の合意は,次に掲げる場合に限り,その効力を有する。
　1　労働契約の終了の時にされた合意であって,その時における労務の提供の地がある国の裁判所に訴えを提起することができる旨を定めたもの(その国の裁判所にのみ訴えを提起することができる旨の合意については,次号に掲げる場合を除き,その国以外の国の裁判所にも訴えを提起することを妨げない旨の合意とみなす。)であるとき。
　2　労働者が当該合意に基づき合意された国の裁判所に訴えを提起したとき,又は事業主が日本若しくは外国の裁判所に訴えを提起した場合において,労働者が当該合意を援用したとき。
(応訴による管轄権)
第3条の8　被告が日本の裁判所が管轄権を有しない旨の抗弁を提出しないで本案について弁論をし,又は弁論準備手続において申述をしたときは,裁判所は,管轄権を有する。

◆法学民事訴訟法◆　　　　　　　　13　　第1節　日本の裁判所に提起できる訴え

(特別の事情による訴えの却下)
第3条の9　裁判所は,訴えについて日本の裁判所が管轄権を有することとなる場合(日本の裁判所にのみ訴えを提起することができる旨の合意に基づき訴えが提起された場合を除く。)においても,事案の性質,応訴による被告の負担の程度,証拠の所在地その他の事情を考慮して,日本の裁判所が審理及び裁判をすることが当事者間の衡平を害し,又は適正かつ迅速な審理の実現を妨げることとなる特別の事情があると認めるときは,その訴えの全部又は一部を却下することができる。

用語解説

居所　人が継続して住んでいるが,住所ほど場所との結びつきが密接ではないところ。

事務管理　法律上の義務がないのに他人のためにその事務を処理すること(民法697条)。たとえば,頼まれたわけでもないのに留守中の隣人のために集金人に立替え払いしてやるようなことである。管理者は,本人のために支出した有益な費用の償還を本人に請求することができる(民法702条1項)。

不当利得　法律上の原因がないのに,何らかの理由で,他人の財産や労務によって利益を受け,そのために他人に損失を及ぼすことをいい,このような利得は,衡平の観点から,損失者に返還されなければならない(民法703条・704条)。たとえば,売買契約が履行された後に,錯誤(民法95条)によって当該契約が無効とされた場合である。

財産権上の訴え　経済的利益を目的としている権利または法律関係に関する訴え。

不法行為　違法に他人の権利または利益を侵害し,これによって損害を生じさせる行為(民法709条)。

遺留分　一定の相続人が保留する相続財産の一定の割合。

遺贈　遺言における無償の財産譲与。

個別労働関係民事紛争　労働組合などの集団が当事者となるのではなく,労働者個人が個別的に当事者となって争う形の労働紛争。

会社法第7編第2章に規定する訴え　会社の設立や会社の成立後における株式の発行,会社の合併などの会社の組織に関する行為の無効の訴え,株主総会等の決議の取消しの訴え,株式会社における役員などの責任追及の訴え(いわゆる株主代表訴訟),株式会社の役員の解任の訴えなど。

一般社団法人及び一般財団法人に関する法律第6編第2章に規定する訴え　一般社団法人・一般財団法人の設立やその合併の無効の訴え,社員総会・評議員会の決議の取消しの訴え,一般社団法人における役員などの責任追及の訴え,一般社団法人・一般財団法人の役員などの解任の訴えなど。

知的財産権　特許権,実用新案権,育成者権,意匠権,著作権,商標権その他の知的財産に関して法令により定められた権利又は法律上保護される利益に係る権利のこと。

専属　26頁参照。

第2章　訴えの提起　　　　　　　14　　　　　　◆法学民事訴訟法◆

> **請求**　45頁参照。
> **当事者**　自己の名をもって訴えを提起する者を原告，原告により相手方と名指しされた者を被告といい，両者をあわせて当事者という。当事者の名称は控訴審では控訴人，被控訴人，上告審では上告人，被上告人となる。
> **みなす**　本来異なるものを法令上一定の法律関係につき同一なものとして認定してしまうこと。
> **本案**　原告の請求の当否に関する事項を，その訴えが適法であるか否かに関する事項との対比で指す言葉。
> **弁論準備手続**　87頁参照。
> **本案について弁論をし，又は弁論準備手続において申述をしたとき**　被告が原告の請求の当否について口頭で陳述すること。
> **申述**　裁判所に対し特定の行為を求めるのではなく，訴訟手続に関する異議権の放棄(92頁参照)のように，もっぱらそれに対し一定の陳述をすること。

1　国際裁判管轄

　国際的な要素を含む民事紛争では，最初にそもそもその事件を日本の裁判所で取り扱ってよいか，あるいは取り扱うべきかという国際裁判管轄の問題が生じます。この点については，従来判例法によって一定の準則が形成されてきましたが，それによると，民事訴訟法による裁判籍が日本国内にあれば，原則として日本の国際裁判管轄権が認められますが，例外的に，日本に国際裁判管轄権を認めることが裁判の適正・公平・迅速などの民事訴訟の基本的理念に反する特段の事情がある場合にはそれを認めることはできないというものでした。しかし，判例による規律では法的な安定性に欠けますし，最近のように国際的な紛争が増えてくるとそのことによる不都合がとくに大きく感じられるようになってきます。そこで，平成23年の改正で，この点に関する詳しい明文規定が民事訴訟法3条の2以下に加えられました。

2　範　　囲

　国際裁判管轄に関しても，国内の土地管轄の場合と同様に，すべての事件において問題としうる普通裁判籍と特定の種類の事件との関係でのみ問題となる特別裁判籍とがあります。普通裁判籍が被告の住所・居所・主たる事務所・営業所等によって定まるのは土地管轄の場合と同様です(3条の2)。特別裁判籍に関しても，不動産所在地や不法行為地など土地管轄と同様のものが認められていますが(3条の3)，事件の国際性に照らして，多少の修正が加えられています。たとえば，財産権上の訴えについての財産所在地の管轄は，財産の価格が著しく低いときは認められない

こととされていますし(3条の3第3号),義務履行地の管轄が認められる場合は,契約上の債務に限定されています(3条の3第1号)。併合請求の裁判籍に関しても,土地管轄の場合より制限されています(3条の6)。

また,消費者契約や労働関係に関する訴えに関しては,当事者間に経済力や交渉力に大きな格差が存在しますし,そのために消費者や労働者側にのみ外国の裁判所へのアクセスに大きな困難があるとすると著しい不公平が生じますから,土地管轄の場合にはない特別な規定が設けられています(3条の4)。一定の種類の訴えについて日本の裁判所の専属管轄を認める特別な規定も設けられています(3条の5)。

合意管轄(3条の7)や応訴管轄(3条の8)も認められていますが,消費者契約と労働関係については合意管轄に制限があります(3条の7第5項・第6項)。すなわち,消費者契約の相手方が消費者を訴える場合には契約締結時の消費者の住所地を合意した場合のみ,労働契約の相手方が労働者を訴える場合には労働契約終了時にされた合意で,かつ,その時の労務提供地を合意した場合にのみ,それぞれの合意の有効性が認められます。

以上のような形で日本の裁判所の国際裁判管轄権が認められる場合であっても,従来の「特段の事情」論を明文化した規定によってそれが否定されることがありうるとされています。すなわち,事案の性質,応訴による被告の負担の程度,証拠の所在地その他の事情を考慮して,日本の裁判所が審判することが当事者間の衡平を害し,または適正迅速な審理の実現を妨げる特別の事情があるときは,裁判所は訴えを却下できるものとされています(3条の9)。

(管轄権が専属する場合の適用除外)
第3条の10 第3条の2から第3条の4まで及び第3条の6から前条までの規定は,訴えについて法令に日本の裁判所の管轄権の専属に関する定めがある場合には,適用しない。
第3条の11 省略
(管轄権の標準時)
第3条の12 日本の裁判所の管轄権は,訴えの提起の時を標準として定める。

第2章　訴えの提起

◆**日本の裁判所の専属管轄に関する定めがある場合の例外等**

　法令上，日本の裁判所の専属管轄に関する規定があるときは，管轄はもっぱら当該の規定によって決定されるべきですから，3条の2から3条の4および3条の6から3条の9までの規定は適用されません（3条の10）。日本の裁判所に専属管轄を認める規定としては，3条の5があります。また，国内の管轄の場合と同様に，国際裁判管轄の標準時も訴え提起の時とされています（3条の12）。

第2節　訴えを提起する裁判所

（普通裁判籍による管轄）
第4条　① 訴えは，被告の普通裁判籍の所在地を管轄する裁判所の管轄に属する。
② 人の普通裁判籍は，住所により，日本国内に住所がないとき又は住所が知れないときは居所により，日本国内に居所がないとき又は居所が知れないときは最後の住所により定まる。
③ 省略
④ 法人その他の社団又は財団の普通裁判籍は，その主たる事務所又は営業所により，事務所又は営業所がないときは代表者その他の主たる業務担当者の住所により定まる。
⑤ 省略
⑥ 国の普通裁判籍は，訴訟について国を代表する官庁の所在地により定まる。

用語解説

裁判籍　土地管轄は事件が裁判所の担当区域内の地点となんらかの関係をもつことに基づいて認められるが，この土地管轄の根拠となる事件と担当区域との結びつきのこと。
普通裁判籍　裁判籍にいう結びつきを，事件の種類・内容に関係なく一般的に人の住所，法人の主たる事務所等に求めたもの。
居所　13頁参照。

1　管　　轄

　現在，わが国には，最高裁判所，高等裁判所，地方裁判所，家庭裁判所，簡易裁判所という5種類の裁判所があります。このうち家庭裁判所は，民

事事件に関しては,家庭に関する事件を訴訟や前述のような調停や非訟事件によって取り扱う裁判所ですから,一般の民事事件について訴訟を進めて判決を行う裁判所としては,最高裁判所,高等裁判所,地方裁判所,簡易裁判所の4つの裁判所があることになり,この順序でこれらの裁判所は,上級・下級の関係に立っています。そして,最高裁判所は東京都千代田区に1つあるだけですが,高等裁判所は全国で計8カ所(札幌,仙台,東京,名古屋,大阪,広島,高松,福岡),地方裁判所は計50カ所(各都府県の県庁所在地に1つずつと北海道に4カ所)におかれていますし,簡易裁判所は438カ所におかれています(簡易裁判所はもともと575カ所におかれていましたが,昭和63年5月1日以降大幅な統廃合と2カ所の新設が行われた結果,438となりました)。

ところで,国家の統治権の一作用として一国の裁判所が行使する,裁判に強制的に服従させることのできる権能を裁判権といい,民事訴訟においてはこのうちの民事に関する裁判権が問題ですが,上記のように国に複数の裁判所があるときは,この裁判権をこれらの裁判所の間でどのように分担して行使するかを定めておくことが必要になります。こうした裁判権の分担についての定めを管轄といい,この管轄の範囲内で,ある裁判所が裁判権を行使できることを管轄権といいます。

民事事件に関しては,判決をする作用を担当する裁判所を受訴裁判所といい,強制執行を行う作用を担当する裁判所を執行裁判所といいます。また,前者に関しては,最初に訴えを提起された裁判所を第一審裁判所といい,この判決に対しては第二審裁判所(控訴裁判所ともいいます)に控訴という不服申立てをすることができ,さらに,この不服申立てを受けた裁判所の判決に対しては第三審裁判所(上告裁判所ともいいます)に上告という不服申立てができるという三審制度がとられています。そこで,ある裁判所がこれらのうちのどの裁判所の役目を果たすかの定めを職分管轄といいます。

この職分管轄の定めによると,第一審裁判所は簡易裁判所と地方裁判所とされています(例外的に,独禁法関係の事件などで高等裁判所が第一審裁判所となることがあります)。そして,このうちのいずれの裁判所に訴えを提起したらよいかの定めを事物管轄といいます。これによって簡易裁判所か地方裁判所のいずれかに訴えを提起すべきことが定まったとしても,これらの裁判所は全国に多数存在しますから,さらに,そのうちのいずれの裁判所に訴えを提起したらよいかについての定めが必要であ

第2章 訴えの提起

り、この定めを土地管轄といいます。
2 土地管轄の原則

訴えを提起するに際し、原告は相当の準備をしたうえでそうしますが、被告は不意を打たれるわけですから、その間の不公平をできるだけ解消するために、原告は被告の住所や主たる事務所・営業所の所在地に出かけて訴えを提起すべきものとされています（4条1項・2項・4項）。

なお、国は公権力の主体ですが、財産権の主体として、物品を購入したり、請負契約を結んだり、損害賠償（国家賠償）の義務を負ったりすることがありますから、国が民事訴訟の被告として訴えられることもあります。そのために国の普通裁判籍の所在地も定めなければなりませんが、それは国を代表する官庁の所在地とされています（4条6項）。現在では「国の利害に関係のある訴訟についての法務大臣の権限等に関する法律」1条によって、法務大臣が国を代表することとされており、したがって、国の普通裁判籍は法務省の所在地である東京都千代田区にあります。

3 裁判所

裁判所という言葉は様々な意味で用いられています。まず、裁判官、裁判所事務官、裁判所書記官、執行官（これは地方裁判所にのみ配置されています）などを含めた、国の機関としての統一的な組織体を裁判所といいますが、これを「国法上の意味における裁判所」とか「官署としての裁判所」とよびます。4条1項の裁判所はこの意味で用いられています。これに対し、この意味の裁判所のなかの、具体的事件を処理する裁判官によって構成された裁判機関を裁判所ということがありますが、これを「訴訟法上の意味における裁判所」とよび、訴訟法では多くの場合この使い方がされています。また、第1の意味における裁判所の庁舎を裁判所ということもありますが（たとえば、バス停の「裁判所前」というような使い方）、法律ではこのような通俗的な意味ではなく、第1か第2の意味で裁判所ということが普通です。

（財産権上の訴え等についての管轄）
第5条 次の各号に掲げる訴えは、それぞれ当該各号に定める地を管轄する裁判所に提起することができる。

1 財産権上の訴え	義務履行地
2 手形又は小切手による金銭の支払の請求を目的とする訴え	手形又は小切手の支払地

18

3 省略	
4 日本国内に住所(法人にあっては,事務所又は営業所。以下この号において同じ。)がない者又は住所が知れない者に対する財産権上の訴え	請求若しくは担保の目的又は差し押さえることができる被告の財産の所在地
5〜8 省略	
9 不法行為に関する訴え	不法行為があった地
10・11 省略	
12 不動産に関する訴え	不動産の所在地
13 省略	
14 相続権若しくは遺留分に関する訴え又は遺贈その他死亡によって効力を生ずべき行為に関する訴え	相続開始の時における被相続人の普通裁判籍の所在地
15 省略	

(特許権等に関する訴え等の管轄)
第6条 ① 特許権,実用新案権,回路配置利用権又はプログラムの著作物についての著作者の権利に関する訴え(以下「特許権等に関する訴え」という。)について,前2条の規定によれば次の各号に掲げる裁判所が管轄権を有すべき場合には,その訴えは,それぞれ当該各号に定める裁判所の管轄に専属する。

1 東京高等裁判所,名古屋高等裁判所,仙台高等裁判所又は札幌高等裁判所の管轄区域内に所在する地方裁判所	東京地方裁判所
2 大阪高等裁判所,広島高等裁判所,福岡高等裁判所又は高松高等裁判所の管轄区域内に所在する地方裁判所	大阪地方裁判所

② 特許権等に関する訴えについて,前2条の規定により前項各号に掲げる裁判所の管轄区域内に所在する簡易裁判所が管轄権を有する場合には,それぞれ当該各号に定める裁判所にも,その訴えを提起することができる。

③ 第1項第2号に定める裁判所が第一審としてした特許権等に関する訴えについての終局判決に対する控訴は,東京高等裁判所の管轄に専属する。── ただし書省略

(意匠権等に関する訴えの管轄)
第6条の2 意匠権,商標権,著作者の権利(プログラムの著作物についての著作者の権利を除く。),出版権,著作隣接権若しくは育成者権に関する訴え又は不正競争(不正競争防止法(平成5年法律第47号)第2条第1

項に規定する不正競争をいう。)による営業上の利益の侵害に係る訴えについて、第4条又は第5条の規定により次の各号に掲げる裁判所が管轄権を有する場合には、それぞれ当該各号に定める裁判所にも、その訴えを提起することができる。

1 前条第1項第1号に掲げる裁判所(東京地方裁判所を除く。)　　　　　　　　　　東京地方裁判所
2 前条第1項第2号に掲げる裁判所(大阪地方裁判所を除く。)　　　　　　　　　　大阪地方裁判所

用語解説

財産権上の訴え　13頁参照。
不法行為　13頁参照。
遺留分　13頁参照。
遺贈　13頁参照。
特許権　特許を受けた発明を業として独占的に実施しうる排他的な権利(特許法68条・2条2項)。
実用新案権　実用新案の登録を受けた考案を業として独占的に実施しうる排他的な権利(実用新案法16条・2条2項)。考案と発明との違いは、前者が後者ほど高度な創作ではない点にある。
回路配置利用権　設定登録を受けた半導体集積回路のための回路配置を業として利用しうる、相対的な排他的、独占的な権利(半導体集積回路の回路配置に関する法律11条)。
プログラムの著作物　プログラム(電子計算機を機能させて一の結果を得ることができるようにこれに対する指令を組み合わせたものとして表現されたもの)によって表現されている著作物(著作権法10条1項9号・2条1項10号の2)。
専属　26頁参照。
意匠権　登録を受けた物品に係る意匠(登録意匠)およびこれに類似する意匠を業として独占的に実施しうる排他的な権利(意匠法23条・2条4項)。ここで意匠とは、物品またはその部分の形状・模様・色彩またはこれらの結合であって審美性をもつ創作をいう(意匠法2条1項)。
商標権　指定商品または指定役務について商標登録を受けた商標(登録商標)を独占的に利用できる権利(商標法25条・2条5項)。商標とは、事業者が自己の取り扱う商品を他人の商品と識別するために商品との関連で使用する商品標識をいう。
著作隣接権　著作物を公衆に提示し伝達する媒体としての実演・録音・放送という利用行為自体に著作者の創作に類似した知的な創作的価値を認め、それぞれ実演家、レコード製作者、放送事業者、有線放送事業者に認められている権利(著作権法第4章)。
育成者権　品種登録を受けている品種および当該登録品種と特性により明確に区別されない品種を業として独占的に利用する権利(種苗法20条)。ここで品

> 種とは,重要な形質に係る特性の全部または一部によって他の植物体の集合と区別することができ,かつ,その特性の全部を保持しつつ繁殖させることができる1の植物体の集合をいう(種苗法2条2項)。

1 特別裁判籍

　先に述べたように,原告は被告の住所や営業所・事務所の所在地に出かけて訴えを提起しなければならないとされていますが,これには例外があります。たとえば,大阪に住んでいるYが車を運転して東京に来てXを轢いたという場合に,XがYを相手として不法行為に基づく損害賠償請求の訴えを提起しようとするときには,XはYの住所地である大阪の裁判所に訴えを提起することもできますが,そうではなくして,不法行為地である東京の裁判所に訴えを提起することも認められています(5条9号)。不法行為が行われたような場合には,被害者である原告の便宜をはかるため,訴えを提起しやすくすることが公平ですし,現場検証や証人尋問などの証拠調べを実施するうえでも,その現場が存在し,証人もその近くに住んでいると思われる不法行為地の裁判所が事件を取り扱ったほうがよいと考えられたからです。この裁判籍は,不法行為という特別な事件についてのみ認められる裁判籍ですので,普通裁判籍に対して,特別裁判籍とよばれます。そして,民事訴訟法は,不法行為地の裁判籍が認められるのと同じような趣旨から,5条に様々な特別裁判籍に関する規定をおいていますが,そのなかから,ここでは,一般市民が通常の社会生活を営むうえで関係が深いと思われるものを掲げておきました。

2 特許権等に関する訴えの管轄

　特許権等の6条に列挙された権利に関する訴えは専門技術性の特に強い訴えですので,その充実した迅速な審理をはかるためには,その特殊性にあわせた特別な配慮が必要になります。ところが,これらの訴えの事件数は東京地方裁判所と大阪地方裁判所を除くと著しく少ないため,それ以外の裁判所の裁判官には,その特殊性に見合った訴訟の進行をはかるためのノウハウの取得の機会がありません。そこで,この種の訴えについては,その充実した審理を確保するため,管轄の一般原則によれば東日本の地方裁判所に管轄権が認められる事件については東京地方裁判所の管轄に,西日本の地方裁判所に管轄権が認められる事件については大阪地方裁判所の管轄に,専属するものとされています(6条1項)。これに対し,簡易裁判所の管轄に属する事件については,訴額が低いことから,

本来の管轄裁判所である簡易裁判所のほか,東京地方裁判所または大阪地方裁判所にも訴えを提起することができるとするにとどめています(同条2項)。また,特許権等に関する訴えについての控訴は,これらの事件を専門的に取り扱う専門部が設けられている東京高等裁判所の専属管轄に属するものとされています(同条3項)。以前は,特許権等の権利に関する訴えの管轄については,次条(6条の2)と同様な取扱いがなされるにとどめられていましたが,これらの訴えの特に高度な専門技術性により強く対応するために,平成15年の改正でこのように改められました。

3 意匠権等に関する訴えの管轄

意匠権等の6条の2に列挙された権利に関する訴えは,特許権等に関する訴えほど高度な専門技術的な事項が問題となることはありませんが,やはり知的財産権関係訴訟特有の審理のノウハウが必要になることが多いといえます。そこで,この種の訴えについても,その充実した迅速な審理を確保するため,一般の管轄裁判所のほか,東京地方裁判所または大阪地方裁判所にも訴えを提起することができるようにしたのが6条の2であり,平成15年の改正によって挿入された規定の1つです。

(併合請求における管轄)
第7条 1の訴えで数個の請求をする場合には,第4条から前条まで(第6条第3項を除く。)の規定により1の請求について管轄権を有する裁判所にその訴えを提起することができる。ただし,数人からの又は数人に対する訴えについては,第38条前段に定める場合に限る。

用語解説

請求 45頁参照。

◆併合請求の裁判籍

XがYに対して1つの訴えでAという請求(たとえば,ある貸金の返還請求)とBという請求(たとえば,ある貸家についての明渡請求)をする場合に(これを後述のように〔131頁参照〕請求の併合といいます),Aという請求について甲裁判所に管轄があれば,B請求について甲裁判所に管轄がないときでも,A請求とともにB請求についても甲裁判所に訴えることができるものとされています。原告にとって便利であることはいうまでもありませんし,被告にとってもどうせ訴えられるなら一回で済ませ

た方が都合がよいからです。ただし、XがA請求につきYを、B請求につきZを訴える場合には、本来無関係であるはずの地で応訴させられることになる被告の管轄の利益も考慮しなければなりませんから、各請求の間に関連性の強い場合(具体的には38条前段の場合)に限って、Y・Zをまとめて訴えることができることとされています。このことは、X・YがZを訴える場合も同様です(本条)。いずれにせよ、これも特別裁判籍の一種で併合請求の裁判籍といいます。また、他の請求との関連で認められるものですから、関連裁判籍とよばれるものの一種でもあり、前条までの特別裁判籍を、このような関連がないので、独立裁判籍とよびます。

(訴訟の目的の価額の算定)
第8条　①　裁判所法(昭和22年法律第59号)の規定により管轄が訴訟の目的の価額により定まるときは、その価額は、訴えで主張する利益によって算定する。
②　前項の価額を算定することができないとき、又は極めて困難であるときは、その価額は140万円を超えるものとみなす。
(併合請求の場合の価額の算定)
第9条　1の訴えで数個の請求をする場合には、その価額を合算したものを訴訟の目的の価額とする。ただし、その訴えで主張する利益が各請求について共通である場合におけるその各請求については、この限りでない。
②　省略
第10条・第10条の2　省略

用語解説

訴訟の目的の価額　原告が訴えをもって主張する利益を金銭で評価して表したもの。訴額ともいう。

◆事物管轄

先に述べたように、第一審裁判所は簡易裁判所と地方裁判所とされていますが、訴額が140万円以下の場合は簡易裁判所に訴えを提起すべきであり、それを超える場合は地方裁判所に訴えを提起すべきものとされています(裁判所法33条1項1号・24条1号)。この簡易裁判所の事物管轄の上限は、簡易裁判所の機能の充実の観点から、平成15年の改正により90万円から引き上げられたものです。そして、この訴額をどのように算定し

たらよいかの問題については,たとえば,原告が100万円の貸金返還請求権の主張をしているときには,それが認められれば原告は100万円を手にすることになりますから,この場合の訴額は100万円ということになります。しかし,非財産権上の請求(たとえば,幼児の引渡請求。かつては争いがありましたが,取締役などの役員等の責任追及等の訴え〔いわゆる株主代表訴訟〕についても,現在では,非財産権上の訴えとみなす旨の明文の規定〔会社法847条6項〕がおかれています)については訴額を考えることができませんから,それは一律に140万円を超えるものとして,地方裁判所の事物管轄に属するものとされています。さらに,訴額を算定することが極めて困難である場合(たとえば,地方公共団体の有する損害賠償請求権を住民が代位行使する地方自治法242条の2第1項4号の住民訴訟の場合)も同様です(8条2項)。また,原告が1つの訴えで複数の請求を持ち出す場合には,各請求の価額を合算して訴額を算定すべきものとされていますが,主債務者と保証人をまとめて訴えるような場合には,その訴えで請求する利益は各請求について共通ですから,合算はなされません(9条1項)。

(管轄の合意)
第11条 ① 当事者は,第一審に限り,合意により管轄裁判所を定めることができる。
② 前項の合意は,一定の法律関係に基づく訴えに関し,かつ,書面でしなければ,その効力を生じない。
③ 第1項の合意がその内容を記録した電磁的記録(電子的方式,磁気的方式その他人の知覚によっては認識することができない方式で作られる記録であって,電子計算機による情報処理の用に供されるものをいう。以下同じ。)によってされたときは,その合意は,書面によってされたものとみなして,前項の規定を適用する。

用語解説

当事者　14頁参照。

◆合意管轄

　以上のように、第一審の管轄裁判所は法律によって決められていますが、第一審に限っては、当事者が、ある事件について、法律の定めと異なる裁判所で裁判を受けることを書面によって合意している場合には、この合意(管轄の合意といいます)の効力を認めて、その裁判所に管轄が認められることとされており、これを合意管轄といいます(本条)。法律上定められた管轄は、当事者間の公平や審理の便宜を考慮して決められたものですから、当事者がそれと異なる裁判所で裁判を受けることを望むときは、この合意の効力を認めても差し支えないと考えられるからです。このような合意管轄の定めは、銀行取引約定書や各種の約款などによくみられます。なお、この合意には特定の裁判所にのみ管轄を認める専属的合意と、法定の裁判所以外の裁判所にも管轄を認める付加的合意とがあります。

　管轄の合意は、従来、必ず書面によってすべきものとされていました(本条2項)。しかし、近時は、インターネット等を利用して電子商取引等をする機会がますます増大している状況にありますが、このため、電子商取引等の際に管轄の合意をしようとするときは、当該合意のみを別途書面でしなければならず、不便を来していました。そこで、平成16年の改正法は、管轄の合意が電磁的方法によってされた場合であっても、その合意の効力を認めることとしました(本条3項)。

　　(応訴管轄)
第12条　被告が第一審裁判所において管轄違いの抗弁を提出しないで本案について弁論をし、又は弁論準備手続において申述をしたときは、その裁判所は、管轄権を有する。

　用語解説

管轄違いの抗弁　訴えを提起された裁判所に管轄がないとの主張。
本案　14頁参照。
弁論準備手続　87頁参照。

本案について弁論をし,又は弁論準備手続において申述をしたとき　14頁参照。
申述　14頁参照。

◆応 訴 管 轄
　合意管轄が認められるのと同様の趣旨から,原告が管轄違いの裁判所に訴えを提起しても,被告が異議なく応訴すれば,その裁判所に管轄を認めることとされており,これを応訴管轄といいます(本条)。

　(専属管轄の場合の適用除外等)
第13条　①　第4条第1項,第5条,第6条第2項,第6条の2,第7条及び前2条の規定は,訴えについて法令に専属管轄の定めがある場合には,適用しない。
　②　特許権等に関する訴えについて,第7条又は前2条の規定によれば第6条第1項各号に定める裁判所が管轄権を有すべき場合には,前項の規定にかかわらず,第7条又は前2条の規定により,その裁判所は,管轄権を有する。
第14条　省略

用語解説
専属管轄　適正迅速な事件処理のためなどにぜひ必要であるとの強い公益上の理由に基づいて,事件の管轄を特定の裁判所にだけ認め,ほかの裁判所には認めない趣旨の管轄。それ以外の管轄を任意管轄といい,それに対立する概念。

◆専属管轄の定めがある場合の管轄
　専属管轄の定めがある場合には,当該の定められた裁判所にのみ管轄が認められますから,普通裁判籍に関する規定,特別裁判籍に関する規定の適用がないのはもちろん,その管轄を当事者の意思によって動かすことも許されないので,合意管轄,応訴管轄に関する規定の適用も排除されます(13条1項)。管轄のうち,職分管轄は裁判所の職務権限を定めたものですから,明文の規定を待つまでもなく原則として専属管轄ですが,事物管轄と土地管轄は明文でそう定められた場合にのみ専属管轄となります。
　なお,特許権等に関する訴えの管轄を専属管轄としたことは,特許権等に関する訴えについて,専門的に取り扱う裁判部が設けられている東京地方裁判所および大阪地方裁判所の審理および裁判を保障するためのも

◆法学民事訴訟法◆　　　　　　　27　　　　　第2節　訴えを提起する裁判所

のです。したがって、6条1項に定める専属管轄に関しては、東京地方裁判所と大阪地方裁判所との間において専属管轄違反が生じても、これを問題とする必要はないものと考えられます。そこで、この場合に関しては、13条1項の例外が認められています(13条2項)。

　(管轄の標準時)
第15条　裁判所の管轄は、訴えの提起の時を標準として定める。

◆管轄の標準時
　一般に訴えが適法であるか否かは口頭弁論(70頁参照)の終結時を標準として定めますが、訴え提起の時に存在した管轄権が、その後の事情の変更(たとえば、被告の住所の移転、訴額の値上がり)によって消滅し、当該裁判所で事件を取り扱えないものとなるならば、裁判所は始終管轄の消滅をもたらす事情の存否について気をつかわなくてはならなくなり、審理の円滑・安定・迅速を阻害することになります。そこで、訴え提起の時に存在した管轄は、その後の事情の変更によって失われないものとされています(本条)。訴え提起の時とは、訴状が裁判所に提出された時、口頭による訴え提起の時はその旨の陳述をなした時を指します。

　(管轄違いの場合の取扱い)
第16条　①　裁判所は、訴訟の全部又は一部がその管轄に属しないと認めるときは、申立てにより又は職権で、これを管轄裁判所に移送する。
②　省略
　(遅滞を避ける等のための移送)
第17条　第一審裁判所は、訴訟がその管轄に属する場合においても、当事者及び尋問を受けるべき証人の住所、使用すべき検証物の所在地その他の事情を考慮して、訴訟の著しい遅滞を避け、又は当事者間の衡平を図るため必要があると認めるときは、申立てにより又は職権で、訴訟の全部又は一部を他の管轄裁判所に移送することができる。
第18条・第19条　省略
　(専属管轄の場合の移送の制限)
第20条　①　前3条の規定は、訴訟がその係属する裁判所の専属管轄(当事者が第11条の規定により合意で定めたものを除く。)に属する場合には、適用しない。
②　特許権等に関する訴えに係る訴訟について、第17条又は前条第1項の

規定によれば第6条第1項各号に定める裁判所に移送すべき場合には，前項の規定にかかわらず，第17条又は前条第1項の規定を適用する。
第20条の2～第22条　省略

> **用語解説**
> 申立　裁判所に対して裁判その他の行為を求める当事者の訴訟上の行為。申請ともいう。
> 職権で　当事者からの申立てを待たずに，裁判所が自発的にある事を行うこと。
> 移送　ある裁判所で取り扱われている事件を他の裁判所に移すこと。
> 証人　118頁参照。
> 検証物　129頁参照。
> 係属　ある事件が特定の裁判所で審判されるべき状態におかれていること。訴訟係属ともいう。

1　移　　送

　管轄権のない裁判所に訴えが提起された場合に，訴えを却下（不適法であるとして本案の審理に入らずに門前払いをくわせること）すると，原告は再び訴えを提起しなければならなくなりますし，時効中断の効果などを維持できなくなって（民法149条）気の毒ですから，この場合には事件は管轄権のある裁判所に移送されるものとされています（16条1項）。また，これまで述べてきたように，民事訴訟法は普通裁判籍のほか多数の特別裁判籍を認めていますから，管轄権を有する裁判所が複数存在することがありえます。そして，原告はこのうち自らにとって最も都合がよいと思われる裁判所を選んで訴えを提起するわけですが，そのために当事者や尋問を受けるべき証人の住所，使用すべき検証物の所在地などとの関係で，訴訟に著しい遅滞が生じたり，当事者間の衡平に反すると感ぜられる場合（たとえば，約款中で業者の本店所在地の裁判所を管轄裁判所とする旨が定められていて，一般市民が自己の住所から遠い裁判所に訴えられたような場合）がありえます。そこで，そのような場合には，裁判所は事件を他の管轄裁判所に移送できるものとされています（17条）。

2　専属管轄の場合の移送の制限

　専属管轄の趣旨（26頁）からいって，遅滞等を避けるためであっても，管轄裁判所はそこに係属した訴訟を他の裁判所に移送することはできません。しかし，約款中で業者の本店所在地の裁判所を専属管轄とする旨の合意がなされたような場合に，その合意条項があるとの一事をもって，当

該条項で定められた裁判所で応訴することがいかに不利であっても, これを甘受しなければならないということは, 一般市民にとって酷にすぎますから, このような場合には, 移送が可能とされています(20条1項)。

なお, 20条2項で, 特許権等に関する訴えの管轄について同条1項の例外が認められている趣旨は, 13条2項で1項の例外が認められている趣旨と同様です(27頁参照)。

(裁判官の除斥)
第23条 ① 裁判官は, 次に掲げる場合には, その職務の執行から除斥される。ただし, 第6号に掲げる場合にあっては, 他の裁判所の嘱託により受託裁判官としてその職務を行うことを妨げない。
1 裁判官又はその配偶者若しくは配偶者であった者が, 事件の当事者であるとき, 又は事件について当事者と共同権利者, 共同義務者若しくは償還義務者の関係にあるとき。
2 裁判官が当事者の四親等内の血族, 三親等内の姻族若しくは同居の親族であるとき, 又はあったとき。
3 裁判官が当事者の後見人, 後見監督人, 保佐人, 保佐監督人, 補助人又は補助監督人であるとき。
4 裁判官が事件について証人又は鑑定人となったとき。
5 裁判官が事件について当事者の代理人又は補佐人であるとき, 又はあったとき。
6 裁判官が事件について仲裁判断に関与し, 又は不服を申し立てられた前審の裁判に関与したとき。
② 前項に規定する除斥の原因があるときは, 裁判所は, 申立てにより又は職権で, 除斥の裁判をする。
(裁判官の忌避)
第24条 ① 裁判官について裁判の公正を妨げるべき事情があるときは, 当事者は, その裁判官を忌避することができる。
② 当事者は, 裁判官の面前において弁論をし, 又は弁論準備手続において申述をしたときは, その裁判官を忌避することができない。ただし, 忌避の原因があることを知らなかったとき, 又は忌避の原因がその後に生じたときは, この限りでない。
(除斥又は忌避の裁判)
第25条 ① 合議体の構成員である裁判官及び地方裁判所の1人の裁判官の除斥又は忌避についてはその裁判官の所属する裁判所が, 簡易裁判所の裁判官の除斥又は忌避についてはその裁判所の所在地を管轄する地方裁判所が, 決定で, 裁判をする。

② 地方裁判所における前項の裁判は,合議体である。
③〜⑤ 省略
第26条・第27条 省略

用語解説

除斥 裁判官や裁判所書記官が,事件や当事者と法定の特殊な関係があるために,その事件につき職務執行ができないものとする制度。
嘱託 ある仕事をすることを依頼すること。
受託裁判官 90頁参照。
償還義務者 債務を返済する義務を負う者。
親等 親族間の親疎,遠近を表す尺度。
血族 祖先を同じくする血のつながりのある者。
姻族 夫婦の一方から見た他方の血族および血族の配偶者。
親族 一定の血縁関係や婚姻・養子関係にある者。
後見人 未成年者を監護教育し,または成年被後見人を療養看護するとともに,これらの者の財産を管理する者。また,後見人の事務を監督する機関を後見監督人という。
保佐人 被保佐人の保護者。被保佐人のする法律上所定の行為に同意権・取消権をもち,裁判により定められた行為につき代理権をもつ。また,保佐人の事務を監督する機関を保佐監督人という。
補助人 被補助人の保護者。裁判により定められた被補助人の行為につき同意権・取消権をもち,代理権を与えられることもある。また,補助人の事務を監督する機関を補助監督人という。
鑑定人 122頁参照。
補佐人 裁判所の許可を得て,当事者または訴訟代理人とともに口頭弁論に出頭し,弁論の補助をする者。
前審 第二審からみて第一審,第三審からみて第一審,第二審のこと。
忌避 裁判官や裁判所書記官が,事件や当事者と特殊な関係を有しているために,当事者の申立てによってその者を職務から排除する制度。
合議体 51頁参照。
決定 裁判の一種(70頁参照)。

◆除斥・忌避・回避

　訴訟は受訴裁判所の裁判官によって主宰されて行われていきますが,それは公正に行われなければなりませんから,もし裁判官が事件や当事者と特殊な関係があって裁判の公正さに疑問を生じさせるおそれのある場合には,その裁判官を職務の執行から排除する制度が認められています。これが除斥・忌避・回避の制度ですが,まず,そのうちの除斥は法定の原因がある場合に,当然に裁判官がその事件についての職務の執行から

排除されるという制度です。除斥原因は23条に列挙されていますが、6号は、裁判の不公正のおそれによるものではなく、不服の対象となった裁判に関与した裁判官が上級審において再び事件に関与したのでは、予断をもって審判する結果、審級制度を無意味にすることから認められているものです。次に除斥原因がなくとも、裁判官について、なお裁判の公正を妨げるような事情があるときには、当事者は、その裁判官を職務の執行から排除する裁判を求めることができます(24条1項)。これを忌避といいますが、たとえば、裁判官と当事者とが内縁の関係にあるような場合に、これが認められることになります。さらに、除斥や忌避の原因が自己にあると認めた裁判官が自ら職務執行を避ける回避という制度も認められていますが(民事訴訟規則12条)、わが国の裁判官はこの回避の制度を利用することが多いために、当事者からの忌避の申立てが認められたことはこれまでのところ1回もありません。

第3節　当事者および代理人

(原則)
第28条　当事者能力、訴訟能力及び訴訟無能力者の法定代理は、この法律に特別の定めがある場合を除き、民法(明治29年法律第89号)その他の法令に従う。訴訟行為をするのに必要な授権についても、同様とする。
(法人でない社団等の当事者能力)
第29条　法人でない社団又は財団で代表者又は管理人の定めがあるものは、その名において訴え、又は訴えられることができる。
(未成年者及び成年被後見人の訴訟能力)
第31条　未成年者及び成年被後見人は、法定代理人によらなければ、訴訟行為をすることができない。ただし、未成年者が独立して法律行為をすることができる場合は、この限りでない。
(被保佐人、被補助人及び法定代理人の訴訟行為の特則)
第32条　① 被保佐人、被補助人(訴訟行為をすることにつきその補助人の同意を得ることを要するものに限る。次項及び第40条第4項において同じ。)又は後見人その他の法定代理人が相手方の提起した訴え又は上訴について訴訟行為をするには、保佐人若しくは保佐監督人、補助人若しくは補助監督人又は後見監督人の同意その他の授権を要しない。
② 被保佐人、被補助人又は後見人その他の法定代理人が次に掲げる訴訟行為をするには、特別の授権がなければならない。

1　訴えの取下げ,和解,請求の放棄若しくは認諾又は第48条(第50条第3項及び第51条において準用する場合を含む。)の規定による脱退
　2　控訴,上告又は第318条第1項の申立ての取下げ
　3　省略
第33条～第36条　省略
(法人の代表者等への準用)
第37条　この法律中法定代理及び法定代理人に関する規定は,法人の代表者及び法人でない社団又は財団でその名において訴え,又は訴えられることができるものの代表者又は管理人について準用する。

用語解説

当事者能力　民事訴訟の当事者となることのできる一般的能力。
訴訟能力　当事者(または補助参加人〔145頁参照〕)が自ら有効に訴訟行為をなし,または受けることのできる能力。
訴訟行為　現在または将来の訴訟の開始・進行・終了に関する訴訟上の効果を直接生じさせる訴訟関係人の意思行為。広義では裁判機関の行為(裁判・証拠調べ・送達など)を含むが,通常は当事者の行為(申立て・主張・立証など)のみを意味する。
訴訟行為をするのに必要な授権　訴訟行為をなす権限のない者に自己の名においてそれをなす権限を与えること,あるいは与えられた権限。
社団　多数人の結合体であって,団体としての組織を備え,独立の財産を持ち,その構成員個人の生活活動から独立した社会活動を行う団体。同窓会,校友会,学会,町内会などがその例。
財団　個人への帰属を離れて,一定の目的のために独立の存在として管理運用される財産の集合体としての目的財産。育英会,社会事業のため募集された寄付財産などがその例。
代表者・管理人　社団・財団の行為と認められる行為(それに法律的効果の帰属する行為)をするその団体の機関。
未成年者　原則として満20歳に達しない者。ただし,満20歳に達しない者でも婚姻をすれば成年とみなされる。
成年被後見人　精神上の障害(認知症・知的障害・精神障害等)により判断能力を欠く常況にあるために,一定の者の請求により家庭裁判所から後見開始の審判を受けた者。
法定代理人　本人の意思に基づかないで代理権が与えられている代理人。
被保佐人　精神上の障害(認知症・知的障害・精神障害等)により判断能力が著しく不十分であるために,一定の者の請求により家庭裁判所から保佐開始の審判を受けた者。
被補助人　軽度の精神上の障害(認知症・知的障害・精神障害等)により判断能力が不十分であるために,一定の者の請求により家庭裁判所から補助開始の審判を受けた者。
上訴　裁判の確定前(162頁参照)に,上級裁判所に対しその変更・取消しを求める

取下げ　申立てに対する応答がなされる前に、その申立てを取り消すこと。
和解　175頁以下参照。
請求の放棄・認諾　177頁参照。
脱退　150頁参照。
準用　ある事項に関する規定を、それと類似する他の事項について、必要があれば修正を加えて当てはめること。

◆当事者能力と訴訟能力・法定代理人

　訴訟は裁判所の主宰する手続に当事者が主体的に関与することによって進められていきますが、民事訴訟において当事者となりうる資格のことを当事者能力といいます。そして、誰がこの資格を有するかは、原則として、「民法その他の法令」によって定められます(28条)。この意味は、訴訟では当事者間の権利義務関係が定められることから、民法上権利義務の主体となりうる能力つまり権利能力を有する者(自然人、法人)に、当事者能力を認めるということです。ただし、社団、財団としての実質を備えていながら、形式的に法人格を付与されていないもの(いわゆる権利能力なき社団、財団)も、現実社会ではそれが主体となって経済取引その他の社会活動を営むことがありますから、代表者や管理人の定めがあるほどに対外的にまとまりのあるものについては、それらに当事者能力を認めることとされています(29条)。

　このように当事者能力を有する者でも、必ずしも単独で有効に訴訟行為を行い、あるいは相手方からの訴訟行為を受けることができるとは限りません。このような訴訟行為をなしうる能力を訴訟能力といいますが、これについても「民法その他の法令」によって定められます(28条)。これは、民法上行為能力を有する者に、訴訟能力を認めるという趣旨ですから、民法上行為能力を有する者はすべて訴訟能力も有することになります。他方、民法上の制限行為能力者である未成年者、成年被後見人、被保佐人、訴訟行為をすることにつきその補助人の同意を要するとされた被補助人(民法3条以下参照)は訴訟無能力者、制限訴訟能力者とされますが、訴訟は行為の連続として行われる手続ですから、手続の安定をはかる必要があります。そこで、民事訴訟法は、民法におけるように未成年者、成年被後見人の行為について事後的な取消可能性を認めることなく(民法5条2項・9条参照)、最初から、これらの者は法定代理人によってのみ訴訟行為をなしうることとされています(31条)。また、被保佐人は保佐人

の同意を得て訴訟行為をすることができますが(民法13条1項4号),その際,その者が個別の行為について同意を得ているか否かを調査しながら訴訟を進めていくというのでは,訴訟の迅速性,安定を害しますから,その同意は包括的に与えられるべきものとされ,一定の重要な行為についてのみ個別的な同意を要するものとされています(32条2項)。ただし,相手方からの訴え等に対する応訴についても保佐人の同意が必要であるとすると,その同意がない限り相手方の訴え等が妨げられることになり不都合ですから,これについては同意はいらないものとされています(同条1項)。そして,やはり手続の安定の見地から,法定代理権や保佐人の同意は書面によって証明されなければならないとされています(民事訴訟規則15条)。以上は,訴訟行為をすることにつき家庭裁判所によって補助人の同意を要するとされた被補助人の訴訟行為とその同意に関しても同様です(32条,民事訴訟規則15条)。また,未成年者や成年被後見人の法定代理人に誰がなるかも「民法その他の法令」によって定められます(28条)。

　なお,法人,権利能力なき社団,財団とその代表機関との関係は代理に類似するので,法定代理,法定代理人に関する規定がこれらの代表者,管理人に関して準用されることとされています(37条)。

(訴訟代理人の資格)
第54条　①　法令により裁判上の行為をすることができる代理人のほか,弁護士でなければ訴訟代理人となることができない。ただし,簡易裁判所においては,その許可を得て,弁護士でない者を訴訟代理人とすることができる。
②　前項の許可は,いつでも取り消すことができる。
(訴訟代理権の範囲)
第55条　①　訴訟代理人は,委任を受けた事件について,反訴,参加,強制執行,仮差押え及び仮処分に関する訴訟行為をし,かつ,弁済を受領することができる。
②　訴訟代理人は,次に掲げる事項については,特別の委任を受けなければならない。
　1　反訴の提起
　2　訴えの取下げ,和解,請求の放棄若しくは認諾又は第48条(第50条第3項及び第51条において準用する場合を含む。)の規定による脱退
　3　控訴,上告若しくは第318条第1項の申立て又はこれらの取下げ

4　省略
　5　代理人の選任
③　訴訟代理権は，制限することができない。ただし，弁護士でない訴訟代理人については，この限りでない。
④　省略
第56条・第57条　省略
（訴訟代理権の不消滅）
第58条　①　訴訟代理権は，次に掲げる事由によっては，消滅しない。
　1　当事者の死亡又は訴訟能力の喪失
　2　当事者である法人の合併による消滅
　3　当事者である受託者の信託の任務の終了
　4　法定代理人の死亡，訴訟能力の喪失又は代理権の消滅若しくは変更
②　一定の資格を有する者で自己の名で他人のために訴訟の当事者となるものの訴訟代理人の代理権は，当事者の死亡その他の事由による資格の喪失によっては，消滅しない。
③　前項の規定は，選定当事者が死亡その他の事由により資格を喪失した場合について準用する。
第59条～第86条　省略
（弁論能力を欠く者に対する措置）
第155条　①　裁判所は，訴訟関係を明瞭にするために必要な陳述をすることができない当事者，代理人又は補佐人の陳述を禁じ，口頭弁論の続行のため新たな期日を定めることができる。
②　前項の規定により陳述を禁じた場合において，必要があると認めるときは，裁判所は，弁護士の付添いを命ずることができる。

用語解説

訴訟代理人　本人の意思に基づいて代理権が与えられている代理人（任意代理人）のうち，訴訟追行について包括的な代理権を有する代理人。
委任　他人に一定の事務の処理を委任する契約。
反訴　134頁以下参照。
参加　144頁以下参照。
仮差押え　金銭債権（一定額の金銭の給付を目的とする債権）の将来の強制執行を保全するために，債務者に暫定的にその財産の処分を禁止する裁判所の命令。
仮処分　金銭債権以外の特定物の給付請求権の将来の強制執行を保全するための裁判所の命令（係争物に関する仮処分），または争いある権利関係について現実に生じている著しい損害を避け，もしくは急迫の強暴を防いで債権者を保護するため暫定的に必要な措置を講ずる裁判所の命令（仮の地位を定める仮処分）。
弁済　債権者の利益を実現する債務者の給付。

第2章　訴えの提起

> **合併**　2つ以上の会社が，契約によって1つの会社に合同すること。吸収合併では，1つの会社は合併後も存続し，他の会社はその会社に吸収されて消滅するのに対し，新設合併では，新たな会社が設立されて，従来の会社はこれに吸収されて消滅する。
> **信託**　契約の一方の当事者(受託者)が自己名義の権利を有しながら，それを他方の当事者(委託者)のために行使するという制約を受けている関係。
> **一定の資格を有する者で自己の名で他人のために訴訟の当事者となるもの**　訴訟担当者のこと。69頁参照。

◆弁論能力と訴訟代理人

　自ら法廷に出て弁論をする資格を弁論能力といいますが，訴訟能力を有する者は誰でもこれを有します。ただし，いうことがまったく要領を得ないような場合には，訴訟を円滑・迅速に進めることができませんから，裁判所は，その者の陳述を禁止して弁論能力を奪い，必要な場合には，弁護士の付添いを命ずることができます(155条)(なお，この場合には，例外的に，弁護士費用が訴訟費用に含まれることになります〔49頁参照〕)。このように，当事者本人は自ら訴訟活動をなすことを認められていますが(これを本人訴訟主義といいます)，もし代理人を出したいと思うときは，その代理人は原則として弁護士でなければなりません(これを弁護士代理の原則といいます〔54条1項〕)。そして，弁護士が訴訟代理人となったときは，その者は，一定の特別委任事項(55条2項)を除いて，本人を勝訴させるために必要な一切の行為をなすことができ(同条1項はその例示と解されています)，この訴訟代理権の範囲を制限することは許されません(同条3項)。また，訴訟を迅速に進める必要，代理人が原則として弁護士に限られていること，代理権の範囲が法定されていることから，訴訟代理権は，本人である当事者の死亡等の場合にも，民法上の代理権とは異なって(民法111条参照)，消滅しないものとされています(58条1項・2項)。訴訟代理権についても，手続の安定の見地から，書面による証明が必要とされており(民事訴訟規則23条1項)，実務上は，次頁に掲げた訴訟委任状の雛形のような，特別委任事項をも含めて記載した定型用紙に本人の署名，捺印を求め，それを裁判所に提出することが行われています。なお，平成14年の司法書士法の改正により，簡易裁判所の民事訴訟手続について，司法書士に訴訟代理権が認められました。ただし，日本司法書士会の行う研修と法務大臣の認定を受けることが条件となっています(司法書士法3条1項6号・2項)。

本人訴訟と弁護士・司法書士訴訟
（第一審通常訴訟事件）

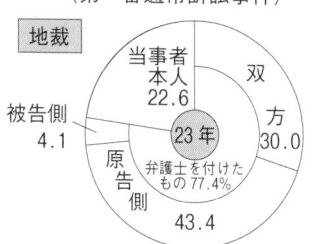

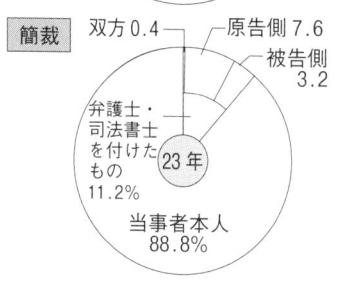

地裁

- 当事者本人 22.6
- 双方 30.0
- 被告側 4.1
- 原告側 43.4
- 弁護士を付けたもの 77.4%
- 23年

簡裁

- 双方 0.4
- 原告側 7.6
- 被告側 3.2
- 弁護士・司法書士を付けたもの 11.2%
- 当事者本人 88.8%
- 23年

(注)「司法統計年報」(平23)33頁第13表,38頁第23表による。
　簡裁で弁護士又は司法書士を付けた訴訟のうち,司法書士が関わっている訴訟は33.2%である。

訴訟委任状

```
                訴訟委任状

私は  〒789-0012  大和市甲町1丁目2番3号      氏を
      電話番号 12-3456,FAX 12-3478 弁護士市川葉二
訴訟代理人と定め下記の事項を委任します。
 1  相手方村上花子に対する大和地方裁判所貸
    金請求事件の訴訟行為及びこれに関連する一
    切の行為。
 1  和解,調停,請求の放棄,認諾,被代理人の選
    任,参加による脱退。
 1  反訴控訴上告又は其の取下及び訴えの取下。
 1  弁済の受領に関する一切の件。
 1  代理供託並に還付利息取戻申請受領一切の
    件。

平成25年6月3日
    住 所  〒788-0012  大和市乙町2丁目3番4号
    氏 名  金村一郎 印
```

〔霜島甲一ほか編著・目で見る民事訴訟法教材〔第2版〕に加筆して転載〕

第4節　訴えの提起前における証拠収集の処分等

（訴えの提起前における照会）
第132条の2　①　訴えを提起しようとする者が訴えの被告となるべき者に対し訴えの提起を予告する通知を書面でした場合(以下この章において当該通知を「予告通知」という。)には,その予告通知をした者(以下この章において「予告通知者」という。)は,その予告通知を受けた者に対し,その予告通知をした日から4月以内に限り,訴えの提起前に,訴えを提起した場合の主張又は立証を準備するために必要であることが明らかな事項について,相当の期間を定めて,書面で回答するよう,書面で照会をすることができる。ただし,その照会が次の各号のいずれかに該当す

るときは, この限りでない。
1　第163条各号のいずれかに該当する照会
2　相手方又は第三者の私生活についての秘密に関する事項についての照会であって, これに回答することにより, その相手方又は第三者が社会生活を営むのに支障を生ずるおそれがあるもの
3　相手方又は第三者の営業秘密に関する事項についての照会
② 前項第2号に規定する第三者の私生活についての秘密又は同項第3号に規定する第三者の営業秘密に関する事項についての照会については, 相手方がこれに回答することをその第三者が承諾した場合には, これらの規定は, 適用しない。
③ 予告通知の書面には, 提起しようとする訴えに係る請求の要旨及び紛争の要点を記載しなければならない。
④ 第1項の照会は, 既にした予告通知と重複する予告通知に基づいては, することができない。
第132条の3　① 予告通知を受けた者(以下この章において「被予告通知者」という。)は, 予告通知者に対し, その予告通知の書面に記載された前条第3項の請求の要旨及び紛争の要点に対する答弁の要旨を記載した書面でその予告通知に対する返答をしたときは, 予告通知者に対し, その予告通知がされた日から4月以内に限り, 訴えの提起前に, 訴えを提起された場合の主張又は立証を準備するために必要であることが明らかな事項について, 相当の期間を定めて, 書面で回答するよう, 書面で照会をすることができる。この場合においては, 同条第1項ただし書及び同条第2項の規定を準用する。
② 前項の照会は, 既にされた予告通知と重複する予告通知に対する返答に基づいては, することができない。
(訴えの提起前における証拠収集の処分)
第132条の4　① 裁判所は, 予告通知者又は前条第1項の返答をした被予告通知者の申立てにより, 当該予告通知に係る訴えが提起された場合の立証に必要であることが明らかな証拠となるべきものについて, 申立人がこれを自ら収集することが困難であると認められるときは, その予告通知又は返答の相手方(以下この章において単に「相手方」という。)の意見を聴いて, 訴えの提起前に, その収集に係る次に掲げる処分をすることができる。ただし, その収集に要すべき時間又は嘱託を受けるべき者の負担が不相当なものとなることその他の事情により, 相当でないと認めるときは, この限りでない。
1　文書(第231条に規定する物件を含む。以下この章において同じ。)の所持者にその文書の送付を嘱託すること。
2　必要な調査を官庁若しくは公署, 外国の官庁若しくは公署又は学校,

商工会議所, 取引所その他の団体(次条第1項第2号において「官公署等」という。)に嘱託すること。
  3　専門的な知識経験を有する者にその専門的な知識経験に基づく意見の陳述を嘱託すること。
  4　執行官に対し, 物の形状, 占有関係その他の現況について調査を命ずること。
② 前項の処分の申立ては, 予告通知がされた日から4月の不変期間内にしなければならない。ただし, その期間の経過後にその申立てをすることについて相手方の同意があるときは, この限りでない。
③ 第1項の処分の申立ては, 既にした予告通知と重複する予告通知又はこれに対する返答に基づいては, することができない。
④ 裁判所は, 第1項の処分をした後において, 同項ただし書に規定する事情により相当でないと認められるに至ったときは, その処分を取り消すことができる。
(証拠収集の処分の管轄裁判所等)
第132条の5　① 次の各号に掲げる処分の申立ては, それぞれ当該各号に定める地を管轄する地方裁判所にしなければならない。

1　前条第1項第1号の処分の申立て	申立人若しくは相手方の普通裁判籍の所在地又は文書を所持する者の居所
2　前条第1項第2号の処分の申立て	申立人若しくは相手方の普通裁判籍の所在地又は調査の嘱託を受けるべき官公署等の所在地
3　前条第1項第3号の処分の申立て	申立人若しくは相手方の普通裁判籍の所在地又は特定の物につき意見の陳述の嘱託がされるべき場合における当該特定の物の所在地
4　前条第1項第4号の処分の申立て	調査に係る物の所在地

② 第16条第1項, 第21条及び第22条の規定は, 前条第1項の処分の申立てに係る事件について準用する。
(証拠収集の処分の手続等)
第132条の6　① 裁判所は, 第132条の4第1項第1号から第3号までの処分をする場合には, 嘱託を受けた者が文書の送付, 調査結果の報告又は意見の陳述をすべき期間を定めなければならない。
② 第132条の4第1項第2号の嘱託若しくは同項第4号の命令に係る調査結果の報告又は同項第3号の嘱託に係る意見の陳述は, 書面でしなければならない。
③ 裁判所は, 第132条の4第1項の処分に基づいて文書の送付, 調査結果の報告又は意見の陳述がされたときは, 申立人及び相手方にその旨を通知しなければならない。

④ 裁判所は、次条の定める手続による申立人及び相手方の利用に供するため、前項に規定する通知を発した日から1月間、送付に係る文書又は調査結果の報告若しくは意見の陳述に係る書面を保管しなければならない。
⑤ 第180条第1項の規定は第132条の4第1項の処分について、第184条第1項の規定は第132条の4第1項第1号から第3号までの処分について、第213条の規定は同号の処分について準用する。
（事件の記録の閲覧等）
第132条の7 ① 申立人及び相手方は、裁判所書記官に対し、第132条の4第1項の処分の申立てに係る事件の記録の閲覧若しくは謄写、その正本、謄本若しくは抄本の交付又は当該事件に関する事項の証明書の交付を請求することができる。
② 第91条第4項及び第5項の規定は、前項の記録について準用する。この場合において、同条第4項中「前項」とあるのは「第132条の7第1項」と、「当事者又は利害関係を疎明した第三者」とあるのは「申立人又は相手方」と読み替えるものとする。
第132条の8・第132条の9　省略

　用語解説
営業秘密　秘密として管理されている生産方法、販売方法その他の事業活動に有用な技術上または営業上の情報であって、公然と知られていないもの（不正競争防止法2条6項）。
請求　45頁参照。
執行官　裁判所において、送達事務、執行事務を取り扱う機関またはこれを構成する職員。
不変期間　59頁参照。
裁判所書記官　裁判所において、支払督促（3頁参照）の発布、調書（101頁参照）の作成、訴訟記録の保管、送達事務、公証等の事務を取り扱う機関またはこれを構成する職員。
正本　公証権限をもつ公務員が、原本（159頁参照）に代えて原本と同一の効力をもたせるために、特に正本として作成した写し。謄本の一種。
謄本　原本の内容を同一の文字・符号等によって、しかも全部について完全に転写した文書。
抄本　原本の一部の写し。
疎明　108頁参照。

◆提訴前証拠収集処分等
　訴え提起後に充実した審理を計画的に進めるためには、提訴前に十分な準備がなされていることが望ましいと思われますが、従来、わが国には、

そのための制度としては,あらかじめ証拠調べをしておかなければその証拠を使用することが困難とする事情があると認められる場合に利用できるに過ぎない証拠保全(234条以下)というものしかありませんでした。そこで,平成15年の改正法は新たに,提訴予告通知により当事者に訴訟法上の権能を認める前提を作り出し,その上で,提訴前照会と証拠収集処分の利用を認めるという制度を創設しました。

提訴予告通知は,訴えを提起しようとする者(予告通知者)が被告となるべき者に対し,請求の要旨と紛争の要点を記載した書面(予告通知書)によって行います(132条の2第1項・第3項)。そして,予告通知者は,通知から4月以内に限り,提訴前照会・証拠収集処分の申立てをすることができます(132条の2第1項・132条の4第2項)。予告通知を受けた者(被予告通知者)も,予告通知者に対し,答弁の要旨を記載した返答書を送付した後,同様の措置をとることができます(132条の3第1項・132条の4第1項)。なお,同一事項について重複して予告通知をすることはできず(132条の2第4項・132条の3第2項),予告通知はできる限り,提訴の予定時期を明らかにしてしなければなりません(民事訴訟規則52条の2第3項)。

提訴前照会は提訴後の当事者照会(83頁参照)を前倒しした趣旨のものですが,提訴前のものでより濫用のおそれの大きいものですから,主張・立証の準備のために必要であることが明らかな事項に利用が限定され(132条の2第1項本文・132条の3第1項),また回答拒絶事由として,163条所定の事由のほか,相手方・第三者の私生活上の秘密や営業秘密も認められています(132条の2第1項ただし書・132条の3第1項)。

証拠収集処分として利用できる処分は,文書の送付の嘱託,調査の嘱託,専門的な知識経験を有する者に対する意見陳述嘱託,執行官に対する現況調査命令です(132条の4第1項)。処分を命ずるための要件は,訴えが提起された場合に立証に必要なことが明らかな証拠となるべきものに関すること,申立人が自ら収集することが困難であること,それに要する時間や負担などが不相当なものでないことです。ただし,この処分は任意のものであって,嘱託を受けた者や調査の対象となった物件の所有者には,それに応じなくとも制裁はありません。なお,証拠収集処分に基づく報告や意見陳述は書面でなされ(132条の6第2項),申立人および相手方はそれを閲覧等することができ(132条の7),提訴後に必要があれば証拠として提出することができます(当然に証拠となるものではありません)。

第5節　訴え提起の方式

(訴え提起の方式)
第133条　①　訴えの提起は,訴状を裁判所に提出してしなければならない。
②　訴状には,次に掲げる事項を記載しなければならない。
　1　当事者及び法定代理人
　2　請求の趣旨及び原因

用語解説

訴状　訴えを提起するときに第一審裁判所に提出しなければならない書面。
請求の趣旨　訴状のなかで,原告が訴えによって求める判決の結論部分を明らかにする部分。
請求の原因　訴状のなかで,請求の趣旨を補って,審判の対象を特定するのに必要な事実を書く部分。民事訴訟規則上はさらに請求を理由あらしめるのに必要な事実等を記載することが求められており,この部分をも含めて請求の原因ということもある。なお,155頁参照。

1　訴えの提起の方式

原告が訴えを提起(起訴といいます)する場合には,訴状とよばれる一定の方式による書面を裁判所に提出しなければなりません(本条1項)。訴えの提起は訴訟を開始させる重要な行為ですから,明確を期すためにそのような書面を要求したものです。ただし,簡易裁判所においては,書面にしなくとも,原告が口頭で必要事項を述べることによって訴えを提起することもできることとされていますが(271条),この場合には,裁判所書記官がその趣旨を調書という書面に書くことになっていて(民事訴訟規則1条2項),そのための人的な余裕がないことや,事件の実情に通じていない裁判所書記官が当事

《簡易裁判所への訴えの提起》

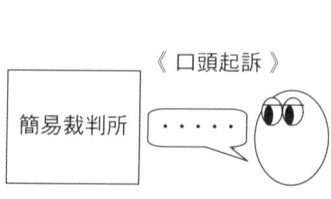

《口頭起訴》

簡易裁判所では,口頭起訴はほとんど行われていませんでしたが,現行法の下では行いやすくなっています。

者のいい分を法律的に構成して請求の趣旨と原因にまとめるのが難しいことなどから,口頭起訴はほとんど行われてきませんでした。そこで,現行法は,簡易裁判所での訴えの提起に際しては,請求の原因に代えて紛争の要点を明らかにすればたりるとして,当事者本人でも容易に訴えを提起できるようにしています(272条)。

2 **訴状の必要的記載事項**

訴えを提起する場合には,原告は,被告が誰で,被告との間にどのような紛争があるのかを明らかにして,その紛争についてどのような解決を裁判所に求めるのかを明らかにしなければなりません(本条2項)。

そこでまず,訴状には当事者が誰であるかを明らかにしなければならず,また,当事者が訴訟無能力者である場合には現実に訴訟に出てきて様々な行為をするのは法定代理人ですから(33頁参照),この者が誰であるかも明らかにしなければなりません。

次に,原告はどのようなことがらについて審判を求めるかを明らかにしなければなりません。近代法の基本原則である「自由主義」の下では,私人間の生活関係には国家はなるべく干渉しないことを建前としていますから,裁判所は当事者から求められたことがらについてだけ判決を与えるべきものとされているからです。そして,このことを明らかにするために,請求の趣旨欄にどのような判決を求めるかを記載し,それにより被告との関係で原告の権利主張を明らかにすることとされていますが,この記載は人々の間にある紛争の類型に応じて異なってくることになります。

この紛争の類型は3つに大別されます。

第1の類型は,X・Y間にある給付の実現をすべきか否かが争われているような紛争です。たとえば,47頁に掲げた訴状の雛形の場合のように,X・Y間で貸金の返済をめぐって争いがあるような場合がこれにあたります。この場合には,Xは,裁判所に対して,

第一審通常訴訟新受事件 (再審事件を除く)の種類別件数

事件の種類	全国総数	
	簡易裁判所	地方裁判所
総　　　　　　　数	522,639	196,364
金銭を目的とする訴え	510,237	152,427
建物を目的とする訴え	6,420	26,273
土地を目的とする訴え	1,876	8,102
労働に関する訴え (金銭目的以外)		926
知的財産権に関する訴え (金銭目的以外)		252
公害に係る差止めの訴え		6
その他の訴え	4,106	8,381

(注)「司法統計年報」(平23)31頁第7表,35頁第18表による。

Yに給付の実現を命令してくれるように求めることになりますが（前記の例では「金145万円……」の支払いを命ずるように求めています），この訴えを給付訴訟といい，この求めをいれて「被告は原告に対して金145万円……を支払え」との命令をした判決を給付判決といいます。

　第2の類型は，X・Y間である権利または法律関係の存否をめぐって争いがあるような紛争です。たとえば，ある土地の所有権がXにあるか，Yにあるかが争われている紛争とか，X・Y間に親子関係があるか否かが争われているような紛争がこれにあたります。この場合には，XかYかのいずれかが原告となって，その土地の所有権が自分にあることの確認，X・Y間に親子関係があることの（またはないことの）確認が求められることになりますが，このような訴えを確認訴訟といいます。この求めがいれられれば「別紙目録記載の土地について原告が所有権を有することを確認する」とか，「原告は被告の子であること（または子でないこと）を確認する」といった判決が下されることになりますが，このような判決を確認判決といいます。

　第3の類型は，X・Y間に，ある新しい法律関係を形成すべきか否かについて争いがあるという紛争です。たとえば，X・Y間に離婚をめぐって争いがある場合はこれにあたります。この場合には，一方は他方を被告として，離婚を求める正当な原因があることを主張して，離婚すなわち婚姻関係の解消という新しい法律関係の形成を裁判所に求めることになりますが，このような訴えを形成訴訟といい，原告の求めをいれて「原告と被告とを離婚する」というような新しい法律関係の形成を宣言する判決を形成判決といいます。

　なお，以上の3類型を通じて原告の求めをいれた判決を請求認容判決，それを排斥した判決を請求棄却判決といいますが，この請求棄却判決は，確認訴訟の場合のみならず，給付訴訟，形成訴訟の場合にも，原告の主張する権利または法律関係がないこと（ある権利または法律関係がないという旨を主張する確認訴訟〔これを消極的確認訴訟といい，それがあるという旨を主張する確認訴訟を積極的確認訴訟といいます〕の場合には権利または法律関係があること）を確認するものですから，確認判決です。

　そこで，このような紛争類型に応じて，原告は，自己が求めるところの「判決」を，まず，「請求の趣旨」として，訴状のなかに書くことになります。

　ところで，上記の第2類型の場合には，「別紙目録記載の土地について原告が所有権を有することの確認を求める」との請求の趣旨欄の記載だ

けで,原告がその土地に対する所有権の主張をしていることが明らかになりますが,第1類型の場合には,「金145万円……の支払いを求める」と書いただけでは,それが貸金返還請求であるのか,売買代金の支払請求であるのか,あるいは不法行為に基づく損害賠償請求であるのかはっきりとせず,これだけでは,裁判所としては,どういう権利について審理を進めてよいかわからないことになります。そこで,このような場合には,原告としては,自己の権利主張をはっきりさせる ── つまり他の権利主張と区別する(これを特定するといいます) ── ための事実を請求の原因欄に記載することが必要になります。

　以上の当事者,法定代理人(これはいなければ書く必要はありません),請求の趣旨,請求の原因(これは請求の趣旨だけで原告の権利主張が特定されれば書く必要はありません)は訴状に必ず記載しなければならないものですから,訴状の必要的記載事項とよばれています(本条2項)。

　なお,先に述べたように,272条は簡易裁判所では請求の原因に代えて紛争の要点を明らかにすればたりるとしていますが(これは口頭起訴の場合だけでなく,訴状を裁判所に提出する場合にも共通の規定です),この場合には,原告は訴えを提起後できるだけ早く自己の権利主張をはっきりさせることになります。

③ 訴訟物論争

　このように,原告は,請求の趣旨と請求の原因という欄を使って自己の権利主張を特定することになりますが,この権利主張のことを「訴訟上の請求」または単に「請求」といいます。また,これを「訴訟の目的物」という意味で「訴訟物」ともいいますが,この訴訟物のとらえ方をめぐって訴訟物論争とよばれる有名な論争があります。

　旧訴訟物理論とよばれる伝統的な見解は,訴訟物を実体法上の権利ごとにとらえるべきであるとします。たとえば,YがXの馬屋から馬を一頭持ち出して返さない場合には,Xには実体法上所有権に基づく返還請求権と占有権に基づく返還請求権(民法200条)がありますので,この理論は,Xがこの2つの権利を主張するときには2つの別個の訴訟物があるとします。そうすると,この2つの権利がともに認められるときには1頭の馬の返還をめぐって2つの認容判決が出るという奇妙なことになりかねませんし(ただし,132頁参照),2つの訴訟物があるとすれば2つの権利を別個に訴えることも可能となって,社会的に1個の紛争を不自然に分断することにもなります。そこで,新訴訟物理論とよばれる見解は,こ

こには、「1頭の馬の返還を求めうる法的地位」が自己にあることの主張があるものとみて、1個の訴訟物のみがあるとしています。そして、この立場は、所有権に基づく返還請求権や占有権に基づく返還請求権というのは、このような法的地位を基礎づける法的観点の差異にすぎず、訴訟物の相違をもたらすものではないとしています。そして、同様な問題は、たとえば、民法770条1項各号ごとに別個の訴訟物があるか、あるいはそこには離婚を求める法的地位という1個の訴訟物があるにすぎないか、といったような点をめぐって形成訴訟の場合にも存在します。

このような理論のうち、学説上は新訴訟物理論が有力な地位を占めるに至っていますが、実務はなお旧訴訟物理論によっているといわれます。また、このいずれの理論をとるかは、後述のように、重複訴訟の禁止(142条。62頁参照)、請求の併合(136条。132頁参照)、訴えの変更(143条。132頁参照)、既判力の客観的範囲(114条1項。166頁参照)という問題で結論に相違を生じさせますが、訴状における請求の特定の仕方にも影響を与えることになります。たとえば、前述の馬の例では、新訴訟物理論によれば、請求の趣旨欄で「YはXに馬を返還せよ」との判決を求めると書けば請求は特定することになりますが、旧訴訟物理論によると、さらに請求の原因欄で、所有権に基づく返還請求権を主張しているのか、占有権に基づく返還請求権を主張しているのかの特定までしなければならないことになります。

4 一部請求

数量的に可分な債権の一部のみを請求し(たとえば、100万円の債権のうちの10万円のみを請求し)、それに関する判決が出た後に残部を請求することができるかという問題を一部請求の問題といいます。これを認められれば、原告にとって試しに訴訟をすることができることになって便利ですが、反面、裁判所や被告にとっては、同一の債権の存否に関する訴訟に二重につきあわされることになって迷惑です。判例は原告が最初の訴訟で訴求部分が一部であることを明示した場合に限ってこれを認めますが、学説上は否定する見解も有力です。肯定説では、100万円のうち10万円だけが訴訟物となるとし、既判力(164頁参照)もその部分についてのみ生ずるとしますが、否定説は100万円の債権全体が訴訟物となる(ただし、原告が勝ったときでも、原告は10万円しか訴求していないから、それだけの認容判決しか得られない)とし、残部の請求は遮断されるとします。このようにここでも訴訟物が問題とされますが、ここで肯定説をとるか

5 訴状のその他の記載事項・添付書類と印紙の貼用

期日の空転を防ぎ,早期に被告が適切な準備を行って,実質的な審理に入ることができるようにするために,民事訴訟規則上,原告には訴状(請求の原因欄)に,必要的記載事項のほかに,当初から自己の請求を理由付ける事実を具体的に記載し,さらには,立証の必要があらかじめ予想される事由について,その事由ごとに,請求を理由付ける事実で重要なもの〔重要な間接事実〔96頁参照〕〕と証拠を記載することが求められています(民事訴訟規則53条1項)。同様の趣旨から,立証の必要があらかじめ予想される事由について提出予定の重要な文書の写しを添付することも要求されています。また,人事訴訟事件や不動産関係事件では,訴状とともに

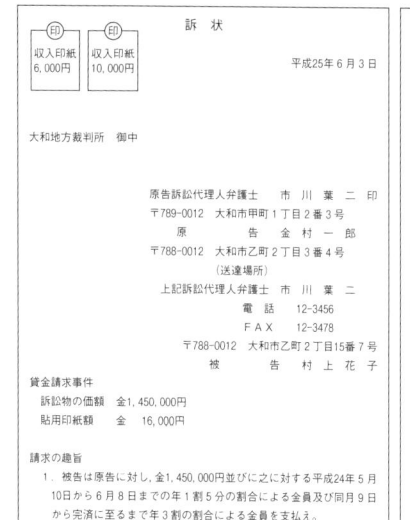

訴　　状

| 収入印紙 6,000円 | 収入印紙 10,000円 | 訴　状 平成25年6月3日 |

大和地方裁判所　御中

原告訴訟代理人弁護士　市　川　葉　二　印
〒789-0012　大和市甲町1丁目2番3号
　　　　　　原　　　告　金　村　一　郎
〒788-0012　大和市乙町2丁目3番4号
　　　　　　（送達場所）
上記訴訟代理人弁護士　市　川　葉　二
　　　　　　電　話　　12-3456
　　　　　　Ｆ　Ａ　Ｘ　　12-3478
〒788-0012　大和市乙町2丁目15番7号
　　　　　　被　　　告　村　上　花　子

貸金請求事件
　訴訟物の価額　金1,450,000円
　貼用印紙額　　金　16,000円

請求の趣旨
1．被告は原告に対し,金1,450,000円並びに之に対する平成24年5月10日から6月8日までの年1割5分の割合による金員及び同月9日から完済に至るまで年3割の割合による金員を支払え。
2．訴訟費用は被告の負担とする。

請求の原因
1．原告は,被告に対し,平成24年5月9日,利息を1か月分,返済期日を同年6月8日と定めて,金1,500,000円を貸し付け,上記返済期日までの利息1か月分金50,000円を差引き,金1,450,000円を手交した。
2．然るに,被告は,上記返済期日の過ぎた今日に至るまで上記貸金の返済をしない。よって,原告は,利息制限法の枠内で,上記貸付金1,450,000円並びに之に対する平成24年5月10日から6月8日まで年1割5分の割合による利息を,同月9日から上記完済に至るまで年3割の割合による遅延損害金の支払を求めるため,本訴に及んだ次第である。
3．なお,第1項記載の金員は,被告から訴外青木久に貸し付ける金が必要とのことなので,訴外外間産業株式会社振出,上記青木裏書にかかる額面150万円の手形に被告の裏書を得て,同人に貸し付けたものである。

立証方法
1　甲第1号証の1（手形）

添付書類
1　訴訟委任状　　1通

(注)　収入印紙の消印は,受付後に裁判所において捺印される。

各種申立て手数料

項	上　　　欄	下　　　欄
1	訴え(反訴を除く。)の提起	訴訟の目的の価額に応じて、次に定めるところにより算出して得た額 (1) 訴訟の目的の価額が100万円までの部分 　　その価額10万円までごとに　1,000円 (2) 訴訟の目的の価額が100万円を超え500万円までの部分 　　その価額20万円までごとに　1,000円 (3) 訴訟の目的の価額が500万円を超え1,000万円までの部分 　　その価額50万円までごとに　2,000円 (4) 訴訟の目的の価額が1,000万円を超え10億円までの部分 　　その価額100万円までごとに　3,000円 (5) 訴訟の目的の価額が10億円を超え50億円までの部分 　　その価額500万円までごとに　1万円 (6) 訴訟の目的の価額が50億円を超える部分 　　その価額1,000万円までごとに　1万円
2	控訴の提起(4の項に掲げるものを除く。)	1の項により算出して得た額の1.5倍の額
3	上告の提起又は上告受理の申立て(4の項に掲げるものを除く。)	1の項により算出して得た額の2倍の額
4	請求について判断をしなかった判決に対する控訴の提起又は上告の提起若しくは上告受理の申立て	2の項又は3の項により算出して得た額の2分の1の額
5	請求の変更	変更後の請求につき1の項(請求について判断した判決に係る控訴審における請求の変更にあっては、2の項)により算出して得た額から変更前の請求に係る手数料の額を控除した額
6	反訴の提起	1の項(請求について判断した判決に係る控訴審における反訴の提起にあっては、2の項)により算出して得た額。ただし、本訴とその目的を同じくする反訴については、この額から本訴に係る訴訟の目的の価額について1の項(請求について判断した判決に係る控訴審における反訴の提起にあっては、2の項)により算出して得た額を控除した額
7	民事訴訟法第47条第1項若しくは第52条第1項又は民事再生法(平成11年法律第225号)第138条第1項若しくは第2項の規定による参加の申出	1の項(請求について判断した判決に係る控訴審又は上告審における参加にあっては2の項又は3の項、第一審において請求について判断し、第二審において請求について判断しなかった判決に係る上告審における参加にあっては2の項)により算出して得た額

8	再審の訴えの提起	(1) 簡易裁判所に提起するもの	2,000円
		(2) 簡易裁判所以外の裁判所に提起するもの	4,000円
8の2	仲裁法(平成15年法律第138号)第44条第1項又は第46条第1項の規定による申立て		4,000円
9	和解の申立て		2,000円
10	支払督促の申立て		請求の目的の価額に応じ、1の項により算出して得た額の2分の1の額

戸籍謄本や登記事項証明書が提出されていないと、仮に被告が争わなくとも訴状の誤記に基づいて判決書にも誤記が生じ、その判決に基づく戸籍の記載や登記をできないことになるおそれがあります。そこで、訴状の提出とともにこれらの書類を提出することも求められています(人事訴訟規則13条、民事訴訟規則55条)。これらの記載のある訴状は準備書面(81頁参照)を兼ねるものとされ(民事訴訟規則53条3項)、また、上記のような記載や添付がなくとも訴状却下命令(137条2項)が出されることはないという意味において、その記載は必要的記載事項ではありません。

訴状には、さらに、裁判所での審理の手数料として、印紙を貼用する(貼る)必要があります。いくらの印紙を貼るかは、民事訴訟費用等に関する法律によって訴額に応じて定められています。なお、この関係では、非財産権上の請求の訴額は、この法律の4条2項によって160万円とみなされることになっています。

訴訟をするには、こうした裁判所に納める手数料をはじめとして、いろいろな費用がかかります。このうち、訴訟書類の作成費用や証人尋問の費用など民事訴訟費用等に関する法律の2条で定められた範囲内のものを訴訟費用といいます。これは最終的には、原則として訴訟で負けた者が負担することになりますが(61条)、さしあたりはそれぞれの当事者が支払う必要があります。すると、このような費用や弁護士費用などの訴訟の準備および追行に必要な費用を支払う資力がない者とか、その支払いによって生活に著しい支障を生ずる者とかは原告となって裁判を受けることができないということになりかねませんから、その救済策として、訴訟上の救助という制度が設けられています(82条以下)。これは訴えが「勝訴の見込みがないとはいえないとき」に与えられますが、これが与え

《訴訟費用》

- 訴訟書類の作成費用
- 証人尋問の費用
- 裁判所へ納める手数料

られると、裁判所に納付しなければならない費用の支払いを猶予され、たとえば、訴状に印紙を貼らなくても受け付けてもらえるといったことになります。しかし、この制度の適用を受けても、裁判にかかる費用のうち最も大きな割合を占める弁護士費用は支払わなければならないため、これは、まったく不十分なものにすぎません。そこで、弁護士費用の立て替えのためには、日本弁護士連合会が中心となっている法律扶助協会で法律扶助という制度が任意の制度として設けられていましたが、これも資金的に規模が小さく、十分とはいえない状況でした。そこで、改善のために、平成12年に民事法律扶助法が制定され、民事法律扶助事業の適切な運営を確保するための措置を講ずべき国の責務等が定められました。そしてさらに、平成16年には、裁判等の法による解決制度の利用を容易にするとともに、弁護士・司法書士その他の法律専門職のサービスをより身近に受けられるようにするための総合的な支援の実施および体制の整備に関する基本事項を定めた総合法律支援法が制定・施行され、この法律に基づいて設立された日本法律支援センター(法テラス)が平成18年10月に発足したことに伴い、民事法律扶助法は廃止されて、民事法律扶助事業は同センターが行っています。

6 処分権主義

以上に述べてきたことから明らかなように、審判対象である訴訟物の特定については、原告の主導権が認められています。すなわち、裁判所は原告の申し立てた事項についてのみ判決をすることができ(246条)、したがって、訴訟は原告からの訴えの提起がなければ開始されません。また、その反面、訴訟の終了についても当事者の主導権が認められ、当事者は、いったん開始した訴訟についても、訴えの取下げ(173頁以下参照)、請求の放棄・認諾(177頁以下参照)、和解(175頁以下参照)などによって、いつでもこれを終了させることを認められています。このように、訴訟の開始、審判対象の特定、訴訟の終了が当事者の手に委ねられていることを、処分権主義といいます。

第6節　訴状受理後の裁判所の措置

（裁判長の訴状審査権）
第137条　①　訴状が第133条第2項の規定に違反する場合には、裁判長は、相当の期間を定め、その期間内に不備を補正すべきことを命じなければならない。民事訴訟費用等に関する法律（昭和46年法律第40号）の規定に従い訴えの提起の手数料を納付しない場合も、同様とする。
②　前項の場合において、原告が不備を補正しないときは、裁判長は、命令で、訴状を却下しなければならない。
③　省略
（訴状の送達）
第138条　①　訴状は、被告に送達しなければならない。
②　前条の規定は、訴状の送達をすることができない場合（訴状の送達に必要な費用を予納しない場合を含む。）について準用する。

用語解説

裁判長　合議体の裁判所において、その合議体を構成する裁判官のうち、これを代表する権限をもつ者。
補正　正しく直すこと。
命令　裁判の一種（70頁参照）。
送達　訴訟上の書類を一定の方式に従って、当事者その他の利害関係人に知らせることを目的とする裁判所の行為。

◆訴状の審査と被告への送達

　訴状が提出されると、受付担当の書記官は訴状に受付印を押し、各裁判所であらかじめ決められた事務分配の定めに従って事件を各裁判機関に配布します。第一審事件は簡易裁判所ではすべて単独裁判官によって処理され（裁判所法35条）、地方裁判所でもそれが原則ですが、複雑な事件のときは、3人の裁判官の合議体で処理されることもあります（裁判所法26条）。また、大規模訴訟（薬害訴訟や公害訴訟などの、当事者が著しく多数で、かつ、尋問すべき証人または当事者本人が著しく多数である訴訟）や特許権等に関する訴訟（6条1項にあげられた訴訟）では、5人の合議体で処理される旨の決定がその合議体によってなされることもあります（269条・269条の2）。いずれにせよ、事件の配付を受けた単独裁判官もし

くは合議体の裁判長は訴状の記載事項の審査を行います。その結果，必要的記載事項が欠けていたり，必要な印紙が貼ってなかったりした場合には，裁判長は，相当の期間を定めてその補正を命じ(これを補正命令といいますが，正式の補正命令を出す前に，裁判所書記官に命じて，必要な補正を促させることもできます〔民事訴訟規則56条〕)，原告がこれに従わなかった場合には，訴状却下命令を出します(137条)。これに対し，訴状に不備がないときや，不備があっても原告によって補正されたときには，裁判長は，裁判所書記官に命じ，訴状を被告に送達させます(138条１項)。そのため，原告は被告の数プラス１通(裁判所の分)の訴状を裁判所に提出する必要があります。

(職権送達の原則等)
第98条 ① 送達は，特別の定めがある場合を除き，職権でする。
② 送達に関する事務は，裁判所書記官が取り扱う。
(送達実施機関)
第99条 ① 送達は，特別の定めがある場合を除き，郵便又は執行官によってする。
② 郵便による送達にあっては，郵便の業務に従事する者を送達をする者とする。
第100条 省略
(交付送達の原則)
第101条 送達は，特別の定めがある場合を除き，送達を受けるべき者に送達すべき書類を交付してする。
第102条 省略
(送達場所)
第103条 ① 送達は，送達を受けるべき者の住所，居所，営業所又は事務所(以下この節において「住所等」という。)においてする。ただし，法定代理人に対する送達は，本人の営業所又は事務所においてもすることができる。
② 前項に定める場所が知れないとき，又はその場所において送達をするのに支障があるときは，送達は，送達を受けるべき者が雇用，委任その他の法律上の行為に基づき就業する他人の住所等(以下「就業場所」という。)においてすることができる。送達を受けるべき者(次条第１項に規定する者を除く。)が就業場所において送達を受ける旨の申述をしたときも，同様とする。
(送達場所等の届出)

◆法学民事訴訟法◆ 　　　　　　53　　　　第6節　訴状受理後の裁判所の措置

第104条　①　当事者,法定代理人又は訴訟代理人は,送達を受けるべき場所(日本国内に限る。)を受訴裁判所に届け出なければならない。この場合においては,送達受取人をも届け出ることができる。
②　前項前段の規定による届出があった場合には,送達は,前条の規定にかかわらず,その届出に係る場所においてする。
③　第1項前段の規定による届出をしない者で次の各号に掲げる送達を受けたものに対するその後の送達は,前条の規定にかかわらず,それぞれ当該各号に定める場所においてする。
　1　前条の規定による送達　　　　　　　　　その送達をした場所
　2・3　省略
第105条　省略
(補充送達及び差置送達)
第106条　①　就業場所以外の送達をすべき場所において送達を受けるべき者に出会わないときは,使用人その他の従業者又は同居者であって,書類の受領について相当のわきまえのあるものに書類を交付することができる。郵便の業務に従事する者が日本郵便株式会社の営業所において書類を交付すべきときも,同様とする。
②　就業場所(第104条第1項前段の規定による届出に係る場所が就業場所である場合を含む。)において送達を受けるべき者に出会わない場合において,第103条第2項の他人又はその法定代理人若しくは使用人その他の従業者であって,書類の受領について相当のわきまえのあるものが書類の交付を受けることを拒まないときは,これらの者に書類を交付することができる。
③　送達を受けるべき者又は第1項前段の規定により書類の交付を受けるべき者が正当な理由なくこれを受けることを拒んだときは,送達をすべき場所に書類を差し置くことができる。
(書留郵便等に付する送達)
第107条　①　前条の規定により送達をすることができない場合には,裁判所書記官は,次の各号に掲げる区分に応じ,それぞれ当該各号に定める場所にあてて,書類を書留郵便又は民間事業者による信書の送達に関する法律(平成14年法律第99号)第2条第6項に規定する一般信書便事業者若しくは同条第9項に規定する特定信書便事業者の提供する同条第2項に規定する信書便の役務のうち書留郵便に準ずるものとして最高裁判所規則で定めるもの(次項及び第3項において「書留郵便等」という。)に付して発送することができる。
　1　第103条の規定による送達をすべき場合　　同条第1項に定める場所

2　第104条第2項の規定による送達をすべき場合	同項の場所
3　第104条第3項の規定による送達をすべき場合	同項の場所(その場所が就業場所である場合にあっては,訴訟記録に表れたその者の住所等)

② 前項第2号又は第3号の規定により書類を書留郵便等に付して発送した場合には,その後に送達すべき書類は,同項第2号又は第3号に定める場所にあてて,書留郵便等に付して発送することができる。

③ 前2項の規定により書類を書留郵便等に付して発送した場合には,その発送の時に,送達があったものとみなす。

第108条　省略

(送達報告書)

第109条　送達をした者は,書面を作成し,送達に関する事項を記載して,これを裁判所に提出しなければならない。

(公示送達の要件)

第110条　① 次に掲げる場合には,裁判所書記官は,申立てにより,公示送達をすることができる。

　1　当事者の住所,居所その他送達をすべき場所が知れない場合

　2〜4　省略

② 前項の場合において,裁判所は,訴訟の遅滞を避けるため必要があると認めるときは,申立てがないときであっても,裁判所書記官に公示送達をすべきことを命ずることができる。

③ 同一の当事者に対する2回目以降の公示送達は,職権でする。ただし,第1項第4号に掲げる場合は,この限りでない。

(公示送達の方法)

第111条　公示送達は,裁判所書記官が送達すべき書類を保管し,いつでも送達を受けるべき者に交付すべき旨を裁判所の掲示場に掲示してする。

(公示送達の効力発生の時期)

第112条　① 公示送達は,前条の規定による掲示を始めた日から2週間を経過することによって,その効力を生ずる。ただし,第110条第3項の公示送達は,掲示を始めた日の翌日にその効力を生ずる。

②・③　省略

(公示送達による意思表示の到達)

第113条　訴訟の当事者が相手方の所在を知ることができない場合において,相手方に対する公示送達がされた書類に,その相手方に対しその訴

訟の目的である請求又は防御の方法に関する意思表示をする旨の記載があるときは、その意思表示は、第111条の規定による掲示を始めた日から2週間を経過した時に、相手方に到達したものとみなす。この場合においては、民法第98条第3項ただし書の規定を準用する。

> **用語解説**
>
> 裁判所書記官　40頁参照。
> 執行官　40頁参照。
> 差し置く　その場に置いてくること。
> ただし書　「ただし」で始まる追加の文。

◆送　　達

　送達の方法については通知の確実を期すために厳格な定めがあります。まず,宛名を書いたり送達の事務を扱うのは裁判所書記官ですが(98条2項),実際に送達を実施するのは執行官か郵便集配人等です(99条)。送達は,通常は特別送達郵便によって当事者等にその本拠地で書類を交付して行われますが(これを交付送達といいます〔101条・103条1項〕),共働きなどで昼間留守の場合には,一定の要件のもとに,送達を受ける者の職場にも送達ができます(103条2項)。ただし,当事者等は受訴裁判所に送達を受けるべき場所の届出をしなければならず,この届出があれば(送達受取人を届け出ることもできます),その後の送達はこの届け出られた場所で行われることになりますが(104条1項・2項),この届出がない場合には,その者に対する直前の送達をした場所が送達場所になります(104条3項1号)。そして,このような方法で送達ができない場合に備えていくつかの特別規定がおかれています。たとえば,送達を受ける者がいないときは,使用人などの従業者や同居者などに書類を交付してもよく(これを補充送達といいます),これらの者が書類の受領を拒めば,就業場所以外の送達場所に書類を置いてくることもできます(これを差置送達といいます)(106条)。これらの方法も成功しなければ,書類を書留郵便等で発送すれば(発送時に,したがって到着しなくとも),送達があったものとみなされます(107条)。送達を実施した者は,次頁の雛形のような送達に関する事項を記載した送達報告書を作成して,裁判所に提出します(109条)。また,行方不明で送達をなすべき場所が知れない場合には,裁判所の掲示場に当事者等の名前を掲げ,当事者等に送達すべき書類が裁判所書記官

特別送達の報告書
(霜島甲一ほか編著・目で見る民事訴訟法教材〔第2版〕に加筆して転載)

事件番号	平成25年(ワ)第170号	発送年月日	平成25年6月7日
郵便送達報告書			

送達書類	書類の名称		平成25年7月2日午前10時 口頭弁論期日呼出状および訴状,答弁書催告状
	差出人	所在地	大和市甲町1丁目1番地1号
		名称	大和地方裁判所民事部
	受送達者氏名		村上花子
	受領者の署名または押印		印

送達方法	1	受送達者本人に渡した。
	2	受送達者は不在であったので,事由を弁護すると認められる次の者に渡した。
		事務員
		雇人
		同居者
	3	次の者が正当の事由なく受取りを拒んだので,その場に差し置いた。
		受送達者
		事務員
		雇人
		同居者

送達年月日時	平成26年6月10日午後1時
送達の場所	大和市乙町2丁目15番7号

上記のとおり送達いたしました。
平成25年6月10日
大和郵便局
配達員　　甲　野　太　郎　印

のもとに保管されていることを掲示するという方法も認められています。これを公示送達といいますが,この場合には,原則として,書類が掲示されてから2週間たったときに,書類の送達があったものとみなされます

(110条以下)。この場合,その書類に,相手方に対する訴訟の目的である請求または防御の方法に関する意思表示(たとえば,契約解除の意思表示)を記載しておけば,これとは別個に民法上の公示による意思表示の手続(民法98条)をとらなくとも,当該意思表示は到達したものとみなされます(113条)。

> (口頭弁論期日の指定)
> 第139条 訴えの提起があったときは,裁判長は,口頭弁論の期日を指定し,当事者を呼び出さなければならない。

用語解説

口頭弁論 単に弁論ともいう。狭義では,当事者が口頭をもって本案の申立てとこれを基礎付ける攻撃防御方法(79頁参照)を陳述することをいい,広義では,これと結合してなされる裁判所の訴訟指揮(90頁参照),証拠調べ(114頁参照),裁判の言渡しなどを含めた口頭審理手続をいう。ここでは後者の意味に用いられている。
期日 裁判所,当事者その他の訴訟関係人が集まって,訴訟に関する行為をするために定められた日時。

◆口頭弁論期日の指定

裁判長は,訴状を送達すべきものと認めたときには,事件を弁論準備手続(87頁参照)に付す場合,または書面による準備手続(89頁参照)に付す場合を除いて,速やかに,第1回の口頭弁論期日(この期日は,原則として,訴え提起の日から30日以内の日に指定されなければなりません)を定め,訴状とともに,呼出状を被告に送達して,その者を呼び出します。その際,もちろん呼出状は原告にも送達されます(本条,民事訴訟規則60条)。ただし,それらの者の出頭が確実に見込まれる場合には,呼出状を通常郵便によって送付するとか,電話による呼出しでもかまいません(94条)。

> (期日の指定及び変更)
> 第93条 ① 期日は,申立てにより又は職権で,裁判長が指定する。
> ② 省略
> ③ 口頭弁論及び弁論準備手続の期日の変更は,顕著な事由がある場合に限り許す。ただし,最初の期日の変更は,当事者の合意がある場合にも許す。
> ④ 前項の規定にかかわらず,弁論準備手続を経た口頭弁論の期日の変更

は,やむを得ない事由がある場合でなければ,許すことができない。
(期日の呼出し)
第94条 ① 期日の呼出しは,呼出状の送達,当該事件について出頭した者に対する期日の告知その他相当と認める方法によってする。
② 呼出状の送達及び当該事件について出頭した者に対する期日の告知以外の方法による期日の呼出しをしたときは,期日に出頭しない当事者,証人又は鑑定人に対し,法律上の制裁その他期日の不遵守による不利益を帰することができない。ただし,これらの者が期日の呼出しを受けた旨を記載した書面を提出したときは,この限りでない。

用語解説

弁論準備手続　87頁参照。

◆期日の指定と変更

　第1回口頭弁論期日については,書記官が電話で原告の都合を聞いたうえで,裁判長が指定します(93条1項)。指定された期日を別の日に変えることを期日の変更といいますが,これを認めるのは裁判所や当事者に大きな影響を与えるので,むやみには認められません。しかし,第1回口頭弁論期日(第1回弁論準備手続期日も同じ)については,被告の都合は聞かれていないので,当事者の合意があれば変更を許します(同条3項ただし書)。これに対し,第2回目以降の口頭弁論期日(第2回目以降の弁論準備手続期日も同じ)は,当事者の都合を聞いたうえで決められるものですから,「顕著な事由」(たとえば,急病であるというようなもっともな理由)がある場合に限って,変更が許されます(同条3項本文)。そして,弁論準備手続という口頭弁論の準備のための手続を経た口頭弁論期日の変更は,「やむを得ない事由」がなければ,許されません(同条4項)。この「やむを得ない事由」とは,「顕著な事由」よりさらに厳しく,当事者や訴訟代理人の急病ではだめで,別の訴訟代理人を選任することができないというような事情があることが必要です。もっとも,期日の変更についての

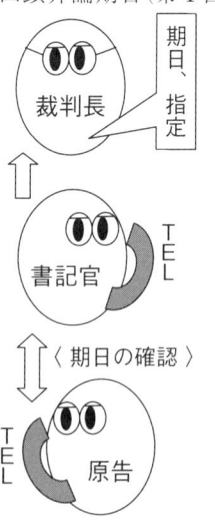

民事訴訟法のこのような厳格な定めは必ずしも守られておらず,実務では比較的容易に期日の変更は認められているようです。

（期間の計算）
第95条　①　期間の計算については,民法の期間に関する規定に従う。
②　省略
③　期間の末日が日曜日,土曜日,国民の祝日に関する法律(昭和23年法律第178号)に規定する休日,1月2日,1月3日又は12月29日から12月31日までの日に当たるときは,期間は,その翌日に満了する。
第96条　省略
（訴訟行為の追完）
第97条　①　当事者がその責めに帰することができない事由により不変期間を遵守することができなかった場合には,その事由が消滅した後1週間以内に限り,不変期間内にすべき訴訟行為の追完をすることができる。ただし,外国に在る当事者については,この期間は,2月とする。
②　省略

用語解説

期間　ある時点から他の時点までの時間的隔たり。
不変期間　裁判所が職権で伸縮できない法定期間。
追完　怠っても,当事者の責めに帰せられない理由によるものであれば,後で訴訟行為を行えること。

◆期　　間

　先に述べたように,訴状に不備があるときは,裁判長は相当の期間を定めて,その期間内にそれを補正することを命じます(137条1項)。このように,訴訟上も期間ということが問題となりますが,この計算も民法の規定によって行われます(95条1項)。したがって,初日は算入されません(民法140条)。また,休日は日曜日・祝日に限られず,毎月の土曜日,1月2日・3日および12月29日・30日・31日を含みます(95条3項)。

　なお,このように裁判所が定める期間を裁定期間といいますが,これに対し,法律上定められた期間を法定期間といい,そのうち,裁判所が伸縮できる期間を通常期間,そうでない期間を不変期間といいます。なにが不変期間かは法律上規定されていますが,その多くは不服申立期間です(285条など)。そして,この不変期間については,それを守れなかった場合,

追完という救済が認められます。97条にいう当事者の責めに帰しえない事由とは,たとえば,災害による列車の遅延や通信の障害のようなものをいい,単に弁護士事務所の事務員がうっかりしていたなどというのでは,これに該当しないと解されています。

第7節　電子情報処理組織による申立て等

(電子情報処理組織による申立て等)
第132条の10　①　民事訴訟に関する手続における申立てその他の申述(以下「申立て等」という。)のうち,当該申立て等に関するこの法律その他の法令の規定により書面等(書面,書類,文書,謄本,抄本,正本,副本,複本その他文字,図形等人の知覚によって認識することができる情報が記載された紙その他の有体物をいう。以下同じ。)をもってするものとされているものであって,最高裁判所の定める裁判所に対してするもの(当該裁判所の裁判長,受命裁判官,受託裁判官又は裁判所書記官に対してするものを含む。)については,当該法令の規定にかかわらず,最高裁判所規則で定めるところにより,電子情報処理組織(裁判所の使用に係る電子計算機(入出力装置を含む。以下同じ。)と申立て等をする者 —— 中略 —— の使用に係る電子計算機とを電気通信回線で接続した電子情報処理組織をいう。—— 以下括弧内省略)を用いてすることができる。—— ただし書省略
②　前項本文の規定によりされた申立て等については,当該申立て等を書面等をもってするものとして規定した申立て等に関する法令の規定に規定する書面等をもってされたものとみなして,当該申立て等に関する法令の規定を適用する。
③　第1項本文の規定によりされた申立て等は,同項の裁判所の使用に係る電子計算機に備えられたファイルへの記録がされた時に,当該裁判所に到達したものとみなす。
④　第1項本文の場合において,当該申立て等に関する他の法令の規定により署名等(署名,記名,押印その他氏名又は名称を書面等に記載することをいう。以下この項において同じ。)をすることとされているものについては,当該申立て等をする者は,当該法令の規定にかかわらず,当該署名等に代えて,最高裁判所規則で定めるところにより,氏名又は名称を明らかにする措置を講じなければならない。
⑤・⑥　省略

◆法学民事訴訟法◆　　　　　　61　　　　　　第8節　訴え提起の効果

┌─用語解説─────────────────────────────┐
　副本　同一内容の文書を複数作成する場合のその文書をいうが,正本に対応し,
　本来の目的以外の目的(特に送達)のために用いられるものをいう。
　複本　同一内容の文書を複数作成する場合のその文書をいうが,原本と変わらず,
　その効力に差異のないものをいう。
└──────────────────────────────────┘

◆電子情報処理組織による申立て等

　最近のIT技術の著しい進歩に鑑みれば,官庁に対する申立て等もインターネットを利用して行うことができるようにすることが望まれます。実際,行政手続については,オンライン化のための共通的な規定を整備するため,行政手続等における情報通信の技術の利用に関する法律が平成15年から施行されていますが,裁判手続については,一律に同法の適用対象から除かれています。そこで,平成16年の改正法は,最高裁判所規則の定めるところにより,インターネットを利用した申立て等を認める根拠規定を設けるとともに(本条1項),書面によることとされている申立て等に関し,たとえば,「書面によって申立て等をしたときは,一定の法的効果を付与する」旨の規定等がある場合に,当該申立て等をインターネットによる方法で行ったときでも,書面により行われたものとみなして当該申立て等に関する規定を適用することとしました(本条2項)。もっとも,オンライン化は,手続の実情等を十分考慮しながら進めることが必要と思われますから,すべての裁判所における,すべての申立て等を一律に対象とするのではなく,対象となる申立ての具体的な範囲も,インターネットを利用した申立て等を扱う裁判所も,最高裁判所が定めることとされています。具体的には,とりあえず,札幌地方裁判所本庁における期日指定の申立てや期日変更の申立て等について,インターネットを利用して行うことが認められています。また,本条を受けて,督促手続に関しても,支払督促の申立て等の行為について電子情報処理組織を利用することが認められています(397条以下)。

第8節　訴え提起の効果

　(重複する訴えの提起の禁止)
　第142条　裁判所に係属する事件については,当事者は,更に訴えを提起す

るることができない。

◆**訴訟係属と重複起訴の禁止**

これまで述べてきたような経緯をたどり訴状が被告に送達されると訴訟係属(28頁参照)が発生し,重複起訴禁止の効果が発生します(本条)。すなわち,当事者は同一の事件を重ねて裁判所に持ち出すことができなくなりますが,これは,二重に訴訟が係属すると,被告が重ねて訴訟追行を強いられるという不利益を受けたり,訴訟経済の要請に反しますし,さらには矛盾した判決がなされるおそれもあるからです。そこで,事件が同一であるか否かの判定が問題となりますが,これは実質的にみて当事者が同一であるかという面と,訴訟物が同一であるかという面からみていかなければなりません。そこで,この後者の点については,先に述べた訴訟物理論が影響してきます。たとえば,実体法上特定物について所有権に基づく返還請求権と占有権に基づく返還請求権が考えられる場合に,旧訴訟物理論によれば,両者は別個の訴訟物を構成しますから,前者を主張した訴訟が係属する場合に,後者を主張する訴えを別個に提起しても重複起訴の禁止には触れません。これに対し,新訴訟物理論によれば,その特定物の返還を求める法的地位があるとの主張が訴訟物であり,上記の2つの返還請求権はこのような法的地位を基礎づける法的観点の相違にすぎず,訴訟物の相違をもたらすものではないとされますから,上記のようなことをするのは重複起訴の禁止に触れることになります。そして,このような重複起訴の禁止に触れるか否かは,常に裁判所は職権で調査し,触れる場合には,本案についての判断をすることなく,訴えを却下しなければなりません。

(時効中断等の効力発生の時期)
第147条 時効の中断又は法律上の期間の遵守のために必要な裁判上の請求は,訴えを提起した時又は第143条第2項(第144条第3項及び第145条第3項において準用する場合を含む。)の書面を裁判所に提出した時に,その効力を生ずる。

> **用語解説**
>
> **時効** 一定の事実状態が一定の期間継続した場合に,この状態が真実の法律関係に合致するか否かを問わないで,法律上,この事実状態に合致する法律効果を認める制度。
> **中断** 時効の基礎となる事実状態と相いれない一定の事実状態が発生したときに,時効期間の進行を中断させること。

◆起訴による時効中断の時期

　訴えが提起されると時効(民法144条以下)の中断(民法147条以下)の効果が発生しますが,この実体法上の効果は原告が訴えを提起した時,すなわち訴状(またはこれに相当する書面)を裁判所に提出した時に生じます(本条)。しかし,このような効果も,訴訟係属が生ずることを条件としています。

第3章　訴訟の審理

第1節　訴訟要件

> （口頭弁論を経ない訴えの却下）
> 第140条　訴えが不適法でその不備を補正することができないときは、裁判所は、口頭弁論を経ないで、判決で、訴えを却下することができる。
> （呼出費用の予納がない場合の訴えの却下）
> 第141条　① 裁判所は、民事訴訟費用等に関する法律の規定に従い当事者に対する期日の呼出しに必要な費用の予納を相当の期間を定めて原告に命じた場合において、その予納がないときは、被告に異議がない場合に限り、決定で、訴えを却下することができる。
> ② 省略

用語解説

判決・決定　それぞれ裁判の一種。70頁、156頁参照。
却下　28頁参照。

1　訴訟要件

　原告からの訴えの提起があっても、裁判所は常に原告の請求の当否に立ち入った判決をするわけではありません。この当否に立ち入った判決、すなわち請求認容判決および請求棄却判決を本案判決といいますが、それをなしうるためには一定の要件が満たされていなければなりません。この要件を訴訟要件といいますが、これには主なものとして、裁判権、管轄権、当事者の実在、当事者能力、原告からの訴えの提起および被告に対する訴状の送達が有効であること、訴えの利益、当事者適格といったものがあります。また、訴えの提起や訴状の送達が有効であるためには、当事者が訴訟能力をもっていることや代理人が代理権をもっていることが必要ですから、その限りで訴訟能力や代理権の存在も訴訟要件となります。

　裁判所は、これらの訴訟要件が具備されているか否かを職権で調査し

ます(ただし、訴えを提起しないという不起訴契約や仲裁合意のような抗弁事項の存在は被告からの申立てがあって初めて調査します)。そこで、これらを職権調査事項といいますが、その調査の際には、裁判所が自らの手で積極的に資料を集めていく(これを職権探知主義といいます)のが原則です。ただし、訴えの利益とか当事者適格とかは、後で述べるように、請求の当否との関係で判断されますが、これについては職権探知は行われませんから、当事者の弁論にあらわれた資料を基礎にして判断されることになります。

この調査の結果、訴訟要件が具備されていないことが判明した場合、その不備が補正できるものであれば、裁判所はその補正を命じますが、補正できないものであるときや、原告が命ぜられた補正をしないときには、訴えを却下します。このように訴えを却下する判決を訴訟判決といいますが、訴訟要件の不備を補正できないことが初めから明らかであるときは、口頭弁論を経ないでそのような判決を下すことも認められています(140条)。ただし、訴訟要件の不備のうち専属管轄違反の場合は訴えを却下せずに移送をし、任意管轄違反の場合は応訴管轄が生ずる可能性がありますから、一応口頭弁論を聞いて被告の対応をみたうえで、被告が応訴してこない場合に初めて移送をします。

口頭弁論を経ない訴えの却下は、原告が呼出状の送達に必要な費用の予納をしない場合にも認められます(141条)。予納がないからといって放置しておくといつまでも訴訟を進めることができないからです。ただし、この場合は、訴状却下命令との均衡等の理由から判決ではなく決定で、また、被告の請求棄却判決を得ることについての利益に配慮して、その同意がある場合に限って却下することになっています。

ところで、先に掲げた主な訴訟要件のうち、裁判権のうちの一部の問題、当事者の実在、訴えの利益、当事者適格についてはまだ説明していませんが、ここでこのうちの前二者について説明しておきます。

2 民事裁判権

被告および事件が日本の裁判権に服する場合でなければ、日本の裁判所は事件を扱うことができません。原則として、日本の国内にいるすべての人に対して日本の裁判権が及びますが、外国の元首や外交使節のような治外法権者には日本の裁判権は及びませんから、被告がこれらの者であってはなりません。ただし、私人としての活動に関する訴訟は別です。外国国家自体に関しても、国家による通商交易等私法上の行為から

生じた紛争に関する訴訟などを除いて日本の裁判権は及びません。また，たとえば，外国にある土地の所有権をめぐる争いのような日本とかかわりあいの少ない事件についても日本の裁判権は及びません。どのような事件について日本の裁判権が及ぶかという問題，すなわち国際裁判管轄の問題については，先に詳しく説明しました（9頁以下参照）。

③ 当事者の実在とその確定

　実在しない当事者に対して判決を下すことは無駄なことですから，当事者が実在することも訴訟要件となります。そこで，当事者が実在するか否かを判断する前提として，そもそも誰が当事者であるかを決めることが必要になり，これを当事者の確定といいます。他人の名前を使用して訴えを提起することや（これを氏名冒用訴訟といいます），原告が被告が死亡していることを知らずに，死者を相手どって訴えを提起することがあるからです。この当事者の確定方法については，表示説とよばれる，訴状の表示によって当事者を決めるという考え方が通説ですが，判例は必ずしもこの考え方に従っておらず，最近は学説上も判例の立場を肯定する理論構成が試みられています。

（証書真否確認の訴え）
第134条　確認の訴えは，法律関係を証する書面の成立の真否(しんぴ)を確定するためにも提起することができる。
（将来の給付の訴え）
第135条　将来の給付を求める訴えは，あらかじめその請求をする必要がある場合に限り，提起することができる。

用語解説

法律関係　権利・義務およびそれらの複合体。権利関係ともいう。
書面の成立の真否　書面が作成者であると名指しされる者の意思に基づいて作成されているかどうかの事実。
将来の給付を求める訴え　口頭弁論終結時までに期限の到来しない給付請求権を主張する給付の訴え。

---

① 訴えの利益

　民事訴訟は国家が国民の税金を使って設営するものですから，原告が特定の訴えにより判決を獲得し，紛争を解決してもらうことについて利益ないし必要性を有する場合でなければ，その訴えを取り上げる必要は

ありません。たとえば,われわれは自分の所有物について自分以外のすべての人を相手方として所有権の確認の訴えを提起することが観念的には考えられますが,その所有権を争ってもいない人を相手方としてこのような訴えを提起することを認める必要はありません。

このような利益ないし必要性を訴えの利益といい,当初確認訴訟について問題とされましたが,現在では給付訴訟や形成訴訟についても,また訴え一般についても問題とされるようになりました。したがって,訴えの利益には,訴え一般について問題となる訴えの利益と,個々の訴えについて問題となる訴えの利益とがあることになります。

まず,訴え一般について問題となる訴えの利益としては,民事訴訟は私人の権利または法律関係についての具体的な紛争の解決を目的としているものですから,抽象的な法律の違憲性について裁判を求めることは許されない,といったものがあります。また,給付訴訟の場合には,現在期限の到来している給付請求権を主張する現在の給付の訴えであれば,そのような請求権が主張されればそれだけで訴えの利益があることになりますが,将来の給付の訴えについては,その必要がある場合に限って訴えの利益があるものとされています(135条)。たとえば,履行遅滞による損害が重大であると考えられる扶養料請求の訴えのような場合がこれにあたります。他方,民事訴訟は法律的な紛争を解決するために認められるものですから,事実の確認の訴えについては訴えの利益は認められません。しかし,例外として,たとえば契約書,遺言書のような,その内容によって直接法律関係の存否が証明されうる文書については,その成立の真否の確認について訴えの利益が認められるものとされています(134条)。そして,形成訴訟は法律上明文の規定がある場合に限って認められるものと解されています。そこで,この場合には,その法律に規定された要件が備わっていれば,原則として,訴えの利益が認められることとされています。

2 当事者適格

訴訟物である権利または法律関係の主張について裁判所が判断を下す場合に,誰と誰を当事者にするのが適切であるかという観点から考えて,当事者として認められる適切な資格のことを当事者適格といいます。すなわち,紛争が最も有効適切に解決される者が当事者とされている場合にだけ,審判がなされることになりますが,通常の場合は,訴訟物たる権利または法律関係について法律上利害の対立する者に当事者適格が認め

られます(当事者適格のある者の訴訟を追行する権能を訴訟追行権といいます)。しかし，本来の適格者に代わって，またはこれと並んで，こうした利害の対立者でない第三者に当事者適格が認められる場合があります。これが第三者の訴訟担当ですが，これには法律の規定によって第三者に訴訟追行権が認められる法定訴訟担当と，法律上利害の対立する本人の意思によって第三者に訴訟追行権が与えられる任意的訴訟担当とがあります。破産手続開始決定を受けた者に代わり，破産関係に関する訴訟を追行する権能を与えられている破産管財人(破産法80条)は前者の例です。これに対し，後者は弁護士代理の原則や訴訟信託の禁止(信託法10条)を脱法的に免れるおそれがあるから，法律の規定のある場合(たとえば，選定当事者の場合〔30条。143頁参照〕)以外にむやみに認めることはできず，これを認める正当な理由ないし必要がある場合に限って認められるとされています。具体的には，講関係の債権債務についての訴訟追行権が認められている頼母子講の講元などがこの例です。

第2節　口頭弁論の必要性とそれをめぐる諸主義

（口頭弁論の必要性）
第87条　① 当事者は，訴訟について，裁判所において口頭弁論をしなければならない。ただし，決定で完結すべき事件については，裁判所が，口頭弁論をすべきか否かを定める。
② 前項ただし書の規定により口頭弁論をしない場合には，裁判所は，当事者を審尋することができる。
③ 前2項の規定は，特定の定めがある場合には，適用しない。
（受命裁判官による審尋）
第88条　裁判所は，審尋をする場合には，受命裁判官にこれを行わせることができる。
第89条　省略

用語解説

審尋　口頭弁論を開かない場合に，当事者その他の利害関係人に書面または口頭で陳述する機会を与え，または当事者もしくは参考人に証拠としての供述をさせること。

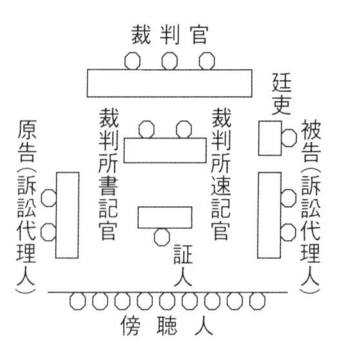

◆公開・口頭・双方審尋主義

民事訴訟における審理は、公開の法廷で(これを公開主義といいますが、裁判所が口頭弁論の公開が公序良俗を害とすると認めたときには、公開は停止されます〔憲法82条〕)、当事者が互いに口頭をもって(これを口頭主義といいます)本案の申立てとこれを基礎付ける攻撃防御方法を陳述するという形、すなわち口頭弁論という形式を踏んで行われます(しかし、旧法下の実務では、「準備書面記載のとおり陳述します」と述べるだけであったりして、口頭弁論の形骸化が指摘されていました。現行法はこれに対して、争点整理手続の整備や集中証拠調べによって対応しようとしています)。また、公開主義の実をあげるために、事件に関係のない者にも、訴訟記録(訴状、答弁書その他の準備書面、口頭弁論調書、裁判の原本など、1つの訴訟に関し作成された書面で、裁判所が保存しておかなければならない一切のものをとじ込んだ帳簿)の閲覧権が与えられています(ただし、公開を禁止した事件については、当事者および利害関係人にのみ閲覧権が与えられます)(91条。そのほか、92条参照)。口頭弁論では、当事者双方に自分のいい分を述べる機会が対等に与えられます(これを双方審尋主義とか対等主義といいます)。本案の申立てに対して裁判所が判決という形で判断を示す際には必ずこのような口頭弁論を経ることが必要であり、この場合の口頭弁論のことを必要的口頭弁論といいます(87条1項)。これに対し、裁判所が本案に対して付随的、派生的なことがらを判断する際には、口頭弁論を開くか否かは任意であり、この場合に開かれる口頭弁論を任意的口頭弁論といいます。ただし、口頭弁論を開かない場合にも、審尋という形式で当事者にいい分を述べる機会を与えることができます(同条2項)(審尋では、当事者や参考人に証拠としての供述をさせることもできます〔187条〕)。その際、この審尋は、審理の迅速性のため必ずしも合議体で行う必要はなく、受命裁判官に行わせることもできます(88条)。そして、口頭弁論を開くか否かにかかわらず、この場合の裁判の形式は決定ということになります。また、裁判長・受命裁判官・受託裁判官(90頁以下参照)の裁判は命令という形式で行われますが、この場合の審理形式は決定の場合と同様です。

(秘密保護のための閲覧等の制限)
第92条 ① 次に掲げる事由につき疎明があった場合には、裁判所は、当該当事者の申立てにより、決定で、当該訴訟記録中当該秘密が記載され、又は記録された部分の閲覧若しくは謄写、その正本、謄本若しくは抄本の交付又はその複製(以下「秘密記載部分の閲覧等」という。)の請求をすることができる者を当事者に限ることができる。
　1　訴訟記録中に当事者の私生活についての重大な秘密が記載され、又は記録されており、かつ、第三者が秘密記載部分の閲覧等を行うことにより、その当事者が社会生活を営むのに、著しい支障を生ずるおそれがあること。
　2　訴訟記録中に当事者が保有する営業秘密(不正競争防止法第2条第6項に規定する営業秘密をいう。第132条の2第1項第3号及び第2項において同じ。)が記載され、又は記録されていること。
② 省略
③ 秘密記載部分の閲覧等の請求をしようとする第三者は、訴訟記録の存する裁判所に対し、第1項に規定する要件を欠くこと又はこれを欠くに至ったことを理由として、同項の決定の取消しの申立てをすることができる。
④・⑤ 省略

用語解説

疎明　108頁参照。
正本　40頁参照。
謄本　40頁参照。
抄本　40頁参照。
営業秘密　40頁参照。

1　秘密保護のための閲覧等の制限

　先に述べた訴訟記録の公開については、公開を禁止した事件の記録のほかに、現行法は重大な制限を設けています。すなわち、訴訟記録の閲覧などを認めると、記録中に秘密が記載されている場合にそれが漏えいするおそれがあります。そこで、秘密の保持を望む当事者は、秘密が訴訟記録に記載されることをおそれて秘密事項に関する十分な主張立証をすることをちゅうちょし、その結果、敗訴することにもなりかねません。このような事態に対処するために、新たに設けられたのが92条です。
　保護の対象になるのは本条1項に掲げられた2つの種類のものに限り

ますが、1号はいわゆるプライヴァシーにかかわる規定で、たとえば、HIV訴訟における原告であるエイズ患者の氏名等や強姦の被害者の氏名等を特定する事実などがこれにあたります。また、2号は、営業秘密の不正使用の差止訴訟(不正競争防止法2条1項4号～9号・3条)などで問題になるでしょう。

秘密保護のための閲覧等の制限は、当事者からの申立てに基づき、そのための要件の疎明があった場合に、裁判所の決定によってなされます(本条1項)。この決定がなされても、秘密記載部分の閲覧等の請求をしようとする第三者は、制限の要件が欠けること、またはそれが欠けるに至ったことを理由として、当該決定の取消しを求めることができます(本条3項)。前者も取消申立ての理由になるのは、制限の申立てについての審理中には、その訴訟記録の閲覧等をしようとする第三者がいるか否か、それが誰かはわからないので、その者に制限の決定に対して不服を述べる機会を保障するとの趣旨によります。

なお、閲覧等の制限は相手方当事者には及びませんが、その旨の決定がなされた場合には、相手方当事者は知りえた秘密を訴訟追行以外の目的に無断で使用してはならないとの私法上の義務を負い、これに違反した場合には不法行為に基づく損害賠償義務(民法709条)を負うものと思われます。

2 営業秘密の保護強化

前述のように、民事訴訟法92条の制度は、訴訟を通じて営業秘密が漏えいすることの防止に役立つと思われますが、産業界などからは、これだけでは、なお不十分であるとの指摘がなされていました。そこで、平成16年に特許法が改正され、次のような制度が導入されました。

まず、秘密保持命令の制度が導入されました。すなわち、裁判所は、特許権または専用実施権の侵害に係る訴訟において、証拠の内容に当事者が保有する営業秘密が含まれることと、当該営業秘密の使用または開示を制限する必要があることの2点について疎明があれば、当事者の申立てにより、決定で、当事者等、訴訟代理人または補佐人に対し、当該営業秘密を訴訟追行以外の目的で使用し、または、当該営業秘密に関する秘密保持命令を受けた者以外の者への開示をしてはならない旨を命ずることができます(特許法105条の4第1項)。そして、秘密保持命令の申立てをした者または秘密保持命令を受けた者は、秘密保持命令の要件を欠くことまたは欠くに至ったことを理由として、秘密保持命令の取消しを求めることができます(特許法105条の5第1項)。秘密保持命令が発せられた訴

訟の訴訟記録については、民事訴訟法92条1項による閲覧等の制限がされていることが想定されますが、これのみによっては、秘密保持命令を受けていない者が当事者の使者として閲覧等の請求をすることまでは禁止されていません。そこで、秘密保持命令を受けていない者から閲覧等の請求があった場合には、民事訴訟法92条1項の申立てをした者に対して、閲覧等の請求があった旨の通知をし(特許法105条の6第1項)、かつ、この請求があった日から2週間は閲覧等をさせてはならない(同条第2項)として、秘密保持命令の申立てをする契機と余裕を与えています。秘密保持命令の実効性は罰則(5年以下の懲役または500万円以下の罰金)によって担保されます(特許法200条の2)。同様の制度は、実用新案法、意匠法、商標法、不正競争防止法および著作権法にも導入されました。

　営業秘密は審理を公開することによっても漏えいするおそれがあります。そこで、当事者等が公開の法廷である事項について陳述することにより当該営業秘密に基づく当事者の事業活動に著しい支障を生ずることが明らかであることから当該事項について十分な陳述をすることができず、かつ、当該陳述を欠くことにより他の証拠のみによっては当該事項を判断の基礎とするべき侵害の有無についての適正な裁判をすることができないと認めるときは、裁判官全員一致により当該事項に関する当事者尋問または証人尋問を公開しないで行うことができるとされました(特許法105条の7第1項、実用新案法30条、不正競争防止法13条)。審理の公開停止については、平成8年の民事訴訟法の改正の際にも問題とされましたが、憲法上の疑義からなお検討すべきものとされました。今回、この点については、憲法82条の裁判の公開の趣旨は、裁判が公正に行われることを制度として保障し、ひいては裁判に対する国民の信頼を確保しようという点にあり、そうすると、営業秘密の点の関係で裁判の公開を困難とする真にやむをえない事情があり、かつ、裁判を公開することによってかえって適正な裁判が行われなくなるという極限的な状況についてまで、憲法が裁判の公開を求めているとは考えられないとされたものです。このような場合は、憲法82条2項にいう「公の秩序又は善良の風俗を害する虞」がある場合に該当し、今回設けられた公開停止に関する規定は、その範囲内で要件と手続を明確にするものにすぎないというわけです(当事者尋問等の公開停止の制度は、平成15年の人事訴訟法によっても導入されました〔人事訴訟法22条〕)。なお、特許権等以外の知的財産権に関する訴訟では、営業秘密が類型的に問題となるわけではないので、特許法等以外で

は特別な規定は設けられていません。そこでは、憲法82条2項の適用を直接問題にすることになります。

> (直接主義)
> 第249条 ① 判決は、その基本となる口頭弁論に関与した裁判官がする。
> ② 裁判官が代わった場合には、当事者は、従前の口頭弁論の結果を陳述しなければならない。
> ③ 単独の裁判官が代わった場合又は合議体の裁判官の過半数が代わった場合において、その前に尋問をした証人について、当事者が更に尋問の申出をしたときは、裁判所は、その尋問をしなければならない。

用語解説
尋問 供述を得るために質問すること。

《 裁判官の交代 》

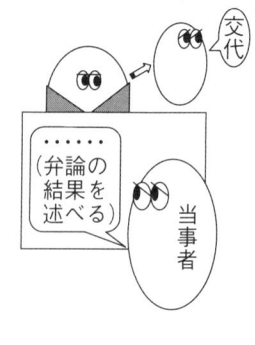

◆直 接 主 義

　判決をする裁判官は、直接当事者からの弁論を聴き、証拠を取り調べた者でなければなりません(本条1項)。これを直接主義の原則といいますが、この原則から裁判官が交代した場合には、当事者が新しい裁判官の面前で従来の弁論の結果を述べなければならないとされています(本条2項)(この手続を弁論の更新といいます)。これまでの審理をすべてやり直すことは実際的でないので、この原則を形式的に満足させるためにこのようなことが認められているわけです。
ただし、証人尋問については、場合によっては、この原則を実質的にも満足させるべきものとされています(本条3項)。

第3節　専門委員等

> (専門委員の関与)
> 第92条の2 ① 裁判所は、争点若しくは証拠の整理又は訴訟手続の進行に関し必要な事項の協議をするに当たり、訴訟関係を明瞭にし、又は訴

訟手続の円滑な進行を図るため必要があると認めるときは,当事者の意見を聴いて,決定で,専門的な知見に基づく説明を聴くために専門委員を手続に関与させることができる。この場合において,専門委員の説明は,裁判長が書面により又は口頭弁論若しくは弁論準備手続の期日において口頭でさせなければならない。
② 裁判所は,証拠調べをするに当たり,訴訟関係又は証拠調べの結果の趣旨を明瞭にするため必要があると認めるときは,当事者の意見を聴いて,決定で,証拠調べの期日において専門的な知見に基づく説明を聴くために専門委員を手続に関与させることができる。この場合において,証人若しくは当事者本人の尋問又は鑑定人質問の期日において専門委員に説明をさせるときは,裁判長は,当事者の同意を得て,訴訟関係又は証拠調べの結果の趣旨を明瞭にするために必要な事項について専門委員が証人,当事者本人又は鑑定人に対し直接に問いを発することを許すことができる。
③ 裁判所は,和解を試みるに当たり,必要があると認めるときは,当事者の同意を得て,決定で,当事者双方が立ち会うことができる和解を試みる期日において専門的な知見に基づく説明を聴くために専門委員を手続に関与させることができる。
(音声の送受信による通話の方法による専門委員の関与)
第92条の3 裁判所は,前条各項の規定により専門委員を手続に関与させる場合において,専門委員が遠隔の地に居住しているときその他相当と認めるときは,当事者の意見を聴いて,同条各項の期日において,最高裁判所規則で定めるところにより,裁判所及び当事者双方が専門委員との間で音声の送受信により同時に通話をすることができる方法によって,専門委員に同条各項の説明又は発問をさせることができる。
(専門委員の関与の決定の取消し)
第92条の4 裁判所は,相当と認めるときは,申立てにより又は職権で,専門委員を手続に関与させる決定を取り消すことができる。ただし,当事者双方の申立てがあるときは,これを取り消さなければならない。
(専門委員の指定及び任免等)
第92条の5 ① 専門委員の員数は,各事件について1人以上とする。
② 第92条の2の規定により手続に関与させる専門委員は,当事者の意見を聴いて,裁判所が各事件について指定する。
③・④ 省略
(専門委員の除斥及び忌避)
第92条の6 ① 第23条から第25条まで(同条第2項を除く。)の規定は,専門委員について準用する。
② 専門委員について除斥又は忌避の申立があったときは,その専門委

員は,その申立てについての決定が確定するまでその申立てがあった事件の手続に関与することができない。
第92条の7　省略
(知的財産に関する事件における裁判所調査官の事務)
第92条の8　裁判所は,必要があると認めるときは,高等裁判所又は地方裁判所において知的財産に関する事件の審理及び裁判に関して調査を行う裁判所調査官に,当該事件において次に掲げる事務を行わせることができる。この場合において,当該裁判所調査官は,裁判長の命を受けて,当該事務を行うものとする。
1　次に掲げる期日又は手続において,訴訟関係を明瞭にするため,事実上及び法律上の事項に関し,当事者に対して問いを発し,又は立証を促すこと。
　イ　口頭弁論又は審尋の期日
　ロ　争点又は証拠の整理を行うための期日
　ハ　文書の提出義務又は検証の目的の提示義務の有無を判断するための手続
　ニ　争点又は証拠の整理に係る事項その他訴訟手続の進行に関し必要な事項について協議を行うための手続
2　証拠調べの期日において,証人,当事者本人又は鑑定人に対し直接に問いを発すること。
3　和解を試みる期日において,専門的な知見に基づく説明をすること。
4　裁判官に対し,事件につき意見を述べること。
(知的財産に関する事件における裁判所調査官の除斥及び忌避)
第92条の9　①　第23条から第25条までの規定は,前条の事務を行う裁判所調査官について準用する。
②　前条の事務を行う裁判所調査官について除斥又は忌避の申立てがあったときは,その裁判所調査官は,その申立てについての決定が確定するまでその申立てがあった事件に関与することができない。

用語解説

専門委員　専門的知見を要する訴訟において裁判官を補助する非常勤裁判所職員。
裁判所調査官　最高裁判所,高等裁判所および地方裁判所におかれる特別職の職員で,裁判官の命を受けて,事件(地方裁判所においては知的財産または租税に関する事件に限る)の審理および裁判に関して必要な調査を行うことを職務とする。

1 専門委員制度

医療関係事件,建築関係事件や知的財産関係事件などでは,審理の様々な局面において専門的な知見が必要とされます。従来,わが国では,この専門的な知見を調達する手段があまり十分には用意されていませんでしたので,平成15年の改正法はこの欠を塞ぐために専門委員の制度を創設しました。

専門委員の関与は,①争点整理または訴訟の進行協議,②証拠調べ,③和解の各段階において可能ですが,①と②では当事者の意見を聴くことが必要であり,③では当事者の同意を得なければなりません。また,②の段階でも,証人尋問等の期日において専門委員に説明させる場合において,専門委員に証人等に直接発問させることを許すときには,当事者の同意を得なければなりません(92条の2)。また,裁判所は,相当と認めるときは,申立てまたは職権により,専門委員を手続に関与させる決定を取り消すことができ,当事者双方の申立てがあれば取り消さなければなりません(92条の4)。当事者の意見聴取・同意の必要性,双方の申立てによる専門委員を手続に関与させる決定の取消しは,この制度が適切に運用されるように当事者の意向を配慮・尊重する趣旨によるものです。

専門委員は電話会議システムによって手続に関与することが認められていますし(92条の3),その中立性を確保する必要から,除斥・忌避の対象になるとされています(92条の6)。

2 知的財産に関する事件における裁判所調査官の権限の拡大および明確化

前述のように,訴訟において専門的知見を調達するために,平成15年の改正法は専門委員制度を導入しました。しかし,知的財産に関する訴訟に関しては,より一層そのための制度を拡充すべきことが政財界などから要望されていました。このような要望に応えるために種々の方策が提案されましたが,平成16年改正法は,従来から裁判官の補助者として利用されていた裁判所調査官の権限を拡大・明確化しつつ,その活用をはかることとしました。

具体的には,地方裁判所において裁判所調査官が司る調査事務を「工業所有権又は租税に関する事件」から「知的財産又は租税に関する事件」に拡大しつつ(裁判所法57条2項)(これにより,著作権に関する事件なども含められることになりました),92条の8第1号は,裁判所が争点を的確に整理するとともに裁判所調査官自身の調査をより的確なものと

するため,裁判所調査官が,裁判長の命を受けて,釈明権の行使ができるとしています。2号は,同様の目的から,裁判所調査官が,証拠調べの期日において,証人,当事者本人または鑑定人に対し直接に問いを発することができるとしています。次に3号は,裁判所調査官の専門的知見および調査結果を和解において有効に活用し,紛争の早期解決をはかるために,裁判所調査官が,和解を試みる期日において,専門的な知見に基づく説明をすることを認めています。最後に4号は,裁判所調査官の専門的知見および調査結果を裁判所の事件における判断(評議・判決)に適切に反映させるため,裁判所調査官が,裁判長の命を受けて,裁判官に対し,事件について参考意見を述べることができるとしています。

専門委員との相違は,口頭弁論等の期日における釈明,証拠調べの期日における当事者等への発問および和解を試みる期日における専門的知見に基づく説明を行うに場合に,「当事者の意見を聴くこと」「当事者の同意を得ること」の要件が不要な点と,当事者双方が立ち会うわけではない期日においても関与することができる点にあります。これは,専門委員の場合には,裁判所から独立に権限を行使する非常勤職員であるので,当事者に反論の機会を与えるために上記のような制限を加えたものですが,裁判所職員の場合には,常勤職員としての中立性が制度的に保障されており,裁判所から独立に権限を行使するものではなく,裁判長の命を受け,裁判所の補助機関としてその権限を行使するものであるため,当事者に反論の機会を与えるために権限行使に制限を加える必要はないと考えられたからです。

なお,このように,裁判所調査官の権限が拡大されたことに伴い,裁判所調査官の中立性を制度的に保障するために,92条の8の事務を行う裁判所調査官に裁判官の除斥・忌避に関する規定が準用されることとなりました(92条の9)。

第4節 計画審理

(訴訟手続の計画的進行)
第147条の2 裁判所及び当事者(とうじしゃ)は,適正かつ迅速な審理の実現のため,訴訟手続の計画的な進行を図(はか)らなければならない。
(審理の計画)
第147条の3 ① 裁判所は,審理すべき事項が多数であり又(また)は錯(さく)そうし

ているなど事件が複雑であることその他の事情によりその適正かつ迅速な審理を行うため必要があると認められるときは、当事者双方と協議をし、その結果を踏まえて審理の計画を定めなければならない。
② 前項の審理の計画においては、次に掲げる事項を定めなければならない。
1 争点及び証拠の整理を行う期間
2 証人及び当事者本人の尋問を行う期間
3 口頭弁論の終結及び判決の言渡しの予定時期
③ 第1項の審理の計画においては、前項各号に掲げる事項のほか、特定の事項についての攻撃又は防御の方法を提出すべき期間その他の訴訟手続の計画的な進行上必要な事項を定めることができる。
④ 裁判所は、審理の現状及び当事者の訴訟追行の状況その他の事情を考慮して必要があると認めるときは、当事者双方と協議をし、その結果を踏まえて第1項の審理の計画を変更することができる。

用語解説

攻撃又は防御の方法　当事者が本案の申立てを理由付けるためにする事実上・法律上の陳述および証拠の申し出。原告側が提出するのが攻撃方法、被告側が提出するのが防御方法。

1 訴訟手続の計画的進行に関する裁判所と当事者の責務

訴訟について充実した迅速な審理を行うためには、裁判所が紛争の全体像を早期に把握したうえで、判断の対象とすべき事項の確定、争いのない事実と争いのある事実の区分、争いのある事実についての判断に必要となる証拠の種類・内容の把握を踏まえて、特に証人尋問などの人証についての立証計画を立てて審理を進めることが望まれますが、それには裁判所と当事者の協力が不可欠です。そこで、平成15年改正法は、2条に規定された裁判所と当事者の責務を具体化して、裁判所と当事者は、適正かつ迅速な審理の実現のため、訴訟手続の計画的な進行をはからなければならないとの規定を新設しました（147条の2）。

2 審理計画

以上のような一般的規律に加え、複雑な事件については、計画的な審理の進行実現のためにはより具体的な定めが必要になると思われます。すなわち、公害事件等の大規模訴訟や争点が複雑で困難な医療関係事件とか建築関係事件では、審理すべき事項が多数であったり、またはそれらが錯綜していたりすることなどから、訴訟手続の計画的な進行をはからな

いと適正かつ迅速な審理の実現が困難であることが少なくないと思われますから、平成15年改正法により、裁判所は、そのような事件については、審理計画を定めなければならないとされています。そして、その際には、当事者双方と協議し、その結果を踏まえることが前提とされます(147条の3第1項)。審理計画において定めるべき事項は、争点および証拠の整理を行う期間、証人および当事者本人の尋問を行う期間、口頭弁論の終結および判決の言渡しの予定時期であり(同条2項)、そのほか、特定の事項についての攻撃防御方法の提出期間など、計画審理のために必要な事項を定めることができます(同条3項)。攻撃防御方法の提出期間は、審理計画に基づいて、裁判長が事後的に定めることもできます(156条の2)。この提出期間が定められているときには、その期間経過後に提出された攻撃防御方法に関しては、失権効が一般の場合より強化されています(157条の2。100頁以下参照)。

　他方、訴訟の進行は流動的なものですから、一たん審理計画を定めても、それに過度に拘束されることは好ましくありません。そこで、裁判所は、審理の現状や当事者の訴訟追行の状況その他の事情を考慮して必要があると認めるときは、審理計画を変更することができます。ただし、この場合にも、当事者双方と協議し、その結果を踏まえることが必要です(147条の3第4項)。

第5節　口頭弁論の準備

(準備書面)
第161条　① 口頭弁論は、書面で準備しなければならない。
② 準備書面には、次に掲げる事項を記載する。
　1　攻撃又は防御の方法
　2　相手方の請求及び攻撃又は防御の方法に対する陳述
③ 相手方が在廷していない口頭弁論においては、準備書面(相手方に送達されたもの又は相手方からその準備書面を受領した旨を記載した書面が提出されたものに限る。)に記載した事実でなければ、主張することができない。
(準備書面等の提出期間)
第162条　裁判長は、答弁書若しくは特定の事項に関する主張を記載した準備書面の提出又は特定の事項に関する証拠の申出をすべき期間を定

◆法学民事訴訟法◆　　　　　81　　　　　第5節　口頭弁論の準備

めることができる。

―用語解説―

準備書面　当事者が口頭弁論において陳述しようとする事項を記載して、あらかじめ裁判所に提出しておく書面。
攻撃又は防御の方法　79頁参照。

◆準備書面の提出

　口頭弁論において初めて主張や立証が行われるとすると、相手方がこれを理解して対応するのに困難を感じ、そのため次回期日を指定せざるをえないことになって、訴訟が遅延することになりかねません。そこで、当事者があらかじめ口頭弁論において陳述しようとする事項を書面によって知らせておけば、このようなことは避けられることになります（161条1項・2項）。この書面を準備書面といいますが、この提出を促すた

答弁書

平成25年(ワ)第170号　貸金請求事件
原　告　金　村　一　郎
被　告　村　上　花　子

　　　　　　　　　答弁書　　　　　（受付印）
　　　　　　　　　　　　　　　　　　　直送済
　　　　　　　　　　　　　　　　平成25年6月26日

大和地方裁判所　御中

　　　　　〒789-0012　大和市甲町2丁目16番5号
　　　　　　　　　　　　　　　　　　（送達場所）
　　　　　　　被告訴訟代理人弁護士　林　信　彦　印
　　　　　　　　　　　電　話　12-6789
　　　　　　　　　　　ＦＡＸ　12-6712

　上記当事者間の貸金請求事件につき、被告は次のとおり答弁する。
　　請求の趣旨に対する答弁
1　原告の請求を棄却する。
2　訴訟費用は原告の負担とする。
との判決を求める。
　　請求の原因に対する答弁
1　請求原因第1項は否認する。
2　同第2項は争う。
　　被告の主張
　被告は、原告から原告主張のような借金をした事実はない。平成24年5月ころ、原告が被告宅に尋ねてきて、被告に対し乙第1号証（念書）に署名せよと強く要求したが、被告は、念書に書かれている事実が全く異なるので、署名はしなかった。被告は、原告から、訴外青木久に渡してくれといわれて、請求原因第1項の金員を受け取ったにすぎない。原告は、女性である被告を軽んじ、被告の法的無知を利用して被告の債務を作り上げ

ようとしたふしがうかがえる。原告の権利主張に根拠がないことは、上記事実に照らしても明白である。

立証方法
1　乙第1号証（念書）

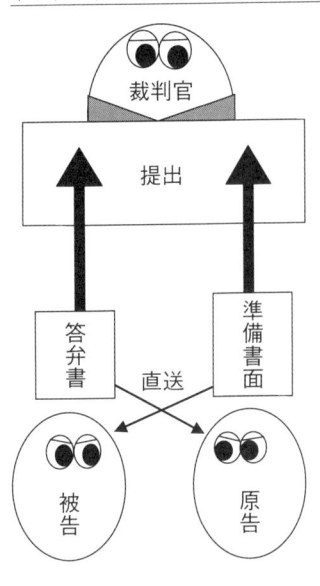

めに、相手方に送達されたか、相手方から受領した旨を記載した書面が提出された準備書面(準備書面は、原則として、その写しの交付またはファクシミリの送信によって相手方に直送され、直送を受けた相手方は、当該準備書面を受領した旨を記載した書面を直送するとともに、その書面を裁判所に提出しなければなりません〔民事訴訟規則83条・47条〕)に記載していないことがらは、相手方が欠席した場合には主張できないことになっています(161条3項)。また、被告が最初に提出する準備書面を答弁書といいますが、裁判長は、訴状および呼出状の送達に際し、被告が原告の主張に対しどのような態度をとるかを明らかにし、この答弁書に記載して提出するよう求めます。なお、相手方の主張事実を否認する場合にはなんらかの理由があるのが通常ですし、それを明らかにすることによって初めて真の争点が浮かび上がってきますから、答弁書や準備書面には、この理由を記載しなければならないとされていますし(民事訴訟規則79条3項)、さらに、訴状にそれらの記載ないし添付が要求されるのと同様の趣旨から(47頁参照)、訴状に記載された事実に対する認否および抗弁事実(94頁参照)を具体的に記載し、かつ、立証を要する事由ごとに、重要な間接事実と証拠を記載することが要求されます(民事訴訟規則80条1項)。また、証拠となるべき重要な文書の写しの添付も要求されます(同条2項)。

ところで、裁判所が訴訟の適切な進行を管理しうるためには、準備書面や答弁書の提出、証拠の申し出が一定の時期までになされる必要があります。そこで、裁判長は、それらの提出または申し出をすべき時期を定めることができるものとされています。ただし、あらゆる事項にかかわる準備書面や証拠の提出ないし申し出を一定の時期までにせよと定めることはできず、その時期は各事項ごとに定めなければなりません(162条)。また、提出された書面に記載された主張に不明瞭な点があったり、証拠に不十分な点があることに裁判所が気づいたときは、次回期日をまって、そ

こでその点をただすのでは訴訟が遅れますから,その前に期日外でも釈明ができます(149条)。

なお,準備書面は相手方に直送されるほか,裁判所にも提出されなければならないことはもちろんですが(民事訴訟規則79条1項),裁判所には,そのほか訴状,訴訟委任状等多数の書面が提出されます。そのうち手数料を納付しなければならない申立てに係る書面,その提出によって訴訟手続の開始,続行,停止または完結をさせる書面(たとえば,訴えの取下げをする旨の書面〔173頁参照〕),訴訟委任状等の訴訟上重要な事項を証明する書面,上告理由書,上告受理申立理由書(188頁,191頁参照)その他これらに準ずる理由書を除いては,新しく,ファクシミリを利用して提出することが認められるようになりました(民事訴訟規則3条)。これによって,準備書面の裁判所への提出も,ファクシミリによってなされることが多くなるでしょう。

(当事者照会)
第163条　当事者は,訴訟の係属中,相手方に対し,主張又は立証を準備するために必要な事項について,相当の期間を定めて,書面で回答するよう,書面で照会をすることができる。ただし,その照会が次の各号のいずれかに該当するときは,この限りでない。
1　具体的又は個別的でない照会
2　相手方を侮辱し,又は困惑させる照会
3　既にした照会と重複する照会
4　意見を求める照会
5　相手方が回答するために不相当な費用又は時間を要する照会
6　第196条又は第197条の規定により証言を拒絶することができる事項と同様の事項についての照会

用語解説

照会　問い合わせること。

◆当事者照会

期日における主張や立証の準備にあたり,相手方からの事件に関する情報の入手がなければ,主張が的確なものにならず,あるいは,立証の手掛かりが得られないことがありえます。そこで,現行法は,当事者間の直接のやりとりによって,相手方の支配領域内にある「主張又は立証を準

備するために必要な事項」を入手するための制度である当事者照会制度を設けています。これによって,たとえば,原告側から,医療過誤訴訟における手術に関与した者の氏名あるいは投与した薬剤の詳細,被告側から,交通事故での同乗者の氏名・住所などの情報が求められることになりましょう。この照会は訴訟の係属中に限り,かつ,書面によってのみなしえます。回答も書面によらなければなりません。また,照会にあたっては,回答のための相当の期間を定める必要があり,かつ,具体的または個別的でない照会などの一定の事由に該当する照会はなしえませんし,もしされても回答する義務はありません(本条)。逆にいうと,この除外事由に該当しない限りは,相手方には回答義務がありますが,回答拒絶の場合の制裁は特に定められていません。

(準備的口頭弁論の開始)
第164条 裁判所は,争点及び証拠の整理を行うため必要があると認めるときは,この款に定めるところにより,準備的口頭弁論を行うことができる。
(証明すべき事実の確認等)
第165条 ① 裁判所は,準備的口頭弁論を終了するに当たり,その後の証拠調べにより証明すべき事実を当事者との間で確認するものとする。
② 裁判長は,相当と認めるときは,準備的口頭弁論を終了するに当たり,当事者に準備的口頭弁論における争点及び証拠の整理の結果を要約した書面を提出させることができる。
(当事者の不出頭等による終了)
第166条 当事者が期日に出頭せず,又は第162条の規定により定められた期間内に準備書面の提出若しくは証拠の申出をしないときは,裁判所は,準備的口頭弁論を終了することができる。
(準備的口頭弁論終了後の攻撃防御方法の提出)
第167条 準備的口頭弁論の終了後に攻撃又は防御の方法を提出した当事者は,相手方の求めがあるときは,相手方に対し,準備的口頭弁論の終了前にこれを提出することができなかった理由を説明しなければならない。

用語解説

争点 当事者間で争いがある点。証拠などによっていずれの主張が正しいか裁判所が判断する必要がある。

1 争点および証拠の整理手続の必要性

　充実した迅速な訴訟の進行をはかるためには,早期に争点を確定し,口頭弁論期日においては,その確定された争点に的をしぼった証人尋問等の証拠調べを集中的に実施することが望まれます。ところが,従来は,争点や証拠の整理手続が十分整備されていなかったため,当事者が口頭弁論期日において交互に準備書面を提出するという五月雨式の審理方法がとられて,主張が出そろうまでに長期間を要し,そのうえ,十分に争点を煮詰めることができないまま証人等の証拠調べを行うため,事件に関係のありそうなことは何でも聞くという不経済な証人尋問等が行われてきました。そこで,このような状況のなかで,当事者と裁判所が1つのテーブルを囲んで膝をつきあわせて話し合い,早期に争点を明確にし,場合によっては和解を成立させるという弁論兼和解とよばれる手続が行われるようになってきました。そして,この手続は審理の充実・促進に相当の成果をあげて注目されてきたところですが,法律上の根拠がないために様々な疑問も指摘されてきました。そこで現行法は,先に説明した当事者照会制度などによる種々の事件に関する情報を入手しやすくする工夫,文書提出義務の拡張(220条)による証拠の収集方法の拡充などの一方で,争点および証拠の整理手続(以下,「争点整理手続」といいます)を整備しました。すなわち,準備的口頭弁論(従来からあったものを使いやすくしたものです),弁論準備手続(従来の準備手続を拡充し,弁論兼和解を取り込んだ側面も有します),書面による準備手続(まったく新たに設けられた手続です)の3つの手続を設けて,争点整理手続を多様化していますが,これらの手続は,事件の内容・性質に応じて,適切に使い分けられることが期待されています。ただし単純な事件においては,従来どおり口頭弁論で争点と証拠の整理をしてもかまいません。そのほか,裁判所は,口頭弁論の期日外において,その審理を充実させることを目的として,当事者双方が立ち会うことができる進行協議期日を指定することができます。この期日においては,裁判所と当事者は,口頭弁論における証拠調べと争点との関係の確認その他訴訟の進行に関し必要な事項についての協議(たとえば,特許等の専門技術的な問題についての説明を専門家から受けること)を行います(民事訴訟規則95条1項)。

2 準備的口頭弁論

　社会的に注目される事件や,当事者や関係人が多数いる事件では,争点整理手続も公開されるのが適切と思われますが,他方で,当事者と裁判所

《 ラウンド・テーブルのある法廷 》

間の率直な意見交換の必要もあります。そこで，このような事件では，いわゆるラウンド・テーブル法廷を使用しての準備的口頭弁論によって争点と証拠の整理を行うことになると思われます。この手続は口頭弁論の一種ですから，一般の口頭弁論に関する規定がすべて適用されます。そして，この手続は，166条の場合を除いて，証拠調べによって立証すべき事実が何であるかが確定されるまで行われます。裁判所は，この確定がなされたときには，当事者と裁判所の間でその点についての理解に食い違いが生じないようにするために，上記の事実を当事者との間で確認して準備的口頭弁論の手続を終了します(165条1項)。また，相当と認めるときは，当事者に対して，争点と証拠の整理の結果を要約した書面の提出を求めることもできます(同条2項)。この手続終了後の新たな攻撃防御方法の提出は，相手方に対する信義に反し許されない行為である可能性がありますので(2条参照)，提出する当事者は，相手方からの求めがあれば，準備的口頭弁論の終了前に提出できなかった理由を説明しなければなりません(167条)。もっともな説明ができなければ，その攻撃防御方法は157条によって却下されることもありえます。

（弁論準備手続の開始）
第168条　裁判所は，争点及び証拠の整理を行うため必要があると認めるときは，当事者の意見を聴いて，事件を弁論準備手続に付することができる。
（弁論準備手続の期日）
第169条　① 弁論準備手続は，当事者双方が立ち会うことができる期日において行う。
② 　裁判所は，相当と認める者の傍聴を許すことができる。ただし，当事者が申し出た者については，手続を行うのに支障を生ずるおそれがあると認める場合を除き，その傍聴を許さなければならない。

(弁論準備手続における訴訟行為等)
第170条 ① 裁判所は,当事者に準備書面を提出させることができる。
② 裁判所は,弁論準備手続の期日において,証拠の申出に関する裁判その他の口頭弁論の期日外においてすることができる裁判及び文書(第231条に規定する物件を含む。)の証拠調べをすることができる。
③ 裁判所は,当事者が遠隔の地に居住しているときその他相当と認めるときは,当事者の意見を聴いて,最高裁判所規則で定めるところにより,裁判所及び当事者双方が音声の送受信により同時に通話をすることができる方法によって,弁論準備手続の期日における手続を行うことができる。ただし,当事者の一方がその期日に出頭した場合に限る。
④ 前項の期日に出頭しないで同項の手続に関与した当事者は,その期日に出頭したものとみなす。
⑤ 第148条から第151条まで,第152条第1項,第153条から第159条まで,第162条,第165条及び第166条の規定は,弁論準備手続について準用する。
(受命裁判官による弁論準備手続)
第171条 ① 裁判所は,受命裁判官に弁論準備手続を行わせることができる。
② 弁論準備手続を受命裁判官が行う場合には,前2条の規定による裁判所及び裁判長の職務(前条第2項に規定する裁判を除く。)は,その裁判官が行う。ただし,同条第5項において準用する第150条の規定による異議についての裁判及び同項において準用する第157条の2の規定による却下についての裁判は,受訴裁判所がする。
③ 省略
(弁論準備手続に付する裁判の取消し)
第172条 裁判所は,相当と認めるときは,申立てにより又は職権で,弁論準備手続に付する裁判を取り消すことができる。ただし,当事者双方の申立てがあるときは,これを取り消さなければならない。
(弁論準備手続の結果の陳述)
第173条 当事者は,口頭弁論において,弁論準備手続の結果を陳述しなければならない。
(弁論準備手続終結後の攻撃防御方法の提出)
第174条 第167条の規定は,弁論準備手続の終結後に攻撃又は防御の方法を提出した当事者について準用する。

◆弁論準備手続
　裁判所は,弁論準備手続を行うに際して当事者の意見を聴かなければなりません(168条)。この当事者の意見はあくまで参考意見にとどまりますが,裁判所が弁論準備手続を始めても,当事者双方の申立てがあると

きは、弁論準備手続に付する裁判を取り消さなければなりません。当事者の一方の申立てまたは職権で取り消されることもありえます(172条)。また、この手続を主宰するのは受訴裁判所自身(受命裁判官に行わせることもできますが、この場合にはその権限が多少制限されます〔171条〕)ですが、弁論準備手続は口頭弁論ではないので、必ずしも公開法廷で行う必要はなく、和解室、準備室、裁判官室などで行うこともできます。しかし、この手続は訴訟の結果に影響を及ぼす重要な手続ですので、当事者双方の立ち会うことができる期日に行われなければなりませんし(169条1項)、裁判所は相当と認める者の傍聴を許すことができ、また、当事者が申し出た者については、原則として、傍聴を許さなければなりません(同条2項)。

裁判所は弁論準備手続において様々なことをなしえますが(170条5項参照)、特に文書の証拠調べが認められている点は注目に値します(同条2項)。この結果、この手続後の口頭弁論において行われるのは、ほとんど証人等の尋問に限られることになると思われます。また、当事者が遠隔の地に居住しているようなときには、当事者の一方が期日に出頭すれば、いわゆる電話会議システムを用いることもできます(同条3項)。さらに、この手続においても準備書面を提出させることができます(同条1項。なお、同条5項による162条の準用)。

手続の終了に際して証明すべき事実を確認すること、当事者に結果を要約した書面の提出を求めうることは、準備的口頭弁論の場合と同様です(170条5項・165条2項)。さらに、当事者は、口頭弁論において、その後の証拠調べによって証明すべき事実を明らかにしつつ弁論準備手続の結果を陳述しなければなりませんが(173条、民事訴訟規則89条)、これが、従来の準備手続における結果陳述のように、単に結果を要約した書面の内容を「陳述する」と一言述べるだけの形式的なものにとどまるか、より実質的にストーリーを物語るようなものになるかは、すべて運用にかかっています。また、これも準備的口頭弁論の場合と同様に、手続終結後の新たな攻撃防御方法の提出には説明義務が課されえます(174条・167条)。

(書面による準備手続の開始)
第175条 裁判所は、当事者が遠隔の地に居住しているときその他相当と認めるときは、当事者の意見を聴いて、事件を書面による準備手続(当事者の出頭なしに準備書面の提出等により争点及び証拠の整理をする手続をいう。以下同じ。)に付することができる。

(書面による準備手続の方法等)
第176条　① 書面による準備手続は,裁判長が行う。ただし,高等裁判所においては,受命裁判官にこれを行わせることができる。
② 裁判長又は高等裁判所における受命裁判官(次項において「裁判長等」という。)は,第162条に規定する期間を定めなければならない。
③ 裁判長等は,必要があると認めるときは,最高裁判所規則で定めるところにより,裁判所及び当事者双方が音声の送受信により同時に通話をすることができる方法によって,争点及び証拠の整理に関する事項その他口頭弁論の準備のため必要な事項について,当事者双方と協議をすることができる。この場合においては,協議の結果を裁判所書記官に記録させることができる。
④ 第149条(第2項を除く。),第150条及び第165条第2項の規定は,書面による準備手続について準用する。
(証明すべき事実の確認)
第177条　裁判所は,書面による準備手続の終結後の口頭弁論の期日において,その後の証拠調べによって証明すべき事実を当事者との間で確認するものとする。
(書面による準備手続終結後の攻撃防御方法の提出)
第178条　書面による準備手続を終結した事件について,口頭弁論の期日において,第176条第4項において準用する第165条第2項の書面に記載した事項の陳述がされ,又は前条の規定による確認がされた後に攻撃又は防御の方法を提出した当事者は,相手方の求めがあるときは,相手方に対し,その陳述又は確認前にこれを提出することができなかった理由を説明しなければならない。

◆書面による準備手続

　当事者が遠隔の地に居住しているような場合には,当事者が毎回の期日に出頭することは相当な負担となるうえ,期日の調整に困難をきたすこともありえます。そこで,現行法は,準備書面の交換や電話会議システムの利用によって争点や証拠の整理をする手続を創設しました。
　まず,裁判所が事件をこの手続に付するには,当事者の意見を聴かなければなりません(175条)。この手続を主宰するのは,原則として裁判長です(176条1項)。また,適時に書面が交換されるようにするために,裁判長は162条の準備書面等の提出期間を必ず定めなければなりません(176条2項)。争点等の十分な整理を円滑に行うために裁判長と当事者双方との意見交換が必要な場合には,電話会議システムを利用することもできます(同条3項)。この手続の終了に際しても,当事者に結果を要約し

た書面の提出を求めることができますが(同条4項・165条2項),証明すべき事実の確認は,準備手続終結後の最初の口頭弁論期日になされます(177条)。手続の結果を要約した書面の記載事項の陳述がなされ,または上記の確認がなされたときには,新たな攻撃防御方法の提出には説明義務が課されえます(178条)。

第6節　口頭弁論の実施

(裁判長の訴訟指揮権)
第148条　① 口頭弁論は,裁判長が指揮する。
② 裁判長は,発言を許し,又はその命令に従わない者の発言を禁ずることができる。

1 職権主義と当事者主義

　口頭弁論という審理段階における主導権を裁判所に与えるか,当事者に与えるかということは一つの問題ですが,この点については職権主義と当事者主義の対立がみられます。ところで,民事訴訟においては,事件に関する事実を主張し,証拠を提出するという内容面の問題もありますが,審理を行う期日をいつ開くか,その期日に当事者を呼び出すのにはどうしたらよいか,審理をいつ打ち切るかといった手続面のことがらも問題となります。そして,わが民事訴訟法は,前者の面については,弁論主義(95頁以下参照),処分権主義(50頁参照)ということで当事者の主導権を認め,後者の面については職権進行主義ということで裁判所に主導権を認めて,手続の迅速・公平をはかるものとしています。すなわち,この訴訟の進行をリードする権能である訴訟指揮権は裁判所に属するものとされていますが,それは裁判所の発言機関としての裁判長によって行使されます(本条1項)。

2 受命裁判官,受託裁判官

　裁判所は,その扱うべき事務を自ら処理するのが原則ですが,一定の事務を合議体の裁判官の1人,すなわち受命裁判官に任せることもできます。また,裁判所間には互いに助け合う共助の関係があるので(裁判所法79条),他の裁判所に一定の事務の処理を依頼することもできますが,この依頼を受けた事項を処理する他の裁判所の裁判官のことを受託裁判官といいます。受命裁判官や受託裁判官の扱う事務は証拠調べ(185条・195

条等),当事者に和解を勧めること(89条)が主なものです。なお,受命裁判官に証拠調べを任せるのは裁判所外においてそれが行われる場合にのみ認められますが,例外として,大規模訴訟(51頁参照)では,当事者に異議がなければ,裁判所内で受命裁判官に証人または当事者本人の尋問をさせることができます(268条)。

(訴訟手続に関する異議権の喪失)
第90条 当事者が訴訟手続に関する規定の違反を知り,又は知ることができた場合において,遅滞なく異議を述べないときは,これを述べる権利を失う。ただし,放棄することができないものについては,この限りでない。
第91条 省略

用語解説

訴訟手続に関する規定 権利義務ないし法律関係そのものに関する事項を定めた規定である実体法に対して,訴訟の手続を定めた規定。

1 訴訟手続に関する異議権の放棄・喪失

先に述べたように,訴訟手続は裁判所の主導権の下に進められていきますが,それに関与する裁判所や当事者の訴訟行為は法規に則ったものでなければなりません。そして,この訴訟法規には2種類のものがあります。すなわち,1つはそれに違反してなされた行為の効力に影響を与えないもので,訓示規定とよばれます。たとえば,251条1項の口頭弁論終結時から判決の言渡しまでは2月以内であることを要するという規定はこれで,この場合,2月以上たってから判決の言渡しがあっても,その判決は違法でも無効でもありません。また,他はそれに違反してなされた行為の効力に影響を与える規定で,効力規定とよばれます。しかし,この規定にも,2種類あり,1つは強行規定とよばれ,それに違反してなされた行為は絶対的に無効となります(90条ただし書参照)。それは,当該規定が訴訟制度の基礎を維持し,裁判の適正をはかるといった公益的な目的をもっているためであり,裁判官の除斥,専属管轄,審判の公開に関する規定などがこれにあたります。他方,第2の効力規定は任意規定とよばれるもので,当事者間の公平を維持し,その利益を保護することを目的としています。たとえば,訴え提起の方式,期日の呼出し,送達,証拠調べ

の方式に関する規定などがこれにあたります。そこで, このようなこれらの規定の趣旨から, それに対する違反があっても, それにより不利益を受ける当事者がそのことを知っていながら異議を述べなかったとか, 不注意で気がつかなかったために異議を述べなかった場合には, その違反は問題にする必要がありません。この異議を述べる権利を訴訟手続に関する異議権(または責問権)といい, このような事情でこの権利を失うことを訴訟手続に関する異議権(責問権)の喪失といいます。また, 当事者は積極的に異議権(責問権)を放棄することもでき, これを訴訟手続に関する異議権(責問権)の放棄といいます(90条本文)。

2 訴訟契約

　実体法上は, 当事者間の合意によって, それと異なる定めをすることのできる規定を任意規定といいますが, 上でみたように, 訴訟法上の任意規定の意味はこれとは異なります。そして, 国家は無数の訴訟事件を大量に処理しなければなりませんから, 訴訟法上は, 原則として, 実体法と同じ意味における任意規定は認められません(これを任意訴訟の禁止といいます)。すなわち, 訴訟手続に関する当事者の合意である訴訟契約は, 原則として無効ですが, 例外的に, 明文上認められている場合もあります(たとえば, 管轄の合意〔11条〕, 期日変更の合意〔93条3項ただし書〕など)。そして, これ以外の場合でも, 処分権主義や弁論主義の下では, 当事者はある行為をするか否かの自由を有していますから, その範囲内の行為に限っては, 訴訟契約が許されます。そこで, 当事者は一定の権利関係について訴えを提起しないものとする不起訴の合意(不起訴契約)をしたり(にもかかわらず, 訴えが提起された場合には, 訴えの利益が欠けているとして, そのような訴えは却下されるべきであるというのが判例・多数説の立場です), 裁判所には一定の証拠方法だけを提出し, 他の証拠方法を提出しないものとする証拠制限契約をしたり, ある事実の存否を争わないものとする自白契約を締結したりすることもできます(後二者をあわせて証拠契約といいます。また, 証拠制限契約に違反して証拠の申し出がなされたときは, その申し出は却下されるべきであり, 自白契約があるときは自白がなされたものと扱われるべきです)。

（自白の擬制）
第159条　①　当事者が口頭弁論において相手方の主張した事実を争うことを明らかにしない場合には, その事実を自白したものとみなす。ただ

し,弁論の全趣旨により,その事実を争ったものと認めるべきときは,この限りでない。
② 相手方の主張した事実を知らない旨の陳述をした者は,その事実を争ったものと推定する。
③ 第1項の規定は,当事者が口頭弁論の期日に出頭しない場合について準用する。ただし,その当事者が公示送達による呼出しを受けたものであるときは,この限りでない。

用語解説

自白　108頁参照。
弁論の全趣旨　111頁参照。
推定　111頁参照。

◆原告の主張と被告の答弁

　口頭弁論期日には,原告が,まず,訴状に基づいて,どのような判決を裁判所に求めるかの本案の申立てをし,この本案の申立てを法的に理由付ける法律上の主張をします。たとえば,47頁の訴状の雛形の場合には,「被告は原告に対し金145万円……を支払え」との判決を求めるとの本案の申立てをし,その根拠として,請求の原因欄にあるような,自分には,平成24年5月9日に貸した金145万円の貸金返還請求権があるといった主張をします。そして,権利は一定の要件が満たされた場合に発生,変動,消滅するものであり,その存在は目や耳で直接感得しうるものではありませんから,権利があるというためには,目や耳で直接感得しうる前記の要件に該当する事実(これを主要事実とか直接事実あるいは要件事実といいます)を主張・立証しなければなりません。そこで,前記の場合には,金150万円を……の約定で貸付け,金145万円を手渡したという事実を主張することになります(なお,貸金を返済したということは本来被告側で主張・立証すべきことであって,それを述べて悪いということはありませんが,原告側にその返済がないということまで述べる義務はありません)。これを事実上の主張といいます。

　これに対し,被告は,答弁書に基づいて,答弁を行います。その際の被告側の応対としては,原告のいい分を争わない請求の認諾というものもありますが(177頁参照),それを争う場合には請求棄却を求め,あるいは訴訟要件が欠けていることを主張して訴え却下判決を求めることもあります。これは被告側の本案の申立てということになりますが,請求棄却

の判決を求める場合には，それを法的に根拠付ける法律上の主張をします。そして，その際には，①原告の主張する事実(たとえば，金145万円を手渡したという事実)は存在しなかったというか，②原告の主張する事実は存在したが，別の事実(たとえば，錯誤)が存在したことによって原告の主張する権利(たとえば，貸金返還請求権)は発生しなかったというか，③原告の主張する事実があり，権利は発生したが，別の事実(たとえば，弁済)がさらに発生して，原告の主張する権利は消滅した，といわなければなりません。これらは，原告の主張する権利の不発生，変動ないし消滅を生じさせる事実を主張するものであり，したがって，被告側の事実上の主張ということになります。

　上記の①のように，原告の主張する事実を否定することを否認といいます。また，②や③のように，原告の主張する権利の不存在をいうために，原告主張の事実とは異なったことがらを主張することを抗弁といいます。また，被告の抗弁に対しては，原告としてはそれを否認するか，さらにそれを避けるための別個の抗弁(これを再抗弁といいます)を提出することになります。そして，このようなやりとりを通じて当事者間でどのような点について争いがあるか，すなわち争点が明らかになっていくわけです(先に詳しく述べたように，現行法は，このようなやりとりが円滑になされるようにするために争点整理手続を設けましたから，この手続が行われる場合には，それはこのなかで〔も〕行われることになります)。

　ところで，②や③の場合のように，当事者は相手方が主張する自己に不利な事実を認めてしまうこともありますが，これを自白といい，自白された事実はそのまま判決の基礎とされます。そして，相手方の主張した事実を争わないで沈黙していると，自白したものとみなされ，欠席した場合にも，同様に扱われますから，注意しなければなりません(本条1項・3項)。これを擬制自白といいます。なお，相手方の主張した事実を知らないという旨の陳述があるときは，その事実を争ったものと推定されます(本条2項)。

　(釈明権等)
第149条　①　裁判長は，口頭弁論の期日又は期日外において，訴訟関係を明瞭にするため，事実上及び法律上の事項に関し，当事者に対して問いを発し，又は立証を促すことができる。
②　陪席裁判官は，裁判長に告げて，前項に規定する処置をすることがで

③ 当事者は,口頭弁論の期日又は期日外において,裁判長に対して必要な発問を求めることができる。
④ 裁判長又は陪席裁判官が,口頭弁論の期日外において,攻撃又は防御の方法に重要な変更を生じ得る事項について第1項又は第2項の規定による処置をしたときは,その内容を相手方に通知しなければならない。

第150条・第151条 省略

用語解説

訴訟関係 事件の内容をなす事実関係や法律関係。
陪席裁判官 裁判長以外の合議体の裁判所を構成する裁判官。

1 弁論主義

先に述べたように,民事訴訟においては,事件の内容面についての主導権は当事者に与えられています。そこで,そのことの一つのあらわれとして,裁判所が原告の請求の当否の判断をする際には,当事者の主張した事実だけを判決の基礎とし,それについて争いのない場合には,前述のようにその事実をそのまま判決の基礎とし,さらに,争いがあって証拠によってその事実の有無を認定する必要のある場合には,当事者の申し出た証拠だけを取り調べるという建前がとられています。これを弁論主義といいます。そして,このような建前がなぜとられているかについては学説の上に争いがありますが,民事訴訟が扱っている私人間の法律関係については本来私的自治の原則が支配するので,その紛争の解決のためにも当事者の主導権を認めるのが理念的に適切であるから,というとらえ方が通説的な考え方です。

このように,当事者の主張した事実だけが判決の基礎とされることになりますと,当事者としては自己の法的主張の基礎となる事実のすべてを主張しておかないとその主張を裁判所に認めてもらえないという不利益を受けることになります(この当事者の負う不利益を主張責任といいます)。そこで,たとえば,47頁の訴状の雛形の事件では,原告は金銭の貸借契約の合意があったという事実と,金145万円を手渡したという事実を主張しなければ,貸金返還請求権の発生を裁判所に認めてもらえないことになります。また,被告としても,たとえば,弁済の事実を主張しておかなければ,それを裁判所に認めてもらえず,原告の貸金返還請求権の発

生が認められる場合には、敗訴してしまうことになります。ただし、弁論主義は事実の主張を当事者の責任とする原則ですから、たとえば、弁済の事実が被告によって主張されず、原告の陳述のなかにあらわれた場合でも、裁判所はそれを認定してかまいません。なお、事実には、先に説明した主要事実のほかに、主要事実の存否を推認させるのに役立つ事実である間接事実（たとえば、被告はそれまで金に窮していたが、原告主張の日から急に金回りがよくなった、という事実は、原告の主張する貸付の事実を推認させるものです）、証拠の信用性に影響を与える事実である補助事実（たとえば、被告が急に金回りがよくなったという事実を証言した証人が、原告の親友であるという事実は、その証言の信用性を揺るがせるものです）があります。そして、当事者の主張した事実だけが判決の基礎となるという弁論主義の原則は主要事実についてのみ適用がある、すなわち、間接事実や補助事実については適用がないというのが判例・通説の立場ですが、最近このような立場には批判が強まっています。

2 身分関係事件の特殊性

このように、民事訴訟では弁論主義という建前が採用されていますが、そこでは、主として財産関係の紛争が念頭におかれています。たとえば、貸金の貸借をめぐる紛争では、問題は貸主と借主との間で解決されればよく、その間に貸金返還請求権があろうとなかろうと他人には関係がないということができますが、身分関係の事件では、そういうわけにはいきません。たとえば、XとYとの婚姻が有効か無効かは、すべての人々との関係で画一的に定まっている必要があります。すなわち、婚姻関係とか親子関係という人の身分関係は社会との関係で画一的に決まっていなければ、社会生活に混乱が生じますから、紛争の解決を当事者の主導権に委ね、敗訴したらそれは敗訴者の責任であるとして済ましておくことはできません。すなわち、ここでは、弁論主義を排除し、裁判所が事実を積極的に取り上げ、証拠も自らの手で収集し、自白もそのまま判決の基礎とされることはないという職権探知主義が採用されています。そこで、このような身分関係事件については、民事訴訟法の特別法である人事訴訟法が特別な定めをおいています。

3 釈 明 権

弁論主義の支配する民事訴訟においては、形式的には、当事者の主張する事実だけを取り上げ、当事者の提出する証拠だけを取り調べていればよいことになりますが、それでは、当然勝つべき者が、訴訟のやり方がま

ずいために敗訴してしまうということになりかねません。そこで，裁判所としては，当事者の手でその間の訴訟関係を十分に明らかにさせるようにし(たとえば，不明瞭な主張の趣旨をただしたり，証拠上その存在がうかがえる事実を当事者が主張していない場合にそれを主張すべきことを示唆したりすることが考えられます)，それを基礎に公平・適正な裁判をするように努める必要があります。そのために認められるのが釈明権(訴訟の内容を明確にするために，当事者に対して事実上や法律上の事項に関し質問したり，立証を促したりする〔これを釈明といいます〕裁判所の権能)ですが，これは，一定の限度では，裁判所として行使しなければならない義務の側面を有するものとも考えられています。これを釈明義務とよびます。

この釈明権は裁判長によって行使されますが，陪席裁判官も，裁判長に告げて行使することができます(裁判所書記官に命じて行わせることもできます〔民事訴訟規則63条〕)。また，当事者も，裁判長に対して釈明権の行使を促すことができます(149条)。このように，当事者が相手方の発言の趣旨を確かめるために裁判長に必要な質問をしてもらう権利のことを求問権といいます。

このような釈明権や求問権の行使は口頭弁論期日においてもなされえますが，そうされたのでは，当事者がすぐに質問に答えたりすることができずに，次回期日が必要となって訴訟が遅延する可能性もあります。そこで，釈明権や求問権の行使は口頭弁論期日外でもなされうるものとされています(この点は，従来明文の規定なしに行われていた実務の慣行に，現行法が法律上の根拠を与えたものです)。ただし，どのような釈明がなされたかは相手方の攻撃防御のあり方にも影響しうるものですが，期日外で釈明権が行使されたときには，その行使があったことを相手方は当然には知ることができませんから，攻撃防御の方法に重要な変更を生じうる事項に関する期日外の釈明権行使の内容は，相手方に通知されるべきものとされています(同条4項)。

(口頭弁論の併合等)
第152条 ① 裁判所は，口頭弁論の制限，分離若しくは併合を命じ，又はその命令を取り消すことができる。
② 裁判所は，当事者を異にする事件について口頭弁論の併合を命じた場合において，その前に尋問をした証人について，尋問の機会がなかった

当事者が尋問の申出をしたときは、その尋問をしなければならない。
(口頭弁論の再開)
第153条　裁判所は、終結した口頭弁論の再開を命ずることができる。
第154条　省略

用語解説

口頭弁論の制限　口頭弁論の内容が多岐にわたり錯綜する場合に、これを整序するためさしあたり審理する事項を一定のものに制限する処置。
口頭弁論の分離　1つの訴訟手続で併合審理されている数個の請求のうちの一部を別個の手続で審判するため手続を分離する処置。
口頭弁論の併合　数個の訴訟手続で別々に審理されている各請求を1つの手続でまとめて審判するために、各手続を併合する処置。
口頭弁論の再開　いったん終結した口頭弁論を、期日を開いて再開すること。

◆弁論の制限・分離・併合と弁論の再開

　裁判所は、その訴訟指揮権の内容の1つとして、訴訟を能率的に進めるために、弁論を制限したり(たとえば、数個の訴訟要件の存在が争われている場合に、そのうちの1つに審理の対象をしぼる)、分離したり(たとえば、貸金返還請求と売買代金の支払請求が1つの訴訟でなされている場合に、それぞれを別個の手続で審判することにする)、併合したり(たとえば、ある土地の明渡請求と、その土地の不法占拠による損害賠償請求が別個の訴訟手続でなされている場合に、双方をまとめて審判することにする)することができます(152条1項)。その際、当事者の異なる事件について弁論の併合を命じたのであれば、その前に尋問をした証人について、尋問の機会がなかった当事者が尋問の申し出をしたときには、その者に尋問の機会を保障するため、裁判所は、その尋問をしなければなりません(同条2項)。また、訴訟が判決をなすことができる状態に達したと判断すれば、裁判所は口頭弁論を終結することになりますが(243条1項)、その後でなお審理すべきことがあることに気がつけば、口頭弁論を再開することもできます(153条)。

(攻撃防御方法の提出時期)
第156条　攻撃又は防御の方法は、訴訟の進行状況に応じ適切な時期に提出しなければならない。

◆法学民事訴訟法◆　　　　　　　　　第6節　口頭弁論の実施

（審理の計画が定められている場合の攻撃防御方法の提出期間）
第156条の2　第147条の3第1項の審理の計画に従った訴訟手続の進行上必要があると認めるときは，裁判長は，当事者の意見を聴いて，特定の事項についての攻撃又は防御の方法を提出すべき期間を定めることができる。
（時機に後れた攻撃防御方法の却下等）
第157条　①　当事者が故意又は重大な過失により時機に後れて提出した攻撃又は防御の方法については，これにより訴訟の完結を遅延させることとなると認めたときは，裁判所は，申立てにより又は職権で，却下の決定をすることができる。
②　攻撃又は防御の方法でその趣旨が明瞭でないものについて当事者が必要な釈明をせず，又は釈明をすべき期日に出頭しないときも，前項と同様とする。
（審理の計画が定められている場合の攻撃防御方法の却下）
第157条の2　第147条の3第3項又は第156条の2（第170条第5項において準用する場合を含む。）の規定により特定の事項についての攻撃又は防御の方法を提出すべき期間を定められている場合において，当事者がその期間の経過後に提出した攻撃又は防御の方法については，これにより審理の計画に従った訴訟手続の進行に著しい支障を生ずるおそれがあると認めたときは，裁判所は，申立てにより又は職権で，却下の決定をすることができる。ただし，その当事者がその期間内に当該攻撃又は防御の方法を提出することができなかったことについて相当の理由があることを疎明したときは，この限りでない。

用語解説

時機に後れ　実際に提出された時より，より以前に提出できたはずであり，しかも提出すべき機会があったこと。
疎明　（108頁参照）。

1　適時提出主義と時機に後れた攻撃防御方法の却下

　先に述べたように，原告・被告は，それぞれ自己の本案の申立てを理由付けるために，事実上の主張，法律上の主張を行い，さらに証拠の申し出をすることになりますが，従来は，口頭弁論が何回重ねられる場合でも，このような攻撃防御方法は，その終結に至るまでであれば，いつでも提出しうるという随時提出主義とよばれる建前が採用されていました。しかし，これでは，当事者が攻撃防御方法を小刻みに提出し，訴訟が引き延ばされるということになりかねませんから，現行法は，訴訟の進行状況に応

じ適切な時期に提出しなければならないという適時提出主義を採用しました(156条)。

この建前の下でも、実際には、攻撃防御方法が適時に提出されないことがありえます。たとえば、現行法は、先に説明したように、争点整理手続を整備しましたが、その終了後に新たな攻撃防御方法が提出されることがありえます。そして、その場合には、新たなそれを提出する当事者は、相手方からの求めに応じ、この手続の終了前に提出できなかった理由を説明しなければなりませんが、もっともな説明ができないことがあるでしょう。すなわち、そのような攻撃防御方法は当事者の故意または重大な過失によって提出されなかった可能性がありますので、そうであり、かつ、それを審理していると訴訟の完結が遅延するものと認められれば、裁判所は、それを時機に後れた攻撃防御方法として却下することができます(157条1項)。また、趣旨不明な攻撃防御方法が提出されたときに、当事者が裁判所の釈明に応じない場合にも、それは却下されうるものとされています(同条2項)。

2 審理計画が定められている場合の特則

先に説明したように、複雑な事件については審理計画を定めて、訴訟手続の計画的な進行をはかるべきこととされていますが、その一環として、そのほか、特定の事項についての攻撃防御方法の提出期間を定めることもできます(147条の3第3項。80頁参照)。ただ、これでは時として機動性に欠けることもありえましょうから、裁判長は、審理計画に基づいて事後的に特定の事項についての攻撃防御方法の提出期間を定めることも認められています(156条の2)。

審理計画において、またはそれに基づいて特定の事項についての攻撃防御方法の提出期間が定められているときに、当事者がその期間経過後に提出した攻撃防御方法は、それによって審理計画に従った手続の進行に著しい支障を生ずるおそれがあると認めれば、裁判所は、申立てまたは職権によって却下の決定をすることができます(157条の2本文)。一般規定である157条は、その適用のために故意または重大な過失の認定が必要であったりして必ずしも十分には活用されていないともいわれています。そこで、審理計画の実効性を期すために、特別な規律が設けられたもので

す。ただし、当事者が攻撃防御方法の提出期間を徒過したことについて相当な理由があることを疎明したときは、却下決定はなされません(同条ただし書)。相当な理由の例としては、当事者や代理人の病気や、主張の内容を確定するために話を聴く必要がある者の都合で、その者との面接が予定どおり行うことができなかったという事情などが考えられます。

(口頭弁論調書)
第160条 ① 裁判所書記官は、口頭弁論について、期日ごとに調書を作成しなければならない。
② 調書の記載について当事者その他の関係人が異議を述べたときは、調書にその旨を記載しなければならない。
③ 口頭弁論の方式に関する規定の遵守は、調書によってのみ証明することができる。ただし、調書が滅失したときは、この限りでない。

用語解説

調書 訴訟手続の経過・内容を公証するために裁判所書記官が作成する記録的文書。
滅失 物が効用を失う程度に破壊すること。

◆調書の作成

　口頭主義をとる民事訴訟では、期日におけるやりとりは書面にしておかなければ霧散してしまうので、期日ごとに調書を作成すべきものとされています(本条1項)。手続の経過や内容が記録にとどめられることにより、一方では訴訟手続の安定・公正が確保され、他方で、上級審における下級審の判決の審査が可能とされるわけです。調書の記載事項としては、口頭弁論の方式に関する事項(民事訴訟規則66条)と事案の内容にかかわる事項(民事訴訟規則67条)とがありますが、後者のうち、証人、鑑定人もしくは当事者本人の陳述に関しては、裁判長の許可があれば、録音テープまたはビデオテープへの記録をもって調書への記載に代えることができます(民事訴訟規則68条1項)。旧法下では、この陳述の記載にかなりの時間と労力を要し、集中的な証拠調べの実施の障害となっていました。他方、集中的な証拠調べが行われれば、調書への記載をまつまでもなく、早期に判決をすることも可能になるはずです。そこで、証拠の収集手段の拡充と争点整理手続の整備を前提として集中的な証拠調べ実施の環境を整え

第一回口頭弁論調書
(司法研修所監修・四訂民事訴訟第一審手続の解説に加筆して転載)

第1号様式(口頭弁論調書 準備的口頭弁論調書単独用)		裁判官認印	印
第 1 回 口 頭 弁 論 調 書 (□ 準 備 的)			

事 件 の 表 示	平成25年(ワ)第170号
期　　　　　日	平成25年7月3日 (午前)午後 10時00分
場所及び公開の有無	大和地方裁判所　法廷で公開
裁　　判　　官 裁 判 所 書 記 官	新　井　明　雄 戸　田　和　夫
出頭した当事者等	原告代理人　△　△　△　△ 被告代理人　×　×　×　×
指　定　期　日	平成25年9月3日　午前(午後) 2時00分　弁論準備
弁　論　の　要　領	
原　　　告	
訴状陳述	
被　　　告	
答弁書陳述	
裁　判　官	
本件を弁論準備手続に付する。	
証拠関係別紙のとおり	
	裁判所書記官　戸田和夫　㊞

(注)1　該当する事項の□にレを付する。
　　2　『弁論の要領』の記載の末尾に,裁判所書記官が記名押印する。

たうえで,前記のような取り扱いが認められるようになったわけです。ただし,当事者や上訴裁判所からの求めがあれば,その需要に応えるために,陳述の内容を録音テープ等に基づいて調書に記載すべきものとされています(同条2項)。なお,たとえば,弁論が公開されていたかどうか,

◆法学民事訴訟法◆　　　　　　　　103　　　　　　第6節　口頭弁論の実施

弁論の更新の手続がとられたかどうか, 判決言渡期日の指定や告知, また, その言渡方法がどうであったかなどの口頭弁論の方式の遵守については, 口頭弁論調書による証明以外の方法は許されず, 調書が火災や盗難などによって滅失している場合は別として, これに対して, 別個の証拠によって争うこともできません(160条3項)。これは, 一度進められた訴訟手続が適法であったかどうかが, 後になって争われることがないようにして, 訴訟手続の安定をはかろうとの趣旨によるものです。

（訴状等の陳述の擬制）
第158条　原告又は被告が最初にすべき口頭弁論の期日に出頭せず, 又は出頭したが本案の弁論をしないときは, 裁判所は, その者が提出した訴状又は答弁書その他の準備書面に記載した事項を陳述したものとみなし, 出頭した相手方に弁論をさせることができる。

（審理の現状に基づく終局判決）
第244条　裁判所は, 当事者の双方又は一方が口頭弁論の期日に出頭せず, 又は弁論をしないで退廷をした場合において, 審理の現状及び当事者の訴訟追行の状況を考慮して相当と認めるときは, 終局判決をすることができる。ただし, 当事者の一方が口頭弁論の期日に出頭せず, 又は弁論をしないで退廷をした場合には, 出頭した相手方の申出があるときに限る。

（訴えの取下げの擬制）
第263条　当事者双方が, 口頭弁論若しくは弁論準備手続の期日に出頭せず, 又は弁論若しくは弁論準備手続における申述をしないで退廷若しくは退席をした場合において, 1月以内に期日指定の申立てをしないときは, 訴えの取下げがあったものとみなす。当事者双方が, 連続して2回, 口頭弁論若しくは弁論準備手続の期日に出頭せず, 又は弁論若しくは弁論準備手続における申述をしないで退廷若しくは退席をしたときも, 同様とする。

用語解説

退廷　期日の行われている法廷から退席すること。
終局判決　155頁参照。
期日指定の申立て　期日を定めるように求める当事者の申立て。
訴えの取下げ　173頁以下参照。

◆口頭弁論期日における当事者の欠席

これまで述べてきたような口頭弁論という審理方式に織り込まれた諸々の原則は,当事者が口頭弁論期日に出席して初めて実現されます。ところが,その期日に当事者は出席するとは限りませんから,その欠席があった場合(欠席には,本案について弁論をしない場合を含みます)にどうするかという問題が生じます。この問題は当事者の一方が欠席した場合と双方欠席の場合を分けて考える必要があります。

まず,口頭弁論期日(または弁論準備手続の期日)に当事者双方が欠席した場合は,期日は終了せざるをえません(ただし,証拠調べと判決の言渡しはこの場合でもできます〔183条・251条2項〕)。この場合,その期日から1月以内に当事者から期日指定の申立てがなされないときには(93条1項参照),当事者にはもはや訴訟を続ける意思がないものとみて,訴えは取り下げられたものとみなされます(263条1文)。ただし,このようにすると,当事者双方が期日への欠席と期日指定の申立てを繰り返すと,いつまでも訴訟が進行しないまま係属することになります。しかし,こういった場合にも,当事者に訴訟をまじめに追行する意思がないことは明らかですから,期日への欠席が連続して2回行われたときにも,訴えは取り下げられたものとみなされます(同条2文)。

ところで,訴えが取り下げられたものとみなされると,訴訟係属は初めからなかったものとみなされますから(262条1項),それまでの審理の結果がすべて無駄になってしまい,再訴がなされれば,改めて最初から審理し直す必要が生ずるようなことにもなりかねません。そこで,裁判所には,相当と認めれば,当事者双方が口頭弁論期日に欠席した場合でも,終局判決をして訴訟を打ち切ってしまう可能性が認められています(244条)。

これに対し,最初の口頭弁論期日に原告が欠席した場合,口頭主義の建前上その本案の申立てがなければ審理を開始することができないので,特に,原告の提出した訴状や準備書面に記載されたことがらは陳述されたものとみなされることになっています。そして,これとの公平上,被告が欠席した場合にも,答弁書その他の準備書面に記載されたことがらは陳述されたものとみなされることになっています(158条)。したがって,原告が自己の主張する権利についての主要事実をすべて訴状に記載して提出しておけば,被告が欠席した場合,それを陳述することができますから(161条3項),被告の方で答弁書の提出がなければ,擬制自白したこと

になって(159条3項)、裁判所は、口頭弁論を終結し、原告勝訴判決を下すこともできるわけです(なお、158条は弁論準備手続における当事者の一方の欠席にも準用されます〔170条5項〕)。

しかし、このような取扱いは、最初の口頭弁論期日に限って認められる特則です。そうでないと、口頭主義の建前が骨抜きになるからです(ただし、簡易裁判所の手続では、続行期日でも陳述擬制が認められます〔277条〕)。そこで、続行期日に当事者の一方が欠席した場合には、これまでの弁論の結果を基礎にして、それに出席当事者の弁論を付け加えて審理を進めることになります。

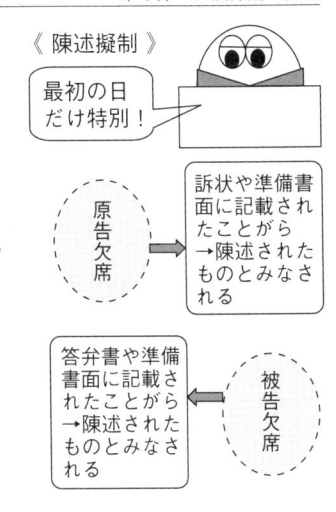

《陳述擬制》

最初の日だけ特別！

原告欠席 → 訴状や準備書面に記載されたことが→陳述されたものとみなされる

答弁書や準備書面に記載されたことが→陳述されたものとみなされる ← 被告欠席

以上のほか、当事者がわざと期日に欠席して訴訟を引き延ばすことに対処するために、当事者の一方の欠席の場合にも、終局判決によって訴訟を打ち切る可能性が認められています。ただし、この場合には、審理を進めれば出席当事者により有利な判決がなされる可能性もありますから、その当事者の申し出がある場合に限って、そうなしうることとされています(244条)。

(訴訟手続の中断及び受継)
第124条 ① 次の各号に掲げる事由があるときは、訴訟手続は、中断する。この場合においては、それぞれ当該各号に定める者は、訴訟手続を受け継がなければならない。

1	当事者の死亡	相続人、相続財産管理人その他法令により訴訟を続行すべき者
2	当事者である法人の合併による消滅	合併によって設立された法人又は合併後存続する法人
3	当事者の訴訟能力の喪失又は法定代理人	法定代理人又は訴訟

の死亡若しくは代理権の消滅	能力を有するに至った当事者
4　省略	
5　一定の資格を有する者で自己の名で他人のために訴訟の当事者となるものの死亡その他の事由による資格の喪失	同一の資格を有する者
6　選定当事者の全員の死亡その他の事由による資格の喪失	選定者の全員又は新たな選定当事者

② 前項の規定は,訴訟代理人がある間は,適用しない。
③〜⑤ 省略
第125条　削除
（相手方による受継の申立て）
第126条　訴訟手続の受継の申立ては,相手方もすることができる。
第127条・第128条　省略
（職権による続行命令）
第129条　当事者が訴訟手続の受継の申立てをしない場合においても,裁判所は,職権で,訴訟手続の続行を命ずることができる。
（裁判所の職務執行不能による中止）
第130条　天災その他の事由によって裁判所が職務を行うことができないときは,訴訟手続は,その事由が消滅するまで中止する。
（当事者の故障による中止）
第131条　① 当事者が不定期間の故障により訴訟手続を続行することができないときは,裁判所は,決定で,その中止を命ずることができる。
② 裁判所は,前項の決定を取り消すことができる。
（中断及び中止の効果）
第132条　① 判決の言渡しは,訴訟手続の中断中であっても,することができる。
② 訴訟手続の中断又は中止があったときは,期間は,進行を停止する。この場合においては,訴訟手続の受継の通知又はその続行の時から,新たに全期間の進行を始める。

用語解説

中断　当事者の一方に訴訟追行を不能または困難にする一定の原因が生じた場合に,その当事者を保護するために,訴訟手続の進行が当然に停止されること。
相続財産管理人　相続が開始されたが,相続財産の管理を相続人に任せることが適当でない場合(たとえば,相続人の廃除の請求があった場合,限定承認のあった場合など)や相続人のあることが明らかでないときに,相続財産の管理のた

めに家庭裁判所によって選任される管理人。
選定当事者 143頁参照。
受継 中断されている訴訟手続を受け継いで続行すること。

◆訴訟手続の停止

　口頭弁論(や争点整理手続)は1回で終了せず何回も重ねられることがありますから,その間に当事者が死亡したりすることがあります。この場合,死亡した当事者の相続人と他方の当事者との間で紛争がそのまま持続されるときには,その相続人はそのまま訴訟を引き継ぐことになります。しかし,この場合には,相続人はこれまで訴訟に関与していなかったために様子がよくわかりませんから,この者に係属中の訴訟について調査をする猶予を与えるため,訴訟手続は一時進行をストップされます(124条1項1号)。このように訴訟追行者に交代が生じたときに,その交代の準備上訴訟手続の進行をとめることを訴訟手続の中断といいます。中断した訴訟手続は,相続人から受継の申立てがあった場合,あるいはその者がいつまでもその申立てをしないときは相手方からの受継の申立てがあった場合に(126条),再び進行を開始することになります。また,これらの者がいずれも受継の申立てをしないときには訴訟が遅延してしまいますから,裁判所が職権で手続の続行を命ずることも認められており,これを続行命令といいます(129条)。

　このような中断は,当事者の死亡の場合のほか,当事者である法人の合併の場合,当事者が訴訟能力を失ったとか,法定代理人が死亡したり代理権を失った場合,第三者が訴訟担当をしていたときにその資格を失った場合,選定当事者の全員の死亡の場合などにも生じます(124条1項2号～6号)。これらの場合に中断事由が生じたときには,中断は裁判所や相手方がそれを知ったと否とにかかわりなく,当然に生じます。また,誰が中断した訴訟手続を受継することができるかは,各中断事由ごとに定められています。なお,これらの場合には,訴訟代理人がついていれば,その代理権はそこにあげられた事由

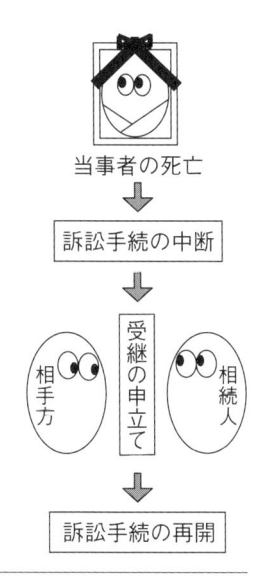

当事者の死亡
⇩
訴訟手続の中断
⇩
相手方 ← 受継の申立て → 相続人
⇩
訴訟手続の再開

が生じても消滅しませんから(58条),中断は生ぜず,訴訟代理人は受継権者の代理人としてそのまま訴訟を追行することになります(124条2項)。

なお,当事者に不定期間の故障ができて,訴訟を続けることができないような場合(たとえば,天災によって裁判所と当事者の住所地との交通が遮断しているような場合)にも,裁判所は訴訟手続の停止を命ずることができ(131条),また,天災などの事故により裁判所が職務を行うことができない場合にも訴訟手続は停止します(130条)。この2つの場合の訴訟手続の停止のことを特に訴訟手続の中止といい,訴訟手続の中断と訴訟手続の中止とをあわせて,訴訟手続の停止といいます。

第7節 証　　拠

(証明することを要しない事実)
第179条　裁判所において当事者が自白した事実及び顕著な事実は,証明することを要しない。

用語解説

自白　口頭弁論期日または弁論準備手続の期日における,相手方の主張と一致する自己に不利な事実の陳述。
顕著な事実　その真実であることが裁判所に明白である事実。
証明　ある事実の存否について,裁判官が合理的な疑いをはさまない程度に確信のある心証を得た状態,あるいはその状態に到達させるための証拠提出活動。なお,これに対し,ある事実の存否について,裁判官が一応確からしいとの心証を得た状態,あるいはその状態に到達させるための証拠提出活動を疎明といい,即時に取り調べることのできる証拠をもってしなければならない(188条)。

1　証明の必要性

先に述べた弁論主義の内容としては,争いのない事実はそのまま判決の基礎とされ,争いがあって証拠によってその事実の有無を認定する必要のある場合には,当事者の申し出た証拠だけを取り調べるということもありました。すなわち,裁判所が恣意的にいいかげんな事実認定をしないようにして,公正を確保するために,この認定は証拠によらなければならないという証拠裁判主義がとられているとともに,他方では,一定の事実については証明はいらないとされているわけです。この証明が不要

な事実とは、自白された事実(たとえば、47頁の訴状の雛形の事件において被告が金145万円を受け取ったことを認めたとしますと、この点については証明はいらないことになります)と前に述べた擬制自白が成立した事実です(本条前段)。そこで、当事者間で争いになった事実については証明が必要になるわけですが、ただ、そのうちの顕著な事実については、その真実であることの客観性が保証されていますから証明は不要です(本条後段)。ここで顕著な事実とは、天災や有名な事件など一般人に知れわたっている公知の事実と、自ら下した判決やその裁判所で公告された破産手続の開始決定や後見開始の審判など裁判官が職務遂行上知りえた裁判所に顕著な事実とを指します。

2 証明責任・主張責任の分配

このような証明を要する事実については、当事者から証拠が提出されて立証活動がなされることになりますが、必ずしも、その結果、その事実の存否がいずれかに決しうる状態になるとは限りません。すると、判決を可能とするためには、その事実を存否いずれかにみなしていずれかの当事者に不利な判決をせざるをえませんが、この当事者の負う不利益のことを証明責任(あるいは挙証責任、立証責任)とよびます。

この証明責任をいずれの当事者が負うかの定めを証明責任の分配といいますが、これは、次のように定められるというのが通説的な考え方です。すなわち、権利の発生を定める権利根拠規定の主要事実についてはその権利を主張する者が、権利の消滅を規定する権利滅却規定の主要事実についてはその権利の消滅を主張する者が、そして、権利根拠規定に基づく権利の発生を障害する権利障害規定の主要事実についてはその権利の発生を争う者が、それぞれ証明責任を負うとされます。たとえば、47頁の訴状の雛形の事件では、金銭の貸借契約の合意があったという事実と、金145万円を手渡したという事実があって初めて貸金返還請求権が発生しますから、この権利を主張する原告にこれらの2つの事実の証明責任があるとされます。また、被告が弁済によって貸金返還請求権が消滅したと主張しているとすると、弁済はいったん発生した貸金返還請求権を消滅させる事実ですから、この事実については被告に証明責任があります。他方、被告が金銭の貸借契約はその締結の際に錯誤があって無効であると主張しているとすると(民法95条)、錯誤は金銭の貸借契約の合意と金145万円の手渡しによって生ずるはずの貸金返還請求権の発生を妨げる事実ですから、これについては被告が証明責任を負うとされます。そし

て,「ただし,何々の場合はこの限りではない」というように,本文とただし書の形をとっている条文(民法95条・100条・424条1項など)では,ただし書で除外された事実は本文不適用の要件ですから,権利障害事由であり,本文により発生する権利を争う者に証明責任があるとされます。これに反し「ただし,何々の場合に限る」という場合(破産法162条1項1号など)では,ただし書は本文の要件を追加したものにすぎませんから,本文により発生する権利を主張する者に,ただし書に規定された事実についても証明責任があるとされます。そうすると,証明責任の分配は,各実体法規の法律要件に従って形式的に定まってくることになりますから,このような考え方を法律要件分類説とよびます。そして,この例を先に述べた主張責任の例(95頁参照)と比べてみればわかるように,証明責任の分配は主張責任の分配と一致するのが原則です(ただし,証明責任はある事実の存否についていずれとも確定しえない場合の問題ですから,弁論主義の下においても職権探知主義の下においても問題となりますが,主張責任は当事者が事実を主張すべきであるとする弁論主義の下においてだけ問題となるという相違があります)。また,当事者としては,証明責任を負う事実については,裁判官に確信を抱かせる立証活動をする必要がありますが(これを本証といいます),そうでない事実については,相手方の立証を切り崩して当該事実の存否がいずれとも決められないという状態に持ち込めばたりることになります(これを反証といいます)。もっとも,弁論主義の下では,当事者の申し出た証拠だけを取り調べるとされるだけですから,一方の当事者から提出された証拠を相手方に有利な事実を認めるための資料としてもかまわず,このような扱いを証拠共通の原則といいます。

　以上の証明責任の分配についての原則は特別の定めによって修正されることもあります。たとえば,民法709条によると,不法行為による損害賠償を請求する者は,加害者に過失があったことを証明しなければなりませんが,動物が他人に危害を加えたときには,逆に加害者であるその動物の飼い主の方で自己に過失がなかったことを証明しなければ,損害賠償責任を免れないものとされています(民法718条1項)。このように,特別規定が法律の一般規定とは異なった証明責任の分配をしているときに,これを証明責任の転換といいます。

　証明責任が転換されると,本来それを負担した者の証明の負担が軽減されることになりますが,この負担軽減のための立証技術としては法律

上の推定というものもあります。すなわち,「A事実あるときはB事実あるものと推定する」と定められているときには(たとえば,破産法15条2項),B事実を主要事実とする法律効果や権利の発生を主張する者は,直接B事実を証明してもよいわけですが,証明の困難なB事実の代わりにA事実を証明すれば,その法律効果や権利の発生を認めてもらえることになります。もっとも,この場合には,相手方としては,A事実があるけれどもB事実はないということを証明して,上記の法律効果や権利が裁判所によって認められてしまうことを妨げることはできます。また,証明責任を負う当事者が,主要事実を直接証明できないときに,その存在を推認させる間接事実を証明して,経験則(日常的,学術的経験から帰納的に得られた事物の性状,因果関係などについての知識や法則。たとえば,夏は冬より温度が高いとか,男は女より力が強いなどというのがこれです)の助けを借りて,主要事実を認定させるということがありますが,これを事実上の推定といいます。

(自由心証主義)
第247条　裁判所は,判決をするに当たり,口頭弁論の全趣旨及び証拠調べの結果をしん酌して,自由な心証により,事実についての主張を真実と認めるべきか否かを判断する。
(損害額の認定)
第248条　損害が生じたことが認められる場合において,損害の性質上その額を立証することが極めて困難であるときは,裁判所は,口頭弁論の全趣旨及び証拠調べの結果に基づき,相当な損害額を認定することができる。

用語解説

口頭弁論の全趣旨　証拠資料(113頁参照)以外の口頭弁論の過程にあらわれた一切の資料や状況。

1　自由心証主義

先に述べたように,裁判官は当事者の主張する事実の存否を判断しなければならないわけですが,その際,証拠がどの程度その事実の証明に役立つかなどの判断について法律上特に制限を受けることなく,自己の心証(心に受ける感じとり)に基づいて,自由に判断することができるものとされており,これを自由心証主義といいます。昔は,裁判官の恣意的な

判断を防止するという観点から、たとえば、3人の証人が同じことをいえば、そしてその場合のみ、それを真実とみなすといった法定証拠主義という建前がとられていたこともありますが、これでは、現代のように社会が複雑化してくるとかえって真実の発見が妨げられることになりかねませんから、法定証拠主義は捨てられたわけです。その際、事実を認定するための基礎となるのは証拠だけではなく、弁論の全趣旨も斟酌することが許されるものとされています(247条)。ここに弁論の全趣旨とは、証人の証言をする際の態度とか、同じ証拠を提出したとしても、それを後になって急に提出したとかいった事情をいいます。

ところで、裁判官が自由心証に基づいて事実を認定していく際に重要な役割を果たすのが、先に述べた経験則とそれに基づく事実上の推定です。すなわち、自由心証とはいっても裁判官の恣意を許すものではありませんから、裁判官は事実認定に際しては経験則に従って合理的な判断をしなければならないのは247条の内在的制約であると考えられ、それゆえ、この経験則の適用が不合理である場合には、同条違反があることになります。

2 損害額の認定

損害賠償請求訴訟においては、原告は加害行為と損害の発生およびそれらの間の因果関係等を証明しても、損害額の証明ができなければ請求は棄却されます。しかし、たとえば、将来の逸失利益や独禁法違反の価格協定が行われたために被った損害額の証明は極めて困難です(前者では、将来得られるはずであった利益が、後者では、価格協定がなかったならばあるはずの想定購入価格〔これと現実の購入価格の差額が損害となります〕が問題になりますが、将来得ることができたはずの利益や、仮想的事実を前提とした価格の証明は困難といわざるをえません)。そこで、これらの点についての証明を厳格に要求すれば、損害の発生自体は認められても損害額の証明がないとの理由で請求が棄却されることが多くなるでしょうが、これでは公平に反します。このような事態に対処するために、従来の判例は、前者に関しては、諸般の事情を考慮した裁判所の裁量による損害額の算定を認めることによって損害額の証明の負担を軽減してきました。しかし、このような取扱いは将来の逸失利益(と慰謝料)以外のことがらに関しては認められていませんでしたが、学説上は、その他のことがらにも認められるべきであると主張されてきました。そこで、現行法は、一般的に、損害の発生が認められるが、損害の性質上その額を算定

することが極めて困難である場合に,裁判所が口頭弁論の全趣旨と証拠調べの結果に基づいて相当な損害を認定することを認めることにしました(248条)。

なお,この規定の趣旨については,247条の例外として,事実認定に必要な証明の程度を引き下げたものとの理解もありえますが(先に述べたように,一般的には,証明ありといえるためには,合理的な疑いをさしはさまない程度の確信が必要とされています),むしろ247条とは別個の問題として(つまり,損害額の算定は客観的な事実の存否の問題ではなくして,損害の金銭的な評価の問題であるとして),損害額の算定を裁判所の裁量に委ねたものであり,結果として,損害額の証明についての証明の程度が軽減されているとの理解が有力です。

(証拠の申出)
第180条 ① 証拠の申出は,証明すべき事実を特定してしなければならない。
② 証拠の申出は,期日前においてもすることができる。
(証拠調べを要しない場合)
第181条 ① 裁判所は,当事者が申し出た証拠で必要でないと認めるものは,取り調べることを要しない。
② 省略

用語解説

証拠の申出　証拠の取調べを裁判所に求めること。

◆証拠とその申し出

これまで証拠という言葉をしばしば用いてきましたが,この言葉は厳密にいうと,3つの異なった意味において用いられています。すなわち,第1は証拠方法のことで,これは証拠調べの対象となる有形物のことをいいます。そして,これには証人,当事者,鑑定人という人的証拠(人証)と,文書,検証物という物的証拠(物証)があります。第2は証拠資料のことで,これは裁判官がこのような証拠方法を取り調べた結果のことをいいます。たとえば,証人の証言,文書から得た記載内容などのことです。そして,第3は証拠原因のことで,これは証拠資料のうち裁判官に確信を抱かせる原因となったものを指します。

他方,直接証拠と間接証拠という区別もあります。すなわち,主要事実

にあたる事実を直接証明する証拠を直接証拠(たとえば,47頁の訴状の雛形の事件で,原告が被告に金145万円を手渡すところを見ていた証人)といい,間接事実や補助事実を証明するための証拠を間接証拠(たとえば,原告が被告に金を手渡したと主張している日に,被告が銀行に預金したことを示している預金通帳)といいます。

そして,当事者は,このような証拠方法の取調べを裁判所に求める際には,証拠方法とそれによってどのような事実を証明するかを明らかにしなければならないものとされています(180条1項)。また,たとえば,証人を取り調べる場合には,あらかじめその者を裁判所に呼び出しておいてもらう必要がありますから,口頭弁論期日前でも証拠の申出をすることができるものとされています(同条2項)。この申し出を受けた裁判所は,それが適法か否か,その証拠方法の取調べが必要か否かを判断して(181条1項参照),その取調べをなさないと決めたときは証拠却下決定をし,それを行うと決めたときは証拠調べを開始します。こうして,証拠方法から証拠資料を得るために行われるのが証拠調べですが,これには,先に述べた証拠方法に応じて,証人尋問,当事者尋問,鑑定,書証,検証の5種類があります。

(集中証拠調べ)
第182条 証人及び当事者本人の尋問は,できる限り,争点及び証拠の整理が終了した後に集中して行わなければならない。
第183条～第186条 省略

用語解説
集中証拠調べ すべての証人や当事者本人の尋問を,1回の期日か,せいぜい1週間程度の間隔をおいた数回の期日で済ませる証拠調べのやり方。

◆集中証拠調べ
従来の実務では,証拠収集手段や争点整理手続が不十分であるため,証人や当事者本人の尋問と争点や証拠の整理が平行的に,かつ五月雨式に行われることがままあり,このことが訴訟遅延や充実した審理の妨げとなっていると指摘されてきたところです。これに対し,現行法は,証拠収集のための手段を拡充し争点整理手続を整備しましたから,これらの手続を活用して,十分な争点等の整理を行い,証拠調べの対象である証明す

べき事実を明確にしたうえで,証人および当事者本人の尋問を集中的に行うべきものとしました(本条)。

> (参考人等の審尋)
> 第187条 ① 裁判所は,決定で完結すべき事件について,参考人又は当事者本人を審尋することができる。ただし,参考人については,当事者が申し出た者に限る。
> ② 前項の規定による審尋は,相手方がある事件については,当事者双方が立ち会うことができる審尋の期日においてしなければならない。
> 第188条・第189条 省略

◆参考人等の審尋

従来は,決定で完結すべき事件における審尋では,当事者の主張を聴取することはできるが(87条2項参照),当事者本人や参考人を対象として証拠調べをすることはできず,そのためには,口頭弁論を開いて(同条1項ただし書参照),証人尋問や当事者尋問をしなければならないとされていました。しかし,迅速な審理のためには,口頭弁論を開かなくとも,これらの者の供述を証拠として採用しうる手段のあることが相当ですから,現行法は,当事者本人または参考人を対象として証拠調べをするためにも,審尋手続を利用しうるものとしました。ただし,当事者尋問は職権でもできますが(207条),証人尋問には当事者の申し出が必要ですから,参考人を審尋するには当事者の申し出を要するものとされています(187条1項)。また,相手方のある事件については,その手続関与の機会を保障しなければなりませんから,当該審尋は,当事者双方が立ち会うことのできる期日においてしなければならないものとされています(同条2項)。

> (証人義務)
> 第190条 裁判所は,特別の定めがある場合を除き,何人でも証人として尋問することができる。
> (公務員の尋問)
> 第191条 ① 公務員又は公務員であった者を証人として職務上の秘密について尋問する場合には,裁判所は,当該監督官庁(衆議院若しくは参議院の議員又はその職にあった者についてはその院,内閣総理大臣その他の国務大臣又はその職にあった者については内閣)の承認を得なければならない。
> ② 前項の承認は,公共の利益を害し,又は公務の遂行に著しい支障を生

ずるおそれがある場合を除き,拒むことができない。
(不出頭に対する過料等)
第192条　①　証人が正当な理由なく出頭しないときは,裁判所は,決定で,これによって生じた訴訟費用の負担を命じ,かつ,10万円以下の過料に処する。
②　前項の決定に対しては,即時抗告をすることができる。
(不出頭に対する罰金等)
第193条　①　証人が正当な理由なく出頭しないときは,10万円以下の罰金又は拘留に処する。
②　省略
第194条・第195条　省略
(証言拒絶権)
第196条　証言が証人又は証人と次に掲げる関係を有する者が刑事訴追を受け,又は有罪判決を受けるおそれがある事項に関するときは,証人は,証言を拒むことができる。証言がこれらの者の名誉を害すべき事項に関するときも,同様とする。
　1　配偶者,四親等内の血族若しくは三親等内の姻族の関係にあり,又はあったこと。
　2　後見人と被後見人の関係にあること。
第197条　①　次に掲げる場合には,証人は,証言を拒むことができる。
　1　第191条第1項の場合
　2　医師,歯科医師,薬剤師,医薬品販売業者,助産師,弁護士(外国法事務弁護士を含む。),弁理士,弁護人,公証人,宗教,祈祷若しくは祭祀の職にある者又はこれらの職にあった者が職務上知り得た事実で黙秘すべきものについて尋問を受ける場合
　3　技術又は職業の秘密に関する事項について尋問を受ける場合
②　前項の規定は,証人が黙秘の義務を免除された場合には,適用しない。
第198条・第199条　省略
(証言拒絶に対する制裁)
第200条　第192条及び第193条の規定は,証言拒絶を理由がないとする裁判が確定した後に証人が正当な理由なく証言を拒む場合について準用する。
(宣誓)
第201条　①　証人には,特別の定めがある場合を除き,宣誓をさせなければならない。
②　16歳未満の者又は宣誓の趣旨を理解することができない者を証人として尋問する場合には,宣誓をさせることができない。
③　第196条の規定に該当する証人で証言拒絶の権利を行使しないものを

◆法学民事訴訟法◆　　　　　　　　　　第7節　証　拠

尋問する場合には,宣誓をさせないことができる。
④　証人は,自己又は自己と第196条各号に掲げる関係を有する者に著しい利害関係のある事項について尋問を受けるときは,宣誓を拒むことができる。
⑤　第198条及び第199条の規定は証人が宣誓を拒む場合について,第192条及び第193条の規定は宣誓拒絶を理由がないとする裁判が確定した後に証人が正当な理由なく宣誓を拒む場合について準用する。
(尋問の順序)
第202条　①　証人の尋問は,その尋問の申出をした当事者,他の当事者,裁判長の順序でする。
②　裁判長は,適当と認めるときは,当事者の意見を聴いて,前項の順序を変更することができる。
③　省略
第203条　省略
(付添い)
第203条の2　①　裁判長は,証人の年齢又は心身の状態その他の事情を考慮し,証人が尋問を受ける場合に著しく不安又は緊張を覚えるおそれがあると認めるときは,その不安又は緊張を緩和するのに適当であり,かつ,裁判長若しくは当事者の尋問若しくは証人の陳述を妨げ,又はその陳述の内容に不当な影響を与えるおそれがないと認める者を,その証人の陳述中,証人に付き添わせることができる。
②　前項の規定により証人に付き添うこととされた者は,その証人の陳述中,裁判長若しくは当事者の尋問若しくは証人の陳述を妨げ,又はその陳述の内容に不当な影響を与えるような言動をしてはならない。
③　省略
(遮へいの措置)
第203条の3　①　裁判長は,事案の性質,証人の年齢又は心身の状態,証人と当事者本人又はその法定代理人との関係(証人がこれらの者が行った犯罪により害を被った者であることを含む。次条第2号において同じ。)その他の事情により,証人が当事者本人又はその法定代理人の面前(同条に規定する方法による場合を含む。)において陳述するときは圧迫を受け精神の平穏を著しく害されるおそれがあると認める場合であって,相当と認めるときは,その当事者本人又は法定代理人とその証人との間で,一方から又は相互に相手の状態を認識することができないようにするための措置をとることができる。
②　裁判長は,事案の性質,証人が犯罪により害を被った者であること,証人の年齢,心身の状態又は名誉に対する影響その他の事情を考慮し,相当と認めるときは,傍聴人とその証人との間で,相互に相手の状態を

認識することができないようにするための措置をとることができる。
③ 省略
(映像等の送受信による通話の方法による尋問)
第204条　裁判所は,次に掲げる場合には,最高裁判所規則で定めるところにより,映像と音声の送受信により相手の状態を相互に認識しながら通話をすることができる方法によって,証人の尋問をすることができる。
　1　証人が遠隔の地に居住するとき。
　2　事案の性質,証人の年齢又は心身の状態,証人と当事者本人又はその法定代理人との関係その他の事情により,証人が裁判長及び当事者が証人を尋問するために在席する場所において陳述するときは圧迫を受け精神の平穏を著しく害されるおそれがあると認める場合であって,相当と認めるとき。
(尋問に代わる書面の提出)
第205条　裁判所は,相当と認める場合において,当事者に異議がないときは,証人の尋問に代え,書面の提出をさせることができる。
第206条　省略

用語解説

証人　裁判所に対し,自己の経験から知ることのできた事実を述べることを命ぜられた第三者。
過料　金銭罰の一種であるが,刑罰としての罰金・科料と区別され,行政上の秩序違反行為に対する制裁として科されるもの。
即時抗告　192頁参照。
罰金　財産刑の一種。
拘留　懲役・禁錮とともに刑法の規定する自由刑の一種で,1日以上30日未満の期間,拘留場に拘置するもの。
刑事訴追　検察官が公訴を提起し,維持すること。
外国法事務弁護士　外国の弁護士資格を有する者で,その資格を付与した国の法律に関する事務をわが国において行うべく法務大臣の承認を受け,外国法事務弁護士名簿に登録された者。
弁理士　特許等に関し特許庁に対してする事項や,それに関する異議申立てまたは裁定に関し経済産業大臣に対してする事項の代理および鑑定その他の業務を業として行う者。
公証人　当事者等の嘱託により私権に関する事実について公正証書を作成し,また定款などに認証を与える権限を有する者。
裁判が確定した　162頁(→判決の確定)参照。
宣誓　訴訟手続において,証言の真実性を担保する目的で,刑罰の制裁の下に,真実を述べることを誓わせる制度。

◆証人尋問

　当事者および法定代理人以外の者で,わが国の裁判権に服する者はすべて証人となる義務を負います(190条)。証人は,期日に出頭し,宣誓(201条1項),供述する義務を負います。正当な理由なしにこれらの義務に違反すれば制裁を科せられます(192条・193条・200条・201条5項)。宣誓は,下記の雛形のような宣誓書を朗読させ,これに署名捺印させて行います。ただし,一定の者には,宣誓義務がなく(201条2項),あるいは宣誓免除,宣誓拒絶,証言拒絶が認められ(201条3項・4項・196条・197条),また,公務員等を証人尋問する際には,監督官庁の承認が必要とされます(191条)。尋問は,原則として証人尋問の申し出をした当事者による主尋問,相手方による反対尋問,再主尋問,再反対尋問という形で行われ,最後に必要であれば,裁判長が補足的に補充尋問を行います(202条1項・2項)。これを交互尋問方式といいます。証人が複数のときは隔離尋問が原則ですが,必要があれば他の証人の在廷を許し,あるいは証人相互の対質(証人相互,当事者相互または証人と当事者間の証言,供述に矛盾抵触がある場合に,互いに弁明させること)を命ずることができます(民事訴訟規則118条・120条)。

　なお,「犯罪被害者等の権利利益の保護を図るための刑事訴訟法の一部を改正する法律」によって,平成19年に,証人が証言の際に覚えるおそれのある著しい不安や緊張を緩和するための措置として,付添い(203条の2)と遮へいの措置(203条の3)の制度が設けられました。前者では,年少者,高齢者,心身の状態が不安定な者等の証人について,その家族,医師,看護師等が付添人となることが考えられますし,後者では,証人と当事者との間,証人と傍聴人の間を適宜の方法によって遮へいすることになります。

　証人尋問は受訴裁判所の法廷で行われるのが原則ですが,証人が遠隔の地に居住する場合には,健康上の理由等で遠方まで出かけることが困難なことがありますし,しかも,その者の重要性や出頭に要する費用等を考えれば受訴裁判所に出頭させるまでもないと考えられる場合もあります。他方

証人宣誓書
(司法研修所監修・4訂民事訴訟第一審手続の解説より転載)

```
            宣　　誓

   良心に従って真実を述べ,

   何事も隠さず,

   偽りを述べないことを

   誓います。

      氏　名　　金村安子　㊞
```

では、最近の通信技術の発展には著しいものがあります。そこで、現行法は、遠隔の地に居住する証人を尋問するのに、いわゆるテレビ会議システムを利用することを認めることにしています(204条1号)。さらに、平成19年の改正法は、証人や裁判長や当事者が在席する場所で証言する際に覚えるおそれのある圧迫やそれによる精神の平穏に対する侵害を回避するためにも、テレビ会議システムの利用を認めることとしました(204条2号)。また、新しく、地方裁判所の手続においても書面尋問が認められることになりましたが(205条)(簡易裁判所の手続では従来から認められていました〔278条参照〕)、これは、証人が遠隔の地に居住しているうえに、尋問事項が簡単であるような場合に利用されることになりましょう。

　(当事者本人の尋問)
　第207条　①　裁判所は、申立てにより又は職権で、当事者本人を尋問することができる。この場合においては、その当事者に宣誓をさせることができる。
　②　証人及び当事者本人の尋問を行うときは、まず証人の尋問をする。ただし、適当と認めるときは、当事者の意見を聴いて、まず当事者本人の尋問をすることができる。
　第208条・第209条　省略
　(証人尋問の規定の準用)
　第210条　第195条、第201条第2項、第202条から第204条まで及び第206条の規定は、当事者本人の尋問について準用する。
　(法定代理人の尋問)
　第211条　この法律中当事者本人の尋問に関する規定は、訴訟において当事者を代表する法定代理人について準用する。ただし、当事者本人を尋問することを妨げない。

◆当事者尋問

　当事者本人に、自己の過去の経験から知ることのできた事実を述べさせる証拠調べを当事者尋問または本人尋問といいます。当事者は、訴訟の結果によって最も影響を受ける立場にありますから、その証言の信用性は高いとはいえませんし、そのような立場にある当事者に、利害のからむことがらについての陳述を強いるのは酷であるとも思われます。そこで、従来は、当事者尋問は、他の証拠調べによっても裁判官が心証を得られない場合に限って、補充的に行われるべきものとする当事者尋問の補充性という原則がとられていました。しかし、当事者は争いの実情につ

いていちばんよく知っている者ですから,その実情を把握するためには,これに聴くのが最も手っ取り早く,また,経験上,当事者本人の供述が証人の証言よりも信用性に乏しいとは必ずしもいえないと指摘されていました。そこで現行法は,前記の原則を廃止し,その代わりに,証人および当事者本人の尋問をするときは,まず証人の尋問をするが,適当と認めるときは,当事者の意見を聴いて,当事者本人の尋問を先にすることができることにしました(207条)。

(鑑定義務)
第212条 ① 鑑定に必要な学識経験を有する者は,鑑定をする義務を負う。
② 省略
第213条・第214条 省略
(鑑定人の陳述の方式等)
第215条 ① 裁判長は,鑑定人に,書面又は口頭で,意見を述べさせることができる。
② 裁判所は,鑑定人に意見を述べさせた場合において,当該意見の内容を明瞭にし,又はその根拠を確認するため必要があると認めるときは,申立てにより又は職権で,鑑定人に更に意見を述べさせることができる。
(鑑定人質問)
第215条の2 ① 裁判所は,鑑定人に口頭で意見を述べさせる場合には,鑑定人が意見の陳述をした後に,鑑定人に対し質問をすることができる。
② 前項の質問は,裁判長,その鑑定の申出をした当事者,他の当事者の順序でする。
③ 裁判長は,適当と認めるときは,当事者の意見を聴いて,前項の順序を変更することができる。
④ 当事者が前項の規定による変更について異議を述べたときは,裁判所は,決定で,その異議について裁判をする。
(映像等の送受信による通話の方法による陳述)
第215条の3 裁判所は,鑑定人に口頭で意見を述べさせる場合において,鑑定人が遠隔の地に居住しているときその他相当と認めるときは,最高裁判所規則で定めるところにより,隔地者が映像と音声の送受信により相手の状態を相互に認識しながら通話をすることができる方法によって,意見を述べさせることができる。
第215条の4 省略
(証人尋問の規定の準用)
第216条 第191条の規定は公務員又は公務員であった者に鑑定人として職務上の秘密について意見を述べさせる場合について,第197条から第

199条までの規定は鑑定人が鑑定を拒む場合について,第201条第1項の規定は鑑定人に宣誓をさせる場合について,第192条及び第193条の規定は鑑定人が正当な理由なく出頭しない場合,鑑定人が宣誓を拒む場合及び鑑定拒絶を理由がないとする裁判が確定した後に鑑定人が正当な理由なく鑑定を拒む場合について準用する。
(鑑定証人)
第217条　特別の学識経験により知り得た事実に関する尋問については,証人尋問に関する規定による。
第218条　省略

> **用語解説**
>
> 鑑定　裁判官の判断能力を補充するために,特別な学識経験者(鑑定人といいます)からその専門的知識またはそれを利用した判断を報告させる証拠調べ。

◆鑑　　定

　たとえば,訴訟において医学上のことがらが問題となったときには,裁判官は医学の専門家ではありませんから,そのようなことについての判断能力を有しません。そこで,その判断能力を補充するために,鑑定という証拠調べが認められています。

　この手続については,従来,証人尋問についての規定が包括的に準用されていましたが(旧216条),具体的な準用のされ方が不明確であるほか,口頭で鑑定人が意見を述べる場合には,原則として,交互尋問方式により一問一答の方式で行われるため,鑑定人は質問に対して応答をするという形で意見を述べなければならず,専門家である鑑定人が鑑定事項について十分に意見を述べることができないとの指摘がなされていました。そこで,平成15年の改正法は,専門家が学識経験に基づいて意見を陳述するという鑑定手続の性質に適合するように,鑑定人は,当事者等からの質問に先立ち,まず鑑定事項について意見を述べることとするとともに(215条の2),証人尋問に関する規定の準用の明確化をはかっています(216条)。改正法は,鑑定人に口頭で意見陳述をさせる場合,テレビ会議システムの利用を相当と認められる場合にも可能とし,証人尋問の場合よりも拡張しています(215条の3)。

　なお,交通事故で負傷した被害者を治療した医師が,負傷の程度や状況を報告する場合のように,特別の専門的知識に基づいて認識しえたものであっても,過去に経験した事実について供述することを目的としてい

る限りでは,その供述者は鑑定人ではなくして証人ですが,このような証人を特に鑑定証人とよびます(217条)。

　(書証の申出)
第219条　書証の申出は,文書を提出し,又は文書の所持者にその提出を命ずることを申し立ててしなければならない。
　(文書提出義務)
第220条　次に掲げる場合には,文書の所持者は,その提出を拒むことができない。
　1　当事者が訴訟において引用した文書を自ら所持するとき。
　2　挙証者が文書の所持者に対しその引渡し又は閲覧を求めることができるとき。
　3　文書が挙証者の利益のために作成され,又は挙証者と文書の所持者との間の法律関係について作成されたとき。
　4　前3号に掲げる場合のほか,文書が次に掲げるもののいずれにも該当しないとき。
　　イ　文書の所持者又は文書の所持者と第196条各号に掲げる関係を有する者についての同条に規定する事項が記載されている文書
　　ロ　公務員の職務上の秘密に関する文書でその提出により公共の利益を害し,又は公務の遂行に著しい支障を生ずるおそれのあるもの
　　ハ　第197条第1項第2号に規定する事実又は同項第3号に規定する事項で,黙秘の義務が免除されていないものが記載されている文書
　　ニ　専ら文書の所持者の利用に供するための文書(国又は地方公共団体が所持する文書にあっては,公務員が組織的に用いるものを除く。)
　　ホ　刑事事件に係る訴訟に関する書類若しくは少年の保護事件の記録又はこれらの事件において押収されている文書
第221条　省略
　(文書の特定のための手続)
第222条　①　文書提出命令の申立てをする場合において,前条第1項第1号又は第2号に掲げる事項を明らかにすることが著しく困難であるときは,その申立ての時においては,これらの事項に代えて,文書の所持者がその申立てに係る文書を識別することができる事項を明らかにすれば足りる。この場合においては,裁判所に対し,文書の所持者に当該文書についての同項第1号又は第2号に掲げる事項を明らかにすることを求めるよう申し出なければならない。
②　前項の規定による申出があったときは,裁判所は,文書提出命令の申立てに理由がないことが明らかな場合を除き,文書の所持者に対し,同

項後段の事項を明らかにすることを求めることができる。
（文書提出命令等）
第223条　① 　裁判所は，文書提出命令の申立てを理由があると認めるときは，決定で，文書の所持者に対し，その提出を命ずる。この場合において，文書に取り調べる必要がないと認める部分又は提出の義務があると認めることができない部分があるときは，その部分を除いて，提出を命ずることができる。
② 　省略
③ 　裁判所は，公務員の職務上の秘密に関する文書について第220条第4号に掲げる場合であることを文書の提出義務の原因とする文書提出命令の申立てがあった場合には，その申立てに理由がないことが明らかなときを除き，当該文書が同号ロに掲げる文書に該当するかどうかについて，当該監督官庁（衆議院又は参議院の議員の職務上の秘密に関する文書についてはその院，内閣総理大臣その他の国務大臣の職務上の秘密に関する文書については内閣。以下この条において同じ。）の意見を聴かなければならない。この場合において，当該監督官庁は，当該文書が同号ロに掲げる文書に該当する旨の意見を述べるときは，その理由を示さなければならない。
④ 　前項の場合において，当該監督官庁が当該文書の提出により次に掲げるおそれがあることを理由として当該文書が第220条第4号ロに掲げる文書に該当する旨の意見を述べたときは，裁判所は，その意見について相当の理由があると認めるに足りない場合に限り，文書の所持者に対し，その提出を命ずることができる。
　1 　国の安全が害されるおそれ，他国若しくは国際機関との信頼関係が損なわれるおそれ又は他国若しくは国際機関との交渉上不利益を被るおそれ
　2 　犯罪の予防，鎮圧又は捜査，公訴の維持，刑の執行その他の公共の安全と秩序の維持に支障を及ぼすおそれ
⑤ 　第3項前段の場合において，当該監督官庁は，当該文書の所持者以外の第三者の技術又は職業の秘密に関する事項に係る記載がされている文書について意見を述べようとするときは，第220条第4号ロに掲げる文書に該当する旨の意見を述べようとするときを除き，あらかじめ，当該第三者の意見を聴くものとする。⑥ 　裁判所は，文書提出命令の申立てに係る文書が第220条第4号イからニまでに掲げる文書のいずれかに該当するかどうかの判断をするため必要があると認めるときは，文書の所持者にその提示をさせることができる。この場合においては，何人も，その提示された文書の開示を求めることができない。
⑦ 　省略

（当事者が文書提出命令に従わない場合等の効果）
第224条 ① 当事者が文書提出命令に従わないときは,裁判所は,当該文書の記載に関する相手方の主張を真実と認めることができる。
② 当事者が相手方の使用を妨げる目的で提出の義務がある文書を滅失させ,その他これを使用することができないようにしたときも,前項と同様とする。
③ 前2項に規定する場合において,相手方が,当該文書の記載に関して具体的な主張をすること及び当該文書により証明すべき事実を他の証拠により証明することが著しく困難であるときは,裁判所は,その事実に関する相手方の主張を真実と認めることができる。
（第三者が文書提出命令に従わない場合の過料）
第225条 ① 第三者が文書提出命令に従わないときは,裁判所は,決定で,20万円以下の過料に処する。
② 省略
（文書送付の嘱託）
第226条 書証の申出は,第219条の規定にかかわらず,文書の所持者にその文書の送付を嘱託することを申し立ててすることができる。ただし,当事者が法令により文書の正本又は謄本の交付を求めることができる場合は,この限りでない。
第227条 省略
（文書の成立）
第228条 ① 文書は,その成立が真正であることを証明しなければならない。
② 文書は,その方式及び趣旨により公務員が職務上作成したものと認めるべきときは,真正に成立した公文書と推定する。
③ 省略
④ 私文書は,本人又はその代理人の署名又は押印があるときは,真正に成立したものと推定する。
⑤ 省略
第229条・第230条 省略
（文書に準ずる物件への準用）
第231条 この節の規定は,図面,写真,録音テープ,ビデオテープその他の情報を表すために作成された物件で文書でないものについて準用する。

用語解説

書証 裁判所が文字その他の符号によって作成者の思想が表現されている文書を閲読し,その意味内容を争いある事実の認定のための資料とする証拠調べ。
挙証者 証明をする者。
公訴 検察官が刑事事件について裁判所の裁判を求める申立て。

> **公文書** 公務員がその権限に基づいて職務上作成した文書。
> **私文書** 公文書以外の文書。

1 文書提出命令

　書証の申し出は、挙証者の所持する文書であればこれを提出し、相手方または第三者の所持する文書であればその提出を命ずる（この命令を文書提出命令といいます）ことを申し立てて行います(219条)。

　ところで、最近では、官庁や企業が一定の行為をする前提として、あるいは医師の診療行為などの際に、重要なことがらについて文書が作成されることが多いわけですが、それらの文書を一般市民や患者は閲覧しえず、またそれを所持してもいないという証拠の偏在という現象がみられるようになってきました。そこで、相手方や第三者が所持する文書を強制的に訴訟の場に提出させるための唯一の手段である文書提出命令に対する期待が大きくなってきていたところですが、文書提出命令は、所持者が提出義務を負う場合にのみ発令されます。ところが、従来は、提出義務の根拠としては220条1号から3号までに相当する規定のみが存在したため、それら（特に3号）を拡張的に解釈しようとの傾向が著しくなっていました（この立場では、その代わりに、証言拒絶権に関する規定を文書提出義務に関しても類推適用すべきものとされていました）。そして、このような事情を背景として、現行法の立法過程では、文書提出義務を拡張する案がいくつか検討されましたが、紆余曲折を経て、結局次のようなところに落ち着きました。すなわち、いわゆる行政文書（公務員または公務員であった者がその職務に関し保管し、または所持する文書）を除く一般の文書に関しては、従来の1号から3号までに該当する場合のほかに、一般的な提出義務がありますが、この一般的な提出義務を理由とするときは、証言拒絶権に相当する事由がある場合と、もっぱら所持者の利用に供する文書である場合（たとえば、日記帳がこれにあたります）には、提出義務が否定されます（なお、この一般的提出義務を理由とする文書提出命令の申立ては、書証の申し出を文書提出命令の申立てによってする必要がある場合でなければ、することができません〔221条2項〕）。これに対し、行政文書に関しては、従来どおり、1号から3号までに該当する場合にのみ提出義務が認められるとされました(平成13年改正前の220条)。ただし、この後者については、行政情報公開制度の検討と並行して総合的な検討を加え、現行法の公布（平成8年6月26日）後2年を目途として必要な措置

を講ずるものとされ(附則27条)、平成13年に改正法が成立しています。すなわち、改正法によると、行政文書に関しても一般的な提出義務が認められることになりましたが、このことに伴い、公務秘密文書と刑事事件関係書類等がこの提出義務の除外事由として追加されました(220条4号ロ・ホ。なお、ニ括弧書きもこの改正の際に追加されたものです)。

現行法は、提出義務の拡張のほかに、文書提出命令を使いやすくするための改正をいくつか加えています。まず、文書提出命令は、文書の表示と趣旨によって当該文書がいかなる文書であるかを示してなされなければなりませんが(221条1項1号・2号)、証拠が偏在しているような事態においては、挙証者は見たこともない文書の提出命令を求めるのですから、これは著しく困難です。そこで、現行法は、そのような場合には、申立ての時には、申立てに係る文書を識別できる事項を明らかにすればたりるとしました。そして、その場合、挙証者は、同時に裁判所に対し、文書の所持者に文書の表示や趣旨を明らかにすることを求めるよう申し出なければならず、裁判所は、文書提出命令の申立てに理由がないことが明らかな場合を除いて、所持者に対し、この申し出内容を明らかにすることを求めることができます(222条)。また、現行法は、文書の一部の提出命令を発令することを明文で認めて(223条1項後段)、220条4号イからハに該当する部分が含まれた文書などについても提出命令を発令しやすくしています。ところで、ある文書が220条4号イからニまでのいずれかに該当するか否かが問題となっている場合には、裁判所がその文書を実際に閲読して判断をするのが最も適切ですが、これを挙証者に見せてしまっては、秘密にすべき事項が開示されてしまうことになります。そこで、現行法は、このような場合には、この点の判断のために裁判所だけが当該文書を閲読することができるとしました(223条6項)。さらに、当事者が文書提出命令に従わない場合や文書を滅失させたりして使用を妨害した場合に、従来は文書に関する相手方の主張を真実と認めうるとされていましたが、この文書に関する相手方の主張とは、当該文書に記載されていると挙証者が主張している内容を意味するというのが通説的な解釈でした。しかし、証拠が偏在しているような事態においては、222条2項の求めに所持者が応じてくれた場合は別として、この主張は抽象的・概括的になされざるをえません。そして、そのような主張を真実と認めても証明すべき事実の認定に役立たず、文書提出命令の実効性に欠けることになるのは明らかです。そこで、現行法は、従来の通説的解釈を明文化する一方で(224条1

項・2項),当該文書によって証明しようとしている事実そのものを真実と認める余地を開きました(同条3項)。また,第三者が文書提出命令に従わない場合の制裁である過料の上限を10万円から20万円に引き上げました(225条)。

また,平成13年の改正法は,行政文書も一般的な提出義務の対象としつつ,それについて新たな除外事由を設けたこととの関連で,監督官庁からの意見聴取手続(223条3項)と高度の公務秘密文書に関する司法審査の特則(同条4項),第三者からの意見聴取手続(同条5項)を創設しました。

なお,先に述べたように,文書提出命令は提出義務を負う所持者に文書を強制的に訴訟の場に提出させるための手段ですが,所持者に任意の提出を求めるための制度である文書送付の嘱託という制度が認められていることは従来と同様です(226条)。また,文書とは,文字その他の記号によって思想を表現しているものをいいますから,録音テープやビデオテープは文字などの記号を用いていない点で文書とはいえません。しかし,これらも思想を表している点では文書と異なりませんから,従来からそうするとされていた図面や写真と並んで,その取調べは書証の手続に準じて行うものとされました(231条)。

2 **文書の証拠力**

文書については,その文書の記載内容がどれほど証明に役立つか(これを実質的証拠力といいます)を判断する前提として,その文書が,真実,挙証者の主張する特定人の意思によって作成されたものであるか,すなわち文書の真否(これを形式的証拠力といい,この点が肯定される文書を真正に成立した文書といいます)を問題としなければなりません(228条1項)。そして,その形式,内容からみて公文書と認められる文書については,その成立の真正が推定されます(同条2項)。これに対し,私文書については,挙証者の方で真正なことを証明しなければなりませんが,文書に作成者の署名捺印があり,その署名捺印が作成者のものであると証明できたときは,文書全体が真正なものと推定されます(同条4項)。

3 **宣誓認証**

現行法の制定と同時に公証人法が一部改正され,新たに,私署証書(私文書)の作成者本人が,公証人の面前で,その記載内容が真実であることを宣誓したうえで,証書に署名もしくは捺印をし,または既にしてある署名もしくは捺印が自らしたものであることを認めた場合に,公証人がその旨を記載して私署証書に認証(文書の成立・記載についての証明)を与

える制度が設けられました(公証人法58条ノ2)。その際,証書の記載が虚偽であることを知りながら宣誓をした者は10万円以下の過料に処せられます(同法60条ノ5)。この制度は,当事者その他の関係人の供述を記載した書面(陳述書)の記載の正確性を担保するとともに,簡易かつ正確な証拠の保全手段となること(証人尋問まで命が持ちそうにもない重病人の病床に公証人が立ち会って,その者の供述を保持しておく場合など)が期待されていますが,他方で,証書の作成に際して供述者は反対尋問を受けていませんので,その内容の信用性の判断にあたっては十分な慎重さが必要なことが指摘されています。

(検証の目的の提示等)
第232条 ① 第219条,第223条,第224条,第226条及び第227条の規定は,検証の目的の提示又は送付について準用する。
② 第三者が正当な理由なく前項において準用する第223条第1項の規定による提示の命令に従わないときは,裁判所は,決定で,20万円以下の過料に処する。
③ 省略
第233条~第242条 省略

用語解説

検証 裁判官が五感の作用を通じて,事物の性状や現象を直接に観察して,そこから得られた結果を証拠資料とする証拠調べ。

◆検 証

検証受忍義務は一般義務です(232条が「これこれの場合に提出を拒みえない」としている220条を準用していないのはこのような趣旨です)。検証の申し出および検証の目的物(検証物といいます)の提示を拒み,あるいは検証を妨害した場合の効果などについては,書証の場合に準じます(232条)。

第4章 複雑な訴訟形態

第1節 複数請求訴訟

(請求の併合)
第136条 数個の請求は,同種の訴訟手続による場合に限り,一の訴えですることができる。

用語解説

同種の訴訟手続による場合 数個の請求のすべてが,通常の民事訴訟手続,人事訴訟手続あるいは行政事件訴訟手続などのうちの一種の訴訟手続によって審判される場合。

◆訴えの客観的併合

訴えの基本的な形態は,1人の原告から1人の被告に対して1個の請求を持ち出すというものですが,同一当事者間に複数の請求が成り立つ場合もあります。たとえば,建物明渡しの請求とともにその明渡しまでの賃料相当額の損害賠償請求をするような場合です。このような場合には,2つの請求をまとめて訴えることができれば,二重に訴訟手続を進める不経済が避けられ,さらには矛盾した判断が生ずることを防ぐこともできて,当事者にとっても,裁判所にとっても好都合です。そこで,このような見地から,1つの訴訟手続を複数の請求の審判に利用することが認められており,これを訴えの客観的併合とか,請求の併合とよびます。これが認められる要件としては,数個の請求が同種の訴訟手続によって審判されるものであること(本条),特に法律上併合が禁止されていないこと(同種の訴訟手続による場合でも,特別な理由から,併合が禁止されている場合がありえます。たとえば,旧人事訴訟手続法7条2項は,離婚の訴えと子の認知の訴えといった訴えを併合することを禁止していました),各請求について受訴裁判所に管轄権があること(ただし,専属管轄の

ある場合を除けば,併合請求の裁判籍〔7条〕によって,1つの請求について管轄があればたります)が必要とされます。

併合には3つの態様があります。第1は,先の例のように,相互に関係のない請求を併合する場合で,これを単純併合といいます。第2は,売買代金の支払請求をし,これが認められない場合に備えて予備的に既に引き渡してある目的物の返還請求をする場合のように,論理的に矛盾する複数の請求に順位をつけて審判を求める予備的併合です。ところで,先に述べたように(45頁参照),旧訴訟物理論によると,所有権に基づく返還請求権と占有権に基づく返還請求権は別個の訴訟物を構成することになりますから,両者を1つの訴訟手続で主張すれば訴えの併合があることになります(もちろん,新訴訟物理論では,訴訟物は1個で訴えの併合はありません)。そして,この場合には,上記の請求のうちいずれか1個が認容されれば,他の請求について審判を求めないという趣旨で併合がなされているものと認められ,これが,第3の選択的併合とよばれる併合形態です。

(訴えの変更)
第143条 ① 原告は,請求の基礎に変更がない限り,口頭弁論の終結に至るまで,請求又は請求の原因を変更することができる。ただし,これにより著しく訴訟手続を遅滞させることとなるときは,この限りでない。
② 請求の変更は,書面でしなければならない。
③ 前項の書面は,相手方に送達しなければならない。
④ 省略

用語解説

請求の基礎 訴訟上の請求の地盤ともいえる実質的にみた紛争関係で,請求原因である事実がそこから拾い出されるもの。

◆訴えの変更

訴訟係属中に,原告が請求の趣旨や請求の原因を変更して請求の同一性や範囲を変更することを訴えの変更といいます(本条1項)。たとえば,建物の明渡請求にその建物の所有権の確認請求を付け加えるとか,前者の請求を後者の請求に代えることなどは訴えの変更になります。また,旧訴訟物理論によると,所有権に基づく返還請求に占有権に基づく返還

請求を付け加えたり、前者を後者に代えたりすることは訴えの変更になりますが、新訴訟物理論によると、これは請求を理由付ける法的観点の追加あるいは変更にすぎず、訴えの変更にはなりません。また、変更の態様には、この例からわかるように、従来の請求をそのままにして新請求を追加する追加的変更と、従来の請求に代えて新請求を持ち出す交換的変更とがあります。追加的変更の場合には、事後的に訴えの客観的併合を生じることになりますから、ここでも、単純、予備的、選択的の併合の態様がありうるわけです。

訴えの変更の要件としては、事実審の口頭弁論の終結前であること(控訴審でも訴えの変更は許されます)、請求の基礎に変更のないこと(請求の基礎については、用語解説欄に述べた以外のとらえ方もありますが、そのどれに従っても具体的な結論に差異は生じません)、著しく訴訟手続を遅延させないこと、訴えの併合の一般的要件を具備していることが必要とされます。また、交換的変更は、判例・通説によると追加的変更と訴えの取下げが複合したものと解されていますから、そのためには被告の同意(261条2項)が必要であるということになります。また、訴えの変更は新請求についての訴えの提起に相当するものですから、請求を変更する場合には、訴状に相当する書面を提出し、これを被告に送達しなければなりません(本条2項・3項)。

(中間確認の訴え)
第145条 ① 裁判が訴訟の進行中に争いとなっている法律関係の成立又は不成立に係るときは、当事者は、請求を拡張して、その法律関係の確認の判決を求めることができる。ただし、その確認の請求が他の裁判所の専属管轄(当事者が第11条の規定により合意で定めたものを除く。)に属するときは、この限りでない。
② ・ ③ 省略
④ 第143条第2項及び第3項の規定は、第1項の規定による請求の拡張について準用する。

用語解説
請求の拡張 請求を追加すること。

第4章　複雑な訴訟形態

◆中間確認の訴え

当事者は、訴訟の係属中に、本訴の請求の当否の判断の前提となる法律関係についての確認訴訟を提起することができます(本条)。たとえば、所有権に基づく引渡請求の訴えの係属中に、その所有権の確認を求めるような場合です。前提問題である法律関係の判断については、既判力という拘束力を生じませんから(114条1項。なお、166頁参照)、これについても既判力による確定を求めることができるようにしたものです。これを中間確認の訴えといいます。これは原告が提起する場合は訴えの(追加的)変更に、被告が提起する場合はすぐ後で説明する反訴にほかなりませんが、その特殊な場合として、別個に規定されたものです。したがって、中間確認の訴えの要件は、訴えの追加的変更や反訴に準ずることになりますが、請求の基礎の同一性や新旧請求間の関連性は当然に具備しているものと認められますし、訴訟遅延のおそれも問題とされません。また、控訴審における提起にも相手方の同意を要しません。ただし、追加される請求が、専属的合意によって定められた以外の他の裁判所の専属管轄に属する場合は、中間確認の訴えは認められません。

(反訴)
第146条　①　被告は、本訴の目的である請求又は防御の方法と関連する請求を目的とする場合に限り、口頭弁論の終結に至るまで、本訴の係属する裁判所に反訴を提起することができる。ただし、次に掲げる場合は、この限りでない。
　1　反訴の目的である請求が他の裁判所の専属管轄(当事者が第11条の規定により合意で定めたものを除く。)に属するとき。
　2　反訴の提起により著しく訴訟手続を遅滞させることとなるとき。
②・③　省略
④　反訴については、訴えに関する規定による。

用語解説

本訴　反訴に対し、既に係属しているもとの訴えをいう。
反訴　訴訟の係属中に、被告が原告に対して、その訴訟に併合して提起する訴え。

◆反　訴

原告に訴えの変更が認められることとの公平上、被告にも、反訴によって、係属中の訴訟を利用して原告に対して訴えを提起することが認めら

れています(本条1項)。これには、単純反訴と本訴が却下または棄却されることを申し立て、それがいれられない場合に備えて反訴を提起する予備的反訴とがあります。後者は、たとえば売買代金請求の本訴に対して請求棄却の申立てをし、もし請求が認容されるならば、売買目的物の引渡しを求めるというようなものです。

　反訴の要件としては、まず、訴えの変更における請求の基礎の同一性に対応するものとして、本訴請求またはこれに対する防御方法と関連することが必要です。本訴の請求と関連するとは、たとえば、両請求とも同一事故に基づく損害賠償請求である場合のように、反訴請求と本訴請求とが内容または発生原因において法律上の共通点があることを意味します。また、本訴請求に対する防御方法と関連するとは、たとえば、貸金返還請求に対して被告が原告に対して有する債権をもって相殺するとの抗弁を提出し、その債権の残額を請求するという場合のように、反訴請求が本訴請求に対する抗弁事由とその内容または発生原因において共通点があることを意味します。反訴の要件としては、そのほか、本訴が事実審の口頭弁論終結前であること(ただし、控訴審における反訴の提起には相手方の同意を要します〔300条1項〕)、反訴請求が専属的合意によって定めら

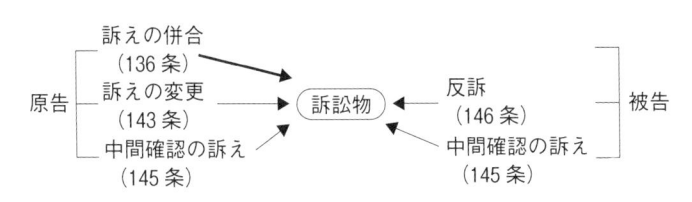

(小島武司・プレップ新民事訴訟法より転載)

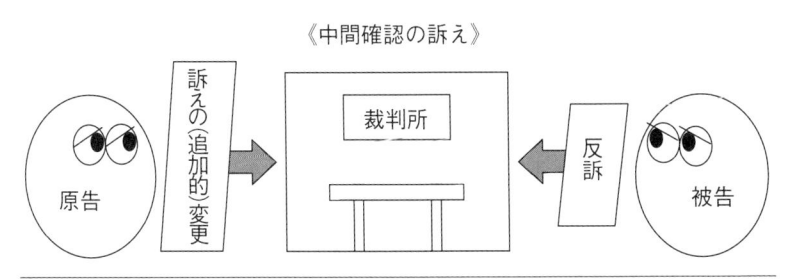

《中間確認の訴え》

た以外の他の裁判所の専属管轄に属しないこと，反訴の提起により著しく訴訟手続を遅滞させることにならないことが必要です。また，反訴の手続は本訴に準じます(本条4項)。

第2節　複数当事者訴訟

（共同訴訟の要件）
第38条　訴訟の目的である権利又は義務が数人について共通であるとき，又は同一の事実上及び法律上の原因に基づくときは，その数人は，共同訴訟人として訴え，又は訴えられることができる。訴訟の目的である権利又は義務が同種であって事実上及び法律上同種の原因に基づくときも，同様とする。

用語解説

共同訴訟人　原告側または被告側が複数の当事者からなっている訴訟の当事者のうち，その複数の側の者。

1　多数当事者訴訟

　紛争は2人の者の間で生ずるとは限らず，3人以上の者の間で生ずることもありますが，そのような場合には，3人以上の者が同時または時を異にして手続に関与する訴訟形態が認められています。これを多数当事者訴訟とよびますが，これには，2人以上が同じ側にたつ場合と3人以上が相互に対立する場合(独立当事者参加の場合)とがあります。また，前者には，2人が同格で訴訟をする場合(共同訴訟の場合)と主従の関係がある場合(補助参加の場合)があります。さらに，訴訟の当初から共同訴訟となる場合と途中から第三者が加入してくる場合(訴えの主観的追加的併合の場合)とがあります。さらに，この後者の場合には，第三者が進んで訴訟に加入してくる場合(訴訟参加の場合)と従来の当事者によって引き込まれる場合(追加的共同訴訟，訴訟引受け，引込みの場合)があります。時を異にして新たな当事者が訴訟に関与するのは当事者の変更です(訴訟承継と任意的当事者変更の場合)。

2　共同訴訟の種類

　複数の当事者と相手方との間の請求が相互に関連している場合には，

これをまとめて審判すれば,同一のことがらを何回も審判する不経済を避けることができますし,矛盾した判断を避けることもできます。そこで,それらの請求をまとめて1つの訴訟手続で審判する共同訴訟という訴訟形態が認められているわけですが,これを訴えの主観的併合ともいいます。そして,共同訴訟には通常共同訴訟と必要的共同訴訟とがあります。通常共同訴訟は各共同訴訟人と相手方との間の請求がもともと個別に訴訟に持ち出されてもかまわず,したがって,審判が区々になってもよいものです。それゆえ,この場合は,弁論の分離(152条1項)が許されますが,現行法は,一定の場合に,本来通常共同訴訟であるにもかかわらず原告から共同審判の申し出があると,弁論と裁判の分離が禁止される共同訴訟形態を新設しました(41条)。これに対し,必要的共同訴訟はこの審判が区々になることは許されない(すなわち,合一

共同訴訟の発生形態

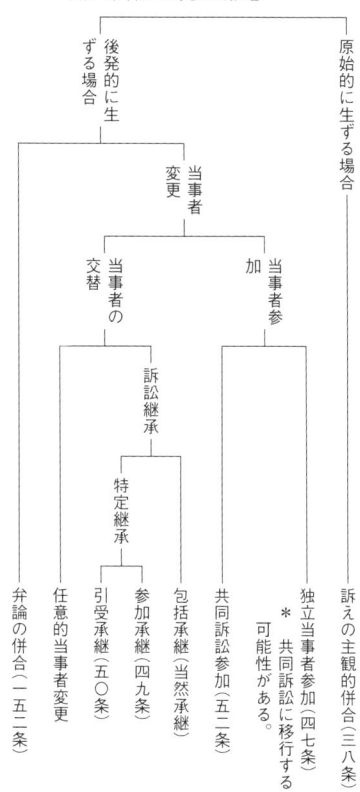

```
                    ┌──────────────────────────┬──原始的に生ずる場合──訴えの主観的併合(三八条)
                    │                          │
                後発的に生ずる場合              │──独立当事者参加(四七条)
                    │                          │  *共同訴訟に移行する可能性がある。
            ┌───────┴───────┐                  │
          変更               加              ──共同訴訟参加(五二条)
        当事者             当事者
            │               参加              ──包括承継(当然承継)
        ┌───┴───┐                             
      交替         │                          ──引受承継(五〇条)
    当事者の       │                          
        │     訴訟継承                        ──参加承継(四九条)
        │         │                          
        │     特定継承                        ──任意的当事者変更
        │                                     
        │                                     ──弁論の併合(一五二条)
```

(中野貞一郎『現代民事訴訟法入門[新版]』より転載)

確定が要求される)ものです。そして,これにはさらに,共同訴訟人が全員で訴え,または訴えられなければならない固有必要的共同訴訟と,その必要はないけれども共同訴訟となった以上合一確定が要求される類似必要的共同訴訟とがあります。

通常共同訴訟は,38条の要件が満たされる場合に認められます。訴訟の目的たる権利・義務が共通であるとは,たとえば,主たる債務者と保証人とをまとめて訴えるような場合です。また,訴訟の目的たる権利・義務が同一の事実上および法律上の原因に基づくとは,たとえば,同一事故に基づく複数の被害者が損害賠償を請求するような場合です。さらに,訴

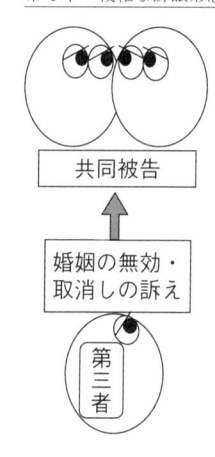

訟の目的たる権利・義務が同種であって,事実上および法律上同種の原因に基づくときとは,たとえば,商人が数人の顧客に対して売掛金を請求するような場合です。そのほか,ここでは,訴えの併合が伴いますから,客観的併合の場合と同じ要件を満たしていなければなりません。

類似必要的共同訴訟は,ある者が単独で訴訟をした場合の判決の効力が他の者に及ぶ場合に認められます。このような関係にある両者が共同訴訟人となったときに,各共同訴訟人について区々の判決をすれば,自分自身の受けた判決の効力と,他の者が受けた判決の効力で自己に拡張されるものとが衝突して,収拾がつかなくなるおそれがあるからです。たとえば,数人の提起する株主総会決議取消し・不存在・無効確認の訴え(会社法830条・831条),婚姻の無効・取消しの訴え(人事訴訟法2条1号)などがそれです。これに対し,数人に対する同一物の所有権確認のような論理的に区々の判断のありえない場合や,順次になした移転登記の抹消登記請求のような全員に勝訴しないと目的を達成しえない場合は,類似必要的共同訴訟にも固有必要的共同訴訟にもあたらないというのが,判例・通説の立場です。

固有必要的共同訴訟は,他人間の権利関係の変動を生じさせる形成訴訟(たとえば,第三者が提起する婚姻の無効・取消しの訴えは夫婦を共同被告としなければなりません〔人事訴訟法12条2項〕。この他人が2人いるような場合には,先に述べたように,その各々の訴えは類似必要的共同訴訟となるわけです),数人が共同して管理すべき財産に関する訴訟(たとえば,数人の破産管財人のある場合の破産財団に関する訴訟)に認められます。これに対し,問題となるのが,共同所有関係の訴訟ですが,最近の判例の立場は,総有や合有の場合は,固有必要的共同訴訟になり,通常の共有の場合には,共有物分割の訴え,共有権の確認の訴えや共有権に基づく所有権移転登記手続請求の訴えなどを除いては(たとえば,共有者側が被告になる場合とか,第三者に対する共有物の明渡請求の訴え),通常共同訴訟であるとして,固有必要的共同訴訟の範囲を狭めて考えています。

3 訴えの主観的追加的併合

　訴訟の途中から共同訴訟が発生する場合の1つとして、主観的追加的併合というものがあります。これは、訴訟の係属中に、第三者が自ら当事者として参加したり、従来の原告または被告から第三者に対して新たな訴えを併合提起する場合を意味します。前者の場合の1つとして、共同訴訟参加(52条)があります。第三者が原告または被告の共同訴訟人として参加することによって、必要的共同訴訟となる場合にこれが認められ、したがって、その第三者が請求について当事者適格を有することが前提となります。これに対し、明文の規定はありませんが、たとえば、貸金返還請求訴訟の途中で、保証人が債権者を相手に保証債務不存在確認の訴えを追加的に併合提起するような、第三者が従来の当事者の一方に対する訴えを併合提起することや、あるいは、債権者が保証人に対する請求を追加的に併合提起するような、従来の原告が第三者に対する訴えを併合提起することができるかが、判例・学説上問題とされています。また、保証債務履行請求訴訟の途中で、保証人が主債務者を引き込むような、被告が第三者に対する訴えを併合提起することができるかといったことも、学説上問題とされています。

（共同訴訟人の地位）
第39条　共同訴訟人の1人の訴訟行為、共同訴訟人の1人に対する相手方の訴訟行為及び共同訴訟人の1人について生じた事項は、他の共同訴訟人に影響を及ぼさない。
（必要的共同訴訟）
第40条　① 訴訟の目的が共同訴訟人の全員について合一にのみ確定すべき場合には、その1人の訴訟行為は、全員の利益においてのみその効力を生ずる。
② 前項に規定する場合には、共同訴訟人の1人に対する相手方の訴訟行為は、全員に対してその効力を生ずる。
③ 第1項に規定する場合において、共同訴訟人の1人について訴訟手続の中断又は中止の原因があるときは、その中断又は中止は、全員についてその効力を生ずる。
④ 第32条第1項の規定は、第1項に規定する場合において、共同訴訟人の1人が提起した上訴について他の共同訴訟人である被保佐人若しくは被補助人又は他の共同訴訟人の後見人その他の法定代理人のすべき訴訟行為について準用する。

> **用語解説**
>
> **上訴** 裁判の確定前における,その裁判に対する上級裁判所への不服申立て。181頁以下参照。

◆共同訴訟の審判

通常共同訴訟においては,共同訴訟人の1人の訴訟行為は,原則として,他の共同訴訟人に影響を及ぼしません(39条)。これを共同訴訟人独立の原則といいます。したがって,各自,請求の放棄・認諾(177頁参照),訴訟上の和解(175頁参照),訴えの取下げ(173頁参照),上訴,自白などをすることができますし,その効力は他の共同訴訟人には及びません。同様に,共同訴訟人の1人に対する相手方の訴訟行為も,他の共同訴訟人には,その効力を及ぼしません。さらに,共同訴訟人の1人について生じた事項も他の共同訴訟人に影響を及ぼしませんから,1人について生じた中断・中止の事由は,その者の訴訟手続についてのみ停止の効果を生じますし,また上訴期間(183頁,189頁参照)なども各別に進行します。したがって,通常共同訴訟の場合には,裁判の統一の法律上の保障はありませんが,弁論および証拠調べは共通の期日で実施され,また,ある共同訴訟人の提出した証拠は,それが他の共同訴訟人の訴訟についても意味をもつときは,援用がなくとも,それを事実認定の資料とすることができるとされていますから(これを証拠共通の原則といいます),事実上訴訟の進行や裁判が統一的になされることが期待できるわけです。

必要的共同訴訟においては,判決の合一確定をはかる必要がありますから,そのために訴訟の進行や裁判資料を統一しなければなりません。そこで,1人でも相手方の主張を争えば全員が争ったことになり,1人でも期日に出席すれば他の者についても欠席の不利益(263条)を課すことはできないなど,共同訴訟人の1人の訴訟行為は,全員について有利な行為は全員について効力を生じますし,請求の放棄,訴訟上の和解,自白などの不利益な訴訟行為は,全員がしなければ効力を生じません(40条1項)。ただし,訴えの取下げは,類似必要的共同訴訟では,1人でなすことができ,固有必要的共同訴訟では,1人ではなしえません。また,共同訴訟人の1人に対する訴訟行為は,その利益・不利益にかかわらず,全員について効力を生じます(同条2項)。そして,共同訴訟人の1人について,中断・中止の事由が生ずれば,全員について訴訟手続が停止されますし(同条3項),上訴期間も全員について経過するまでは,判決全体が確定し

> （同時審判の申出がある共同訴訟）
> 第41条　①　共同被告の一方に対する訴訟の目的である権利と共同被告の他方に対する訴訟の目的である権利とが法律上併存し得ない関係にある場合において、原告の申出があったときは、弁論及び裁判は、分離しないでしなければならない。
> ②　前項の申出は、控訴審の口頭弁論の終結の時までにしなければならない。
> ③　第1項の場合において、各共同被告に係る控訴事件が同一の控訴裁判所に各別に係属するときは、弁論及び裁判は、併合してしなければならない。

◆同時審判の申し出がある共同訴訟

　従来、共同訴訟の特殊な形態として、主観的予備的併合というものが問題とされてきました。これは、たとえば、第1次的には本人に対して請求し、無権代理であってその請求が認容されない場合に備えて、民法117条の責任を追及するために、第2次的に代理人に請求する場合のように、共同訴訟人の1人に対する請求と他の1人に対する請求が予備的な形で併合されている形態をいいます。この併合形態には、第1次被告に対する請求が認容されれば、第2次被告に対する請求については未確定のまま訴訟係属が消滅してしまうとか、これのメリットである裁判の統一も、共同訴訟人独立の原則（140頁参照）の結果、上級審との関係で必ずしも達成されないという問題点がありますが、これが認められれば、原告としては、矛盾した判断がなされて共同訴訟人の双方に対し敗訴する危険を免れて便利ですし、訴訟経済にも合致します（これを認める立場からは、一定の解釈論的工夫をこらすことによって、上記の問題点を回避することができるとも主張されます）。そこで、最高裁の判例は、この併合形態について否定的態度をとっていましたが、その判例の後も、下級審の裁判例は、必ずしもそれに従っていませんでした。

　ところで、以上のような場合には、本人に対する請求と代理人に対する請求を単純に併合することが禁止されているわけではありません。そして、単純併合の場合であっても、両請求について矛盾した判断がなされることはある程度回避されえます。そこで、現行法の立法過程では、一時、主観的予備的併合についての規定をおくことも考慮されましたが、結局、

次のような規制がなされるにとどまりました。すなわち,共同被告に対する各請求が法律上併存しえない関係にある場合において,原告の申し出があれば,弁論と裁判は分離しないでしなければなりません(本条1項)。この申し出は必ずしも訴え提起時にする必要はありませんが,控訴審の口頭弁論終結時までにはしなければなりません(本条2項)。さらに,この申し出があっても,両請求について別々に控訴が提起されれば,各共同被告に対する控訴事件が控訴裁判所に別個に係属することになりますが,この場合であっても,弁論を併合して同時審判を保障する必要があります。他方,原告はいったん同時審判の申し出をして統一的な判断を求めている以上,それにもう一度この申し出をさせるまでもないと思われます。そこで,この場合には,弁論および裁判は当然に併合してしなければならないものとされています(本条3項)。もっとも,これらの場合でも,弁論と裁判の分離禁止以外の点では,共同被告に対する各請求は通常共同訴訟の関係に立つと解されています。そして,このような規制がなされた結果,訴えの主観的予備的併合が従来にもまして許されなくなるのかについては,学説上,評価が分かれています。

(選定当事者)
第30条 ① 共同の利益を有する多数の者で前条の規定に該当しないものは,その中から,全員のために原告又は被告となるべき1人又は数人を選定することができる。
② 訴訟の係属の後,前項の規定により原告又は被告となるべき者を選定したときは,他の当事者は,当然に訴訟から脱退する。
③ 係属中の訴訟の原告又は被告と共同の利益を有する者で当事者でないものは,その原告又は被告を自己のためにも原告又は被告となるべき者として選定することができる。
④ 第1項又は前項の規定により原告又は被告となるべき者を選定した者(以下「選定者」という。)は,その選定を取り消し,又は選定された当事者(以下「選定当事者」という。)を変更することができる。
⑤ 選定当事者のうち死亡その他の事由によりその資格を喪失した者があるときは,他の選定当事者において全員のために訴訟行為をすることができる。

(選定者に係る請求の追加)
第144条 ① 第30条第3項の規定による原告となるべき者の選定があった場合には,その者は,口頭弁論の終結に至るまで,その選定者のために請求の追加をすることができる。

② 第30条第3項の規定による被告となるべき者の選定があった場合には,原告は,口頭弁論の終結に至るまで,その選定者に係る請求の追加をすることができる。
③ 前条第1項ただし書及び第2項から第4項までの規定は,前2項の請求の追加について準用する。

◆選定当事者

　原告側または被告側が複数の当事者からなっている訴訟を共同訴訟といいますが(詳細は,136頁以下参照),その当事者が多数になると,審理の足並が乱れたり,多くの者を呼び出さなければならなくなったりして,煩わしいことになります。そこで,この場合,一部の者だけで訴訟追行ができ,その結果を他の者に及ぼすことができれば便宜であり,この観点から認められたのが選定当事者の制度です。すなわち,共同の利益を有する多数の者(選定者。たとえば,共有者とか同一の事故によって損害賠償請求をする共同被害者)は,自分達の仲間のなかから選定当事者を選定することができ(30条1項),選定当事者の受けた判決の効力は選定者にも及ぶものとされています(115条1項2号)。この選定は訴え提起前でも後でもすることができますが,後者の場合には,選定者は当然に訴訟から脱退します(30条2項)。なお,選定当事者による訴訟は,任意的訴訟担当(69頁)の一種ということができます。

　ところで,従来は,ある当事者(選定当事者である場合を含む)が訴訟を追行している場合に,その者と共同の利益を有する者でその訴訟の当事者でない者が,既に訴訟を追行している当事者に自己の権利・義務についての訴訟を委ねるためには,いったん自ら訴えを提起したうえで,裁判所に既存の訴訟と自己の訴訟とを併合してもらい(弁論の併合〔152条1項。98頁参照〕),既存の当事者を選定当事者として選定して訴訟から脱退するしかありませんでしたが,これでは迂遠であるうえ,弁論の併合は裁判所の裁量によりますから,常になされるとは限りません。そこで,現行法は,係属中の原告または被告と共同の利益を有する者で当事者でない者でも,原告または被告を選定当事者として選定し,いきなり訴訟に加わることができるものとしました(30条3項)。この場合には,原告が選定当事者に選定されたときは当該原告が被告に対し,被告が選定当事者に選定されたときは原告から当該被告に対し,選定者にかかわる請求の追加をすることができるとされています(144条)。ただし,控訴審において請

求の追加をするには,反訴の場合と同様に,相手方の同意が必要です(300条3項・1項・2項)。

(補助参加)
第42条　訴訟の結果について利害関係を有する第三者は,当事者の一方を補助するため,その訴訟に参加することができる。
(補助参加の申出)
第43条　①　補助参加の申出は,参加の趣旨及び理由を明らかにして,補助参加により訴訟行為をすべき裁判所にしなければならない。
②　補助参加の申出は,補助参加人としてすることができる訴訟行為とともにすることができる。
(補助参加についての異議等)
第44条　①　当事者が補助参加について異議を述べたときは,裁判所は,補助参加の許否について,決定で,裁判をする。この場合においては,補助参加人は,参加の理由を疎明しなければならない。
②・③　省略
(補助参加人の訴訟行為)
第45条　①　補助参加人は,訴訟について,攻撃又は防御の方法の提出,異議の申立て,上訴の提起,再審の訴えの提起その他一切の訴訟行為をすることができる。ただし,補助参加の時における訴訟の程度に従いすることができないものは,この限りでない。
②　補助参加人の訴訟行為は,被参加人の訴訟行為と牴触するときは,その効力を有しない。
③・④　省略
(補助参加人に対する裁判の効力)
第46条　補助参加に係る訴訟の裁判は,次に掲げる場合を除き,補助参加人に対してもその効力を有する。
　1　前条第1項ただし書の規定により補助参加人が訴訟行為をすることができなかったとき。
　2　前条第2項の規定により補助参加人の訴訟行為が効力を有しなかったとき。
　3　被参加人が補助参加人の訴訟行為を妨げたとき。
　4　被参加人が補助参加人のすることができない訴訟行為を故意又は過失によってしなかったとき。

用語解説

参加　当事者以外の第三者が,自己の利益や権利を守るために,他人間の訴訟に

加入すること。
参加人　参加において，係属中の訴訟に加入していく第三者。
再審の訴え　196頁参照。
被参加人　参加において，参加人と共同の利害関係にたつ参加以前からの当事者。

1　補助参加

　他人間の訴訟を前提として，その訴訟の結果に利害関係を有する第三者が，当事者の一方を補助してこれを勝訴せしめることによって自己の利益を守るため，訴訟に加入していく制度を補助参加といいます。

　補助参加は，訴訟係属中でも(上告審に係属中でもかまいません)判決確定後でもなしえますが，後者の場合には，参加の申し出は再審の訴えの提起とともにしなければなりません(43条2項・45条1項本文)。当事者の一方を補助するのですから，その双方に参加することは許されません。また，訴訟の結果についての利害関係(これを補助参加の利益といいます)が必要ですが，これが何を意味するかは問題です。これについては，当事者の一方と親友であるからとか，敗訴しては気の毒であるからといったような感情的な利害関係ではたりないが，その訴訟の判決の効力が参加人に及ぶということまでは必要ない，という点には意見の一致がみられます。しかし，それ以外のことは明確ではありませんが，通説は，訴訟物たる権利関係の存否が論理的に参加人の法的地位の先決関係になる場合にこの利害関係が認められるとしています。たとえば，主債務者に対する訴訟の結果は保証人の地位に影響し，保証人に対する訴訟の結果は主債務者に影響すると考えられます。もっとも，この利害関係は，当事者から異議が述べられなければ特に問題とする必要はなく，それがあった場合に初めて裁判所がその有無を判断します(44条1項)。

　補助参加人は自己の利益を守るために訴訟に参加するものですから，当事者と並んで独自の地位を保障されています(これを補助参加人の独立性といいます)。そこで，訴訟書類の送達や期日の呼出しは別個になされなければなりません。しかし，補助参加人は，あくまで他人間の訴訟を前提とし，これに附随して訴訟追行をなす点では，本来の当事者とは異なります(これを補助参加人の従属性といいます)。そこで，当事者適格は問題とならず，証人適格が認められ，補助参加人に手続の中断事由が生じても手続は中断しません。

　ところで，補助参加人は被参加人のなしうる一切の訴訟行為をするこ

とができ、その効果も被参加人がした場合と同様です(45条1項本文)。しかし、被参加人のなしえない行為(たとえば、時機に後れた攻撃防御方法の提出)をなすことはできませんし(同項ただし書)、被参加人の行為と抵触する行為(たとえば、被参加人が自白している以上、補助参加人が争っても否認の効力は生じません)はその効力を生じません(同条2項)。また、補助参加の性質上、訴訟そのものの設定・変更・消滅行為や被参加人に不利益な行為(たとえば、訴えの取下げ〔173頁参照〕、請求の放棄・認諾〔177頁参照〕、反訴の提起〔134頁参照〕)をすることもできません。ただし、被参加人の上訴期間が経過している場合に補助参加人について独自に上訴期間が算定されるか、補助参加人が自白をなしうるか、被参加人の実体法上の権利を、法律上明文で認められている(たとえば、民法423条・436条2項・457条2項など)以外の場合に行使できるか、については争いがありますが、これらの点については、いずれも否定するのが通説の立場です。

　補助参加人が関与して下された本案についての判決は、一定の要件の下に補助参加人に対してもその効力を及ぼします(46条)。補助参加人も、十分に攻撃防御を尽くし、あるいは尽くすことが期待できた事項については、もはや補助参加人自身を当事者とする後の訴訟で、その点についての判断を争うことを認めないという趣旨です。この効力が何を意味するかについては、古くから争いがありますが、判例・通説は、これを既判力(164頁以下参照)とは別の参加的効力とよばれる特殊な効力であると解しています。すなわち、既判力は紛争を終局的に解決し、その蒸し返しを許さないという法的安定性の要請に基づくのに対し、参加的効力は訴訟追行上の責任分担という観点から認められるとし、そこから、参加的効力の既判力とは異なる特質として、被参加人敗訴の場合のみ、被参加人と補助参加人との間でのみ生ずること、判決理由中の判断についても生ずること(たとえば、保証人に対する訴えに主債務者が補助参加して敗訴した場合、保証人から主債務者に対する後の訴訟において、前の訴訟の判決の理由中の判断である主債務の存在という点にこの効力が生じ、これを主債務者は争いえなくなります)、46条のような除外理由の設けられていること、職権調査事項ではなく当事者からの指摘をまって取り上げればたりること、などをあげています。もっとも、これに対しては、最近は、既判力の根拠を問い直す動きと相まって、参加人と被参加人との間だけではなく、参加人と被参加人の相手方との間にも効力が生ずる場合があるとする見解が有力に唱えられています。

2 共同訴訟的補助参加

補助参加の利益のある第三者に判決の効力が及ぶ場合、参加人に通常の補助参加人に対してよりも強力な地位を与えるために、明文の規定はありませんが、判例・通説によって、共同訴訟的補助参加という補助参加の形態が認められています。この場合の参加人の地位は、必要的共同訴訟人に近く、被参加人の行為と抵触する行為ができ、参加人に生じた事由により手続は停止し、参加人の上訴期間は被参加人とは別個に起算されます。会社関係訴訟、人事訴訟、行政訴訟にその例が多くみられます。

> （訴訟告知）
> 第53条 ① 当事者は、訴訟の係属中、参加することができる第三者にその訴訟の告知をすることができる。
> ② 訴訟告知を受けた者は、更に訴訟告知をすることができる。
> ③ 訴訟告知は、その理由及び訴訟の程度を記載した書面を裁判所に提出してしなければならない。
> ④ 訴訟告知を受けた者が参加しなかった場合においても、第46条の規定の適用については、参加することができた時に参加したものとみなす。

用語解説

訴訟告知 訴訟の係属中、当事者からその訴訟に参加することができる第三者に訴訟の存在を定められた方式によって通知すること。

◆訴訟告知

訴訟告知がなされると、被告知者は訴訟に参加して自己の利益を守る機会を与えられ、告知者としても、その訴訟関与による訴訟活動の充実を期待することができることになります。しかし、訴訟告知の主な狙いは、被告知者に敗訴の場合の参加的効力を及ぼすことによって、後日文句をいわせないようにすることにあります。たとえば、保証債務の履行を求められた保証人は、主債務者に訴訟告知をしておけば、後日、求償をした際に、主たる債務が不存在であったはずであるとの主債務者の主張を封ずることができます。

告知は、訴訟係属中に当事者が行うほか、補助参加人、被告知者も行うことができます（本条1項・2項）。告知を受ける者は補助参加の利害関係を有する第三者ですが、独立当事者参加や共同訴訟参加をなしうる者に対しても告知をなしえます。告知はその理由および訴訟の程度を記載し

た書面を裁判所に提出して行いますが(本条3項)、これにより被告知者が当然に参加人となるわけではありません。ただし、被告知者に補助参加の利益があれば、参加しなくとも、参加できたときに参加したのと同様の効果を生じます(本条4項)。

(独立当事者参加)
第47条 ① 訴訟の結果によって権利が害されることを主張する第三者又は訴訟の目的の全部若しくは一部が自己の権利であることを主張する第三者は、その訴訟の当事者の双方又は一方を相手方として、当事者としてその訴訟に参加することができる。
② 前項の規定による参加の申出は、書面でしなければならない。
③ 前項の書面は、当事者双方に送達しなければならない。
④ 第40条第1項から第3項までの規定は第1項の訴訟の当事者及び同項の規定によりその訴訟に参加した者について、第43条の規定は同項の規定による参加の申出について準用する。
(訴訟脱退)
第48条 前項第1項の規定により自己の権利を主張するため訴訟に参加した者がある場合には、参加前の原告又は被告は、相手方の承諾を得て訴訟から脱退することができる。この場合において、判決は、脱退した当事者に対してもその効力を有する。

用語解説

脱退 従来の当事者が、参加人が参加してきた以上もはや訴訟にとどまる必要はないとして、訴訟から抜けて当事者でなくなること。

◆独立当事者参加

これまで述べてきたことから明らかなように、通常の民事訴訟においては、3人以上の者がそれに関与する場合でも二手に分かれて争う二当事者対立構造がとられていますが、3人以上の者が互いに相争う紛争が生じた場合には、各当事者間の紛争を二面的な紛争に分解してそれぞれについて解決を与えるとすれば、審理が重複して不経済であるばかりでなく、各判決が矛盾して混乱が生ずるおそれもあります。そこで、既に係属する二当事者対立構造の訴訟に第三者が参加した場合、従来の当事者と参加人との間に存在する多面的な紛争を矛盾なく一挙に解決するべく設けられたのが独立当事者参加という制度です(47条)。

この参加ができるのは、「権利が害されることを主張する」場合(同条

1項前段)(これを詐害防止参加といいます)と,「自己の権利であることを主張する」場合(同条1項後段)(これを権利主張参加といいます)です。詐害防止参加がいかなる場合に認められるかについては争いがありますが,当事者がその訴訟を通じて参加人を詐害する意思をもつと客観的に認められる場合(たとえば,XがYに対して貸金返還請求訴訟をしている場合に,Yの債権者であるZが,X・Y間の訴訟は馴れ合いであり,Yが敗訴してしまうと,その財産がなくなってしまって,自己の債権の回収ができなくなってしまうと考え,かつ実際にX・Y間の訴訟が馴れ合いであると認められる客観的な証拠がある場合には,Zは,X・Y間の訴訟に参加し,その訴訟は馴れ合いだと主張してXのYに対する債権の不存在確認を求めるとともに,自己のYに対する請求についての審判を求めることができます)とする立場が有力です。また,権利主張参加は,所有権確認請求訴訟の係属中に,その目的物が自己の所有に属すると主張する第三者が,原告および被告に対してその物の所有権確認を求める場合のように,第三者が訴えの目的である権利関係の全部または一部が自己に属することを主張する場合に認められます。

　参加の申し出の手続は補助参加に準じますが(同条4項・43条),これは訴え提起の実質をもちますから,書面によることを要し,その書面は当事者双方に送達されなければなりません(同条2項・3項)。

　独立当事者参加訴訟の本案の審理は原告および参加人の請求の当否について行われますが,多面的な紛争を矛盾なく一挙に解決するためには,審理の足並をそろえ,共通の資料に基づいて統一的な判断をする必要がありますから,40条1項から3項までの規定が準用されています(47条4項)。これは,どの当事者も自分を除外して他の2人だけで勝手に訴訟追行がなされることを阻止・牽制できるという趣旨です。そこで,被告が自白しても,参加人が争う限り自白としての効力を生じませんし,参加人の主張事実は,原告・被告間の請求についても訴訟資料となるといったことになります。なお,たとえば,先に権利主張参加の例としてあげた事例において,第一審が目的物の所有権が参加人にあるとしてその原告・被告に対する請求を認容し,原告の請求を棄却した場合に,原告のみが控訴を提起し,被告がしなかったというように,敗訴した二者のうち一者のみが上訴した場合,上訴しない他の一者が上訴審でどのような立場に立ち,その者の請求がどの範囲で上訴審における審判の対象になるかについては複雑な議論があります。

第三者が参加してきたことによって、従来の原告または被告が訴訟にとどまる必要を感じなくなった場合には、訴訟から脱退することができます(48条)。たとえば、原告が所有権確認請求訴訟の係属中にその目的物を第三者に譲渡し、その第三者が自己の所有権の確認を求めて参加してきた場合、原告としてはその第三者の所有権を争う意思がなければ訴訟にとどまる必要を感じませんから、脱退ができます。また、被告としては、原告と参加人のいずれが権利者でもよいが、いずれであるかを決めてもらいたいと考えているような場合にも、被告の脱退が問題となります。ただし、その際相手方の承諾が必要ですが、この相手方とは従来の原告(被告が脱退する場合)または被告(原告が脱退する場合)を意味し、参加人の承諾は不要とするのが、判例・通説の立場です。脱退があっても、脱退後の判決の効力は脱退者にも及びますが、脱退の性質およびこの判決の効力については争いがあります。有力説は、脱退は自己の立場を全面的に参加人と相手方との間の勝敗の結果に委ね、その結果いかんによって、自己の請求を予告的に放棄し(原告脱退の場合〔なお、放棄については、177頁参照〕)、または自己に対する請求を予告的に認諾する(被告脱退の場合〔なお、認諾については、177頁参照〕)行為が脱退であり、上記の判決の効力は、いずれかが勝訴することによって現実化した放棄または認諾の効力であるとしています。しかし、これによると、たとえば、被告脱退後原告が勝訴すれば、参加人の原告に対する請求は棄却され、原告の被告に対する請求については、現実化した認諾によってそれが認容されたと同様の効果を生じますが、参加人の被告に対する請求については、それを棄却する根拠を欠くといったような問題が生じますので、近時、様々な新たな見解が主張されています。

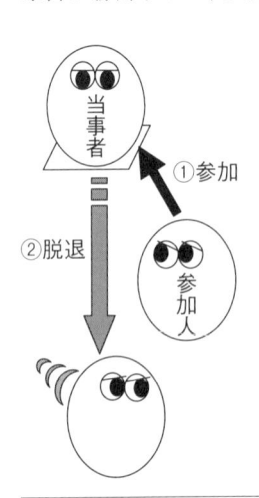

　ところで、参加の申し出は、先の例のように、当事者双方を相手取ってしなければならないというのが従来の判例の立場でした。しかし、原告が所有権確認請求訴訟の係属中にその目的物を第三者に譲渡し、その第三者が自己の所有権の確認を求めて参加するという先にあげたような例においては、原告に最初からその所有権を争う意思がない場合もあります。そこで、学説

上，こういった場合には、参加人にあえて原告を相手取らせる必要はないとの立場が有力に主張されていました。現行法は、この立場を取り入れ、当事者の一方のみを相手取った片面的な独立当事者参加を認めることにしています(47条1項)。この場合にも、従来の原告・被告間の請求と、参加人の従来の当事者の一方に対する請求の統一的審判のために40条1項から3項までの規定が準用されていますが(47条4項)、参加後の訴訟形態は必ずしも三面訴訟とはならないと思われます。そうすると、独立当事者参加の目的も三面的な紛争の矛盾のない解決というより、参加人に不利益を及ぼす判決が原告・被告間に下されることの防止に求めたほうが適切になるでしょう。

(権利承継人の訴訟参加の場合における時効の中断等)
第49条 訴訟の係属中その訴訟の目的である権利の全部又は一部を譲り受けたことを主張して、第47条第1項の規定により訴訟参加をしたときは、その参加は、訴訟の係属の初めにさかのぼって時効の中断又は法律上の期間の遵守の効力を生ずる。
(義務承継人の訴訟引受け)
第50条 ① 訴訟の係属中第三者がその訴訟の目的である義務の全部又は一部を承継したときは、裁判所は、当事者の申立てにより、決定で、その第三者に訴訟を引き受けさせることができる。
② 裁判所は、前項の決定をする場合には、当事者及び第三者を審尋しなければならない。
③ 第41条第1項及び第3項並びに前2条の規定は、第1項の規定により訴訟を引き受けさせる決定があった場合について準用する。
(義務承継人の訴訟参加及び権利承継人の訴訟引受け)
第51条 第47条から第49条までの規定は訴訟の係属中その訴訟の目的である義務の全部又は一部を承継したことを主張する第三者の訴訟参加について、前条の規定は訴訟の係属中第三者がその訴訟の目的である権利の全部又は一部を譲り受けた場合について準用する。
第52条 省略

用語解説

承継 他人のあるものを引き継ぐこと。

1 当事者変更と訴訟承継

訴訟の係属中、第三者が新たに当事者として、従来の当事者とともに当

該訴訟手続に関与することを当事者加入，それに代わってそうすることを当事者交替といい，双方をあわせて当事者変更といいます。そして，これには，法律の規定によって命ぜられあるいは許容される法定当事者変更と，その規定なしに許容される任意的当事者変更とがあります。

　任意的当事者変更のうち特に問題となるのは任意的当事者交替ですが，これは，たとえば，原告が会社を被告として訴えを提起すべきであるのに，誤ってその代表者を被告とした場合に，当事者を入れ替えて被告を補正し，当初の訴えを維持できるようにしようということで問題になります。ただし，当事者の同一性をそのままにして，単に訴状における当事者の表示を訂正するのにすぎないのは当事者交替ではありません。任意的当事者交替の法的性質については争いがありますが，新当事者によるまたは対する新訴の提起と，旧当事者によるまたは対する旧訴の取下げの複合した行為であるとみるのが，通説的な見解です。そして，この見解は，旧訴状を補正して利用したり，旧訴と訴訟物の価値が重複する限りで印紙を流用することを認めるなど，新当事者の利益を害さない範囲内で，従来の訴訟追行の結果を，交替後の訴訟においても利用できるものとしています。

　法定当事者変更には，既に説明した独立当事者参加(47条)や共同訴訟参加(52条)もありますが，そのうちで，訴訟中に紛争の主体たる地位が当事者から第三者に移転したことに基づいて，この第三者が新しい当事者となって訴訟を追行する場合を訴訟承継とよびます。すなわち，訴訟は時間がかかるものですから，その間に当事者が死亡したり，係争物(それに関連して訴訟が行われている目的物)が譲渡されたりすることがあります。この場合に，従来の当事者の間で訴訟を進め，判決をしてみても紛争の解決はえられず，相続人や譲受人との間に紛争が残り，さらにそれらの者との間の訴訟が必要になってしまいます。このようなことになるのは，従来の訴訟追行の結果を無視することになって無駄なことですし，当事者間の公平にも反します。そこで，このような場合には，当事者の交替を許し，しかも従来の当事者間でなされた訴訟追行の結果をそのまま新当事者に引き継がせることにしたのが，訴訟承継の制度です。これには，相続や合併など当事者の地位の包括承継がある場合と，係争物の譲渡のように当事者の地位が特定的に第三者に移転する場合があり，前者では紛争の主体たる地位の移転が自動的に訴訟に反映されますが(そのため，これを当然承継といいます)，後者ではそのためには当事者の行為が必要

です。当然承継があると,新当事者が実際に訴訟を追行することができるようになるまで訴訟手続の中断が生ずるのが原則ですから,どのような場合に当然承継があるかは,訴訟手続の中断に関する規定(124条参照)から逆に推知することができます。ただし,当然承継があっても中断が生じない場合(同条2項参照)もありますし,当然承継がなくても中断が生ずる場合(同条1項3号)もあることに注意しなければなりません。

② 参加承継・引受承継

　以上に述べたように,係争物の譲渡があった場合には,紛争の主体たる地位の移転は当然には訴訟に反映されず,承継人の訴訟参加の申し出(49条)か被承継人の相手方の訴訟引受けの申立て(50条1項)があって初めて訴訟承継を生じます。前者を参加承継,後者を引受承継とよびますが,これらは,所有権確認請求訴訟の目的物を原告または被告が第三者に譲渡した場合とか債務の履行請求訴訟の目的物であるその債権につき譲渡や債務引受けがあった場合のように訴訟物たる権利義務自体を第三者が承継した場合だけでなく,建物収去土地明渡請求訴訟における原告からの土地の譲渡があった場合や被告からの建物の譲渡があった場合にも認められます。

　係争物の譲渡があった場合について,49条は権利の承継人の訴訟参加を,50条は義務の承継人に対する訴訟引受けを規定していますが,たとえば,権利の承継があった場合でも,当該訴訟が権利者側に不利に展開しているとすれば,権利の承継人が自ら参加してくるとは限らず,また,義務の承継があった場合でも,当該訴訟が義務者側に有利に展開していれば,義務の承継人が自ら参加したいと考える場合もありえます。そこで,51条は,義務の承継人の訴訟参加について47条から49条までの規定を,権利の承継人に対する訴訟引受けについて50条の規定を準用しています。なお,49条は参加承継の効果として,時効中断と期間遵守の効果についてのみ規定していますが(50条3項もこれを準用しています),これは例示にすぎず,参加承継・引受承継を問わず,承継人は承継原因発生時までの従来の当事者による訴訟追行の結果をすべて引き継ぐと理解されています。

　参加承継の手続は独立当事者参加の方式によります。引受承継は被承継人の相手方が承継人に対してその申立てをすることによってなされますが,これは事実審(すなわち,第一審と第二審)の口頭弁論終結前に限って許されます。また,被承継人が脱退しない場合には,相手方の被承継人と承継人に対する各請求について同時審判が保障されます(50条3項によ

る41条1項・3項の準用)。

第5章 訴訟の終了

第1節 終局判決による終了

（終局判決）
第243条 ① 裁判所は，訴訟が裁判をするのに熟したときは，終局判決をする。
② 裁判所は，訴訟の一部が裁判をするのに熟したときは，その一部について終局判決をすることができる。
③ 前項の規定は，口頭弁論の併合を命じた数個の訴訟中その一が裁判をするのに熟した場合及び本訴又は反訴が裁判をするのに熟した場合について準用する。
（中間判決）
第245条 裁判所は，独立した攻撃又は防御の方法その他中間の争いについて，裁判をするのに熟したときは，中間判決をすることができる。請求の原因及び数額について争いがある場合におけるその原因についても，同様とする。

用語解説

裁判をするのに熟したとき 裁判所が訴訟判決または本案判決をするほどに十分に確信を得た状態。
終局判決 訴えまたは上訴によって係属している訴訟事件の一部または全部について，その審級の審理を完結させる判決。
独立した攻撃又は防御の方法 他の攻撃防御方法と切り離して，それだけで法効果（権利の発生・変更・消滅）を判断できる攻撃防御方法。
中間の争い 本案の判断をするための前提となる訴訟上の事項に関する争いで，口頭弁論に基づいて判断されるもの。
中間判決 訴訟中で当事者間で争いとなった事項をあらかじめ解決しておき，終局判決の準備をするための判決。
請求の原因 損害賠償請求のように，数額・範囲が問題となる請求において，数額・範囲の点を度外視してその発生存続の要件を一括して指す言葉。

◆判決の種類

　訴訟が当事者の行為によって終了しない場合には、裁判所は審理を続行し、訴訟が裁判をなすのに熟するに至ったときに、終局判決をもって当該審級の審理に結末をつけることになります(244条)(他に終局判決をなしうる場合として244条〔これについては104頁以下参照〕)。この終局判決は判決の一種であり、さらに判決は裁判の一種ですが、裁判とは裁判所や裁判官が裁判機関として行う法律上の判断あるいは意思表示を内容とする訴訟行為を意味します。そして、裁判には、判決のほかに、決定、命令があることは、既に述べたとおりです(70頁参照)。

　このように判決には終局判決という種類がありますが、これに対立する概念は中間判決というものです。この中間判決は、訴訟中に当事者間で争いとなった事項をあらかじめ解決し、当事者間でそれについては当該審級でもはや争いえないこととしておくと同時に、裁判所もそれを前提として終局判決ができるようにそれを準備しておくためのものです。ただし、これをなすか否かは裁判所の裁量に委ねられます。中間判決をなしうるのは、たとえば、所有権確認請求訴訟におけるその所有権の取得原因である買得、相続(独立した攻撃方法)とか、貸金返還請求訴訟における弁済や消滅時効の抗弁(独立した防御方法。ただし、これらの抗弁が認められるときは請求棄却判決に熟しますから、中間判決はなされません)、訴訟要件の存在(中間の争い)、数額とともに争われている損害賠償請求権の存在(請求の原因〔なお、異なった意味における請求の原因について、42頁参照〕)という事項に関してです(245条参照)。なお、中間判決は終局判決を準備するためのものに過ぎませんから、それに対する独立の上訴は許されず、終局判決に対する上訴によって、それとともに上級審の判断を受けることになります(283条)。

　終局判決には請求認容と請求棄却の本案判決、訴訟判決があることも、既に述べたところですが(44頁、65頁、66頁参照)、それには、全部判決・一部判決という分類もあります。すなわち、事件の全部を完結する終局判決が全部判決であり、その一部を他の一部から切り離して完結するのが一部判決です。一部判決後残部については、当該審級における審理が続行されますが、これを完結する判決を残部判決といいます。一部判決は事件の一部が裁判をなすのに熟するときにでき(243条2項・3項)、これにより複雑な事件を整理し、当事者にできるだけ早く確定判決を利用できるようにさせるメリットがあります。しかし、これがなされると、特に上訴

との関係で一部と残部とが異なった運命をたどることになって不便もありますので,一部判決をするか否かは,裁判所の裁量に委ねられています。ただし,このような事情から,予備的併合や必要的共同訴訟の場合,独立当事者参加の場合などのように,法律上残部判決ができない場合や内容上矛盾を生ずることが許されない場合には,一部判決をすることは許されません。また,同時審判の申し出のある一定の場合の共同訴訟の場合も同様です(41条)。

(判決事項)
第246条 裁判所は,当事者が申し立てていない事項について,判決をすることができない。

用語解説

当事者が申し立てていない事項　当事者が判決を要求していない事項。

◆申立事項と判決事項

処分権主義の1つの内容として,当事者には審判対象の特定の権能が認められていますから,それが判決を要求した事項についてのみ,そしてその範囲においてのみ,裁判所は判決をなすことができます。本条にいう,当事者の申し立てた事項とは訴訟物を意味します。そこで,訴訟物について旧訴訟物理論をとるか,新訴訟物理論をとるかによって,ある判決をすることが許されるか否かが異なってくることが生じます。また,原告は,請求の趣旨において,給付,確認,形成のいずれの判決を求めるかも明らかにしていますが,裁判所は原告の示したこの権利救済形式に拘束され,それ以外の形式の判決をすることは許されません。たとえば,給付の訴えに対して確認判決をすることや,その逆のことも許されません。さらに,原告の求めた権利救済の範囲を超えて判決をすることも許されません。たとえば,原告が100万円の給付を求めているのに,被告に150万円の支払いを命じたり,残債務100万円の支払いを条件に抵当権登記の抹消を求めているのに,残債務は50万円であるとして抵当権の抹消を命ずるのは許されません。ただし,原告は,通常は,その申立てが全部認容されない場合には,一部だけでも認容されることを望むと思われますから,150万円の支払いを求めているときに,100万円の支払いを命じたり,残債務50万円の支払いを条件として抵当権登記の抹消を求めているときに,

《 申立事項と判決事項 》

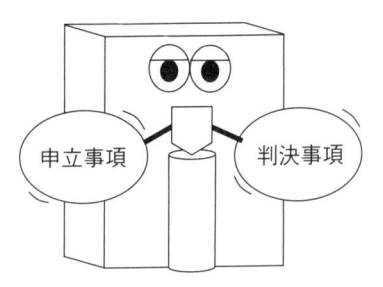

申立事項　判決事項

100万円の支払いを条件としてその抹消を命ずることは許されます。このような判決を一部認容判決といいますが、その一種として、特定物の引渡請求訴訟において、被告から同時履行の抗弁（民法533条）が提出されたときに、「被告は、原告から金〇〇円の支払いを受けるのと引換えに、原告に対し、××を引き渡せ」という判決がなされることもあり、このような判決を引換給付判決といいます。

（判決の発効）
第250条　判決は、言渡しによってその効力を生ずる。
（言渡期日）
第251条　① 判決の言渡しは、口頭弁論の終結の日から2月以内にしなければならない。ただし、事件が複雑であるときその他特別の事情があるときは、この限りでない。
② 判決の言渡しは、当事者が在廷しない場合においても、することができる。
（言渡しの方式）
第252条　判決の言渡しは、判決書の原本に基づいてする。
（判決書）
第253条　① 判決書には、次に掲げる事項を記載しなければならない。
　1　主文
　2　事実
　3　理由
　4　口頭弁論の終結の日
　5　当事者及び法定代理人
　6　裁判所
② 事実の記載においては、請求を明らかにし、かつ、主文が正当であることを示すのに必要な主張を摘示しなければならない。
（言渡しの方式の特則）
第254条　① 次に掲げる場合において、原告の請求を認容するときは、判決の言渡しは、第252条の規定にかかわらず、判決書の原本に基づかないですることができる。
　1　被告が口頭弁論において原告の主張した事実を争わず、その他何ら

の防御の方法をも提出しない場合
  2 被告が公示送達による呼出しを受けたにもかかわらず口頭弁論の期日に出頭しない場合(被告の提出した準備書面が口頭弁論において陳述されたものとみなされた場合を除く。)
② 前項の規定により判決の言渡しをしたときは,裁判所は,判決書の作成に代えて,裁判所書記官に,当事者及び法定代理人,主文,請求並びに理由の要旨を,判決の言渡しをした口頭弁論期日の調書に記載させなければならない。
(判決書等の送達)
第255条 ① 判決書又は前条第2項の調書は,当事者に送達しなければならない。
② 前項に規定する送達は,判決書の正本又は前条第2項の調書の謄本によってする。

用語解説

判決の言渡し 一定の方式に則った判決の告知。
原本 一定の事項を表示するために確定的なものとして作成された文書の原物。
主文 判決の結論を示す部分。

◆判決の成立

　訴訟が裁判をなすのに熟したときは,裁判所は口頭弁論を終結し,判決内容の確定にとりかからなければなりません。これに関与するのは,直接主義の建前上,基本となる口頭弁論に関与した裁判官です(249条)。合議体の場合には,それを構成する裁判官が評議を行ったうえで,原則として過半数の意見によって,判決内容を確定します(裁判所法77条)。
　判決内容が確定すると,これを判決書とよばれる書面に作成します。判決書には,裁判所と当事者および法定代理人のほかに,判決内容として,主文,事実,理由および口頭弁論終結の日を記載しなければなりません(253条)。主文には,次頁の判決書の雛形において「原告の請求を棄却する」と述べられているように,訴えの適否や請求の当否についての判断の結論が示されます。主文には,このほか,訴訟費用をいずれの当事者が負担すべきかについての裁判(49頁参照)や仮執行宣言(259条4項。171頁参照)などが記載されます。また,事実欄においては,請求のほか,主張のうち,主文が正当であることを示すのに必要なものを摘示して記載します(253条2項)。主文が正当であることを示すのに必要な主張とは,主文

の結論を導き出すのに必要な主張を指します。したがって，主位的主張と予備的主張がなされている場合に，主位的主張が認められるときには，予備的主張は事実として記載しなくともよいことになります。理由は，事実欄に記載された資料から主文に述べられた結論に至る判断過程を明らかにする部分で，事実の確定と法律の適用から成り立っています。口頭弁論終結の日は，既判力の標準時（165頁参照）となるため，記載が要求されます。

判決は言渡しによって外部的にも成立し，効力を生じます（250条）。言渡しは裁判長が判決原本を朗読して行います（252条，民事訴訟規則155条1項）。判決言渡期日は口頭弁論終結後2月以内に開かれるのが原則ですが（251条1項），期日に当事者が出頭しなくても言い渡すことができます（同条2項）。判決書の正本は当事者に送達されなければなりません（255条）。

ところで，実質的に争いのない事件においては，このような厳格な判決

判決書（第一審）

平成25年（ワ）第170号　貸金請求事件
口頭弁論終結日　平成25年12月20日

判　決

大和市乙町2丁目3番4号
原　告　金村一郎
右訴訟代理人弁護士　市村葉二
大和市乙町2丁目15番7号
被　告　村上花子
右訴訟代理人弁護士　林　信彦

主　文

1　原告の請求を棄却する。
2　訴訟費用は原告の負担とする。

事実及び理由

第1　原告の請求
　被告は原告に対し，金145万円と，これに対する平成24年5月10日から同年11月8日までの年1割5分の割合による金員及び同月9日から完済に至るまで年3割の割合による金員を支払え。
第2　事案の概要
　1　（原告と被告の従来の付き合い）　原告は，金融業を営む者であり，被告は，原告と同じ町内に居住し，事実上の養子である訴外山本進の保証のもとに，原告から平成23年8月頃金300万円を借り受け，その後平成24年10月頃にも金1,000万円を借り受けたことがある。
　2　（金員交付，手形裏書）　被告は，原告から，平成24年5月9日頃，原告の所持する，訴外外間産業株式会社提出，訴外青木久の裏書にかかる額面150万円の約束手形に本間本名義の裏書をしたうえで，金25万円のほか，金120万円入りの封筒を受領した。
　3　（争点）　原被告間に2の金員を目的とした消費貸借契約が成立したか。

第3　争点に対する判断
　証拠（原告本人1項〜5項，被告本人，甲第1の1，2）によれば，次の事実が認められる。
　1　（金員交付の経緯）　被告は，かねてより前記青木に対し金20万円の貸金債権を有していたところ，平成24年5月9日頃，前記青木から「金が必要なので手形を割り引いてもらえる人を知らないか」と依頼され，そこで被告は前記青木に原告を紹介すべく原告に電話をし，同日被告宅において訴外青木と原告を引き合わせた。原告と訴外青木は被告宅応接間において，2，30分話し合い，原告は，前記話合いを終えて，訴外外間産業株式会社振出，前記青木の裏書にかかる額面150万円の約束手形により金員を貸し付けることとし，前記訴外青木から上記の約束手形を受け取って自宅に引き返し，しばらくして被告を電話で呼び出し，さきに訴外青木と原告との話合いの結果に基づき被告に対し，被告の訴外青木に対する資金の20万円の回収分としての20万円とそれに対する利息金5万円の合計金25万円を交付するとともに，これと別に「訴外青木に渡してくれ」と言って，貸付金から前記25万円及び150万円に対する1月後の返済期日までの利息金5万円（利息1か月3分3厘）を控除した残金を入れた封筒を，その際あらためて被告から借用書ないし受取証を徴することなく被告に交付し，これを持ち帰った被告は，前記金員在中の封筒を青木に手渡した。
　2　（手形裏書の事情）　その後，原告は，電話で被告を呼び出し，「立会いの意味で書いてくれ」といって，前記手形に裏書するよう被告に求め，その際自己の印鑑を持ち合わせていなかった被告は，たまたま所持していた前記山本進の印鑑を利用して，裏書人欄に山本進の氏名を記入し，同人の印鑑を押捺した。
　3　（結論）　2，3認定の本件金員交付の経緯，裏書の事情に関する事実をもってしては，原告が前記の手形により交付した金員につき，被告自身がその返還を約し，原被告間に前記金員を目的とする消費貸借契約が成立したものとはいえない。

大和地方裁判所
裁判官　新井明雄　㊞

の形式や言渡しの方式に則ることなく，迅速に当事者が判決の言渡しを受けることのできるようにすることが合理的と考えられます。そこで，現行法は，そのような場合には，原本に基づかずに判決の言渡しをすることができるとするとともに，そうしたときは，裁判所書記官に当事者，法定代理人，主文，請求並びに理由の要旨を判決の言渡しをした期日の調書に記載させることによって，判決書に代えることができるものとしました(254条)。

なお，決定，命令の告知については，やはり厳格な方式を踏む必要はなく，相当と認める方式で告知すればたりるとされています(119条)。

(変更の判決)
第256条 ① 裁判所は，判決に法令の違反があることを発見したときは，その言渡し後1週間以内に限り，変更の判決をすることができる。ただし，判決が確定したとき，又は判決を変更するため事件につき更に弁論をする必要があるときは，この限りでない。
② 変更の判決は，口頭弁論を経ないでする。
③ 前項の判決の言渡期日の呼出しにおいては，公示送達による場合を除き，送達をすべき場所にあてて呼出状を発した時に，送達があったものとみなす。
(更正決定)
第257条 ① 判決に計算違い，誤記その他これらに類する明白な誤りがあるときは，裁判所は，申立てにより又は職権で，いつでも更正決定をすることができる。
② 省略
(裁判の脱漏)
第258条 ① 裁判所が請求の一部について裁判を脱漏したときは，訴訟は，その請求の部分については，なおその裁判所に係属する。
②〜④ 省略

用語解説

更正決定 判決に計算違い，誤記その他これに類する明白な誤りのある場合に，これを訂正補充する決定。

1 判決の自己拘束力

判決がいったん言い渡されて成立すると，判決をした裁判所自身もこれに拘束され，自分で判決を撤回したり，変更したりすることは許されな

くなります。これは、判決の成立がいつまでも不安定であれば、その機能を果たしえなくなるからであり、この拘束力を判決の自己拘束力ないし自縛性といいます。なお、これは同一手続内における他の裁判所に対する拘束力である覊束力(321条1項・325条3項2文)と区別されます。

この判決の自己拘束力には2つの例外が認められています。1つは判決の更正で、判決に計算違いや誤記などの表現上の明白な誤りがあれば、これを訂正することは実質的な内容の変更ではありませんから、訂正が認められています(257条)。もう1つは変更判決で、判決の言渡し後に裁判所が自ら法令に違反したことに気がついたときは、1週間以内に限ってその判決を変更することが認められています(256条)。なお、決定、命令については抗告という不服申立てが認められていますが、この場合には、再度の考案ということで自己拘束力が緩められています(333条。193頁参照)。また、訴訟指揮に関する裁判は、訴訟の展開に柔軟に対応する必要がありますから、裁判所はいつでも取り消すことができます(120条)。

2 判決の形式的確定力

判決はこれをした裁判所によって取り消されなくとも、当事者が上訴や異議の申立て(204頁参照)をすれば、上級審や異議審の裁判所によって、取り消される可能性があります。しかし、当事者に控訴、上告(上告の提起と上告受理の申立て〔190頁参照〕)や異議の申立てという通常の不服申立ての手段がなくなれば、判決は当該手続内で取り消される可能性はなくなります(116条参照)。判決がこのような状態になることを判決の確定といい、この意味において確定した判決を確定判決、判決のこの不可取消性を形式的確定力といいます。

3 判決の本来的効力と付従的効果

判決が形式的確定力を生ずると、この確定判決はさらに当該訴訟を超えて、本来の判決の内容に応じた効果を生じます。この効果を判決の本来的効力といい、これには既判力、執行力、形成力があり、その各々については後に説明しますが(164頁以下参照)、それ以外に、一定内容の判決が存在することに付従して、実定法や解釈論上一定の効果が認められる場合があり、これを判決の付従的効果といいます。この種の効果としては、参加的効力(46条、53条4項)などのほかに、いわゆる法律要件的効果があります。すなわち、確定判決の存在が民法その他の実定法で法律要件として定められ、それに一定の法律効果が付与されている場合、その効果を法律要件的効果とよびます。たとえば、民法157条2項は、確定判決の存在

を要件事実として,訴え提起によって中断した時効の進行の効果を付与していますし,民法174条の2は,同様のことを要件事実として,10年より短い消滅時効期間が10年に延長されるという効果を付与しています。さらに,法律によって規定されているわけではないにもかかわらず,争点効や反射効というものを認める学説がありますが,これらについても後に説明します(167頁,168頁参照)。

なお,書記官など裁判官でない者の言い渡した判決や,裁判官が作成したものであってもまだ言い渡してない判決などは,そもそも判決ではなく本来的効力にしろ,付従的効果にしろ,訴訟法上の効果をまったく生じません(この場合を判決の不存在といいます)。しかし,判決が訴訟手続上有効に成立している限りは,当該判決は当然に無効ではなく,その手続上,内容上の瑕疵は上訴や再審などの所定の手続によって是正されなければなりません。ただし,手続上は有効に成立し存在している判決であっても,既判力,執行力や形成力などの効果を生じない判決もありえます。これを判決の無効といいますが,たとえば,実在しない者に対する判決や裁判権に服しない者に対する判決,判決内容が不明な判決といったものが,この例です。

④ 裁判の脱漏

先に述べたように,可分な請求の一部につき判決をなしうる場合に,裁判所が他の部分と切り離して意識的にその一部について判決をするのを一部判決といいますが,これに対し,裁判所が,誤って,全部について判決をするつもりで一部についてのみ判決をし,その結果無意識に一部判決をしてしまったことを,判決(裁判)の脱漏といいます。この場合,まだ判決をしていない部分は裁判所になお係属しているので,その部分について終局判決がなされなければなりません。そして,この判決を追加判決(または補充判決)といいます(258条)。なお,判決の脱漏は,理由中で判断すべき攻撃防御方法について判断をしもらした「判断の遺脱」とは異なります。判決の脱漏は追加判決によって補充すべきですが,判断の遺脱は上訴・再審事由(338条1項ただし書・同項9号)となります。

　(既判力の範囲)
第114条 ① 確定判決は,主文に包含するものに限り,既判力を有する。
② 相殺のために主張した請求の成立又は不成立の判断は,相殺をもって対抗した額について既判力を有する。

（確定判決等の効力が及ぶ者の範囲）
第115条　① 確定判決は，次に掲げる者に対してその効力を有する。
1　当事者
2　当事者が他人のために原告又は被告となった場合のその他人
3　前2号に掲げる者の口頭弁論終結後の承継人
4　前3号に掲げる者のために請求の目的物を所持する者
② 前項の規定は，仮執行の宣言について準用する。
第116条　省略

用語解説

既判力　裁判の確定により，その内容である判断の当否を後訴で争えなくなる効力。
相殺　2人の者が互いに相手方に対して同種の債権をもっている場合に，一方から他方に対する意思表示によってその債権債務を対当額で消滅させること。
請求の目的物を所持する者　特定物の引渡請求訴訟において，その目的物をもっぱら当事者（またはその承継人等）のために所持する者。
仮執行の宣言　171頁参照。

1　既判力とその本質

　確定した終局判決の内容である裁判所の判断は，その後，当事者間の法律関係を規律する基準となり，当事者間で既に判決された事項が後の訴訟で再び問題となった場合には，当事者など一定の者はその判断内容に反する主張をすることができなくなり，裁判所もそれに反する判断ができなくなります。この確定判決の判断の通用性ないし拘束力を既判力または実質的確定力といいます。確定した終局判決において示された判断内容が，当事者および裁判所によって紛争の解決基準として尊重されるのでなければ，紛争の終局的解決を得ることができなくなるために，このような効力が認められているわけです。

　既判力は後訴において作用します。前訴において確定された権利関係が，後訴の訴訟物として，あるいは後訴の先決関係にあたる事項として，さらには後訴の矛盾関係に立つ事項として問題になったときに，当事者や裁判所を拘束することになります。たとえば，所有権確認請求訴訟における敗訴原告が被告に対し同一物についての所有権確認を求めた場合（同一訴訟物），同様の原告が被告に対して所有権に基づく同一物についての引渡請求訴訟を提起した場合（先決関係），原告が所有権確認請訴

訟において勝訴した後に、被告が同一物についての所有権確認請求訴訟を提起した場合(矛盾関係)などに、いずれも前訴の既判力が後訴に及びます。

このような既判力の拘束力がどのような根拠によって生ずるか、すなわち既判力の本質をめぐっては、古くから様々な議論がなされてきましたが、近時は、当事者に自己の立場を十分に裁判所に対して主張する機会が与えられ、当事者からの主張・立証を基礎にして裁判所が審理を尽くしたことから生ずる効力が既判力であるととらえる立場が有力になってきています。

2 既判力の標準時

確定判決によってその存否が判断された私法上の権利関係は、訴訟中もその後も時間の経過とともに変化する可能性を有しますから、いつの時点の権利関係が決められたかをはっきりする必要があります。これが既判力の標準時ないし時的限界の問題ですが、当事者は口頭弁論の終結時までは事実資料を提出することができ、裁判所もこの時点までに提出された資料を基礎として判決をしますから、これが既判力の標準時となります。この時点は、訴訟が第一審で終結すればその口頭弁論終結時であり、第二審である控訴審で終結したときは控訴審口頭弁論終結時であり、第三審である上告審で終結したときも、上告審は法律審で事実審理を行いませんから(189頁参照)、控訴審口頭弁論終結時です(このように口頭弁論の終結時が既判力の標準時となりますから、その終結の日が判決書に記載されるわけです〔253条1項4号〕)。そして、この標準時との関係で、敗訴した当事者は、その時点以前に存在した攻撃防御方法で提出しそこなったものを後訴で提出して、既判力を生じた裁判所の判断内容を争うことはできなくなります(これを既判力の失権効または遮断効といいます)。たとえば、標準時前に生じた弁済、免除などによる債務の消滅を主張できないのはもちろん、争いがありますが、標準時前に存在した取消権や解除権を標準時後に行使して債務の消滅を主張することもできません。

3 既判力の客観的範囲と争点効

前訴判決においてなされた判断のどの部分に既判力を生ずるかを既判力の客観的範囲の問題といいますが、これは、原則として、判決主文に包含される判断に限られます(114条1項)。当事者が意図的に審判を求めたのは訴訟物に関してですから、その範囲で既判力を認めることにすれ

《既判力の範囲》

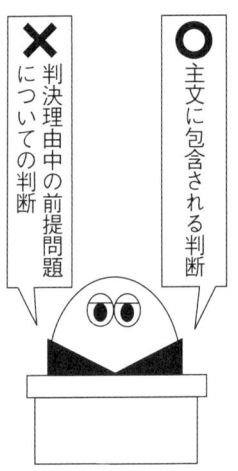

○ 主文に包含される判断

× 判決理由中の前提問題についての判断

ば、当事者の意図と予測に合致し、当面の紛争の解決にとって十分であると考えられるからです。そこで、本案判決は、原告の請求の当否を判断するものですから、その既判力は訴訟物の範囲に及ぶということになり、それゆえ、訴訟物理論について新旧いずれの理論に従うかによって、既判力の及ぶ範囲も異なってくることになります。たとえば、45頁の例では、旧訴訟物理論によると、占有権に基づく返還請求権を主張して馬の返還請求訴訟を提起して敗訴した原告が、今度は所有権に基づく返還請求権を主張して再訴したとしても既判力によって妨げられることはありませんが、新訴訟物理論では、そのような再訴は既判力によって遮断されることになります。もっとも、主文の表現は極めて簡潔ですから、そこで何が判断されているかは、判決理由や事実を参照しなければはっきりしないことがあります。たとえば、上記の例では、請求棄却とのみ記載されている判決主文において馬のいかなる返還請求権が否定されたかを判断するためには、判決理由や事実を参照する必要があります。

　主文に包含される判断についてのみ既判力が生ずるということは、判決理由中の前提問題についての判断には既判力を生じないということも意味します。当事者が意識的に審判の対象としていないことがらについての判断に既判力を認めると、当事者の意図を超えた不意打ちの結果を招くばかりでなく、裁判所の審理の弾力性も失われるからです。たとえば、所有権確認請求訴訟において、原告が所有権の取得原因として買得と時効取得とを主張した場合に、判決理由中の判断に既判力が生ずるとすれば、買得が認められた場合被告から売買代金の請求がなされることになるかもしれませんから、原告にとって不意打ちとなります。また、そうであるとすると、裁判所としてはいずれの取得原因を認めてもかまわないことになりませんから、審理をしやすい方を認めるということができず、その弾力性が失われることになります。

　上記のことの例外として、相殺の抗弁について判決理由中で判断されたときは、その判断について既判力が生ずるものとされています（114条2項）。たとえば、100万円の貸金返還請求訴訟において、被告が原告に対

して150万円の売買代金債権があるとして相殺の抗弁を提出し,裁判所が審理の結果その売買代金債権の存在を否定して認容判決を下した場合には,判決理由中の被告の売買代金債権不存在の判断に既判力を認めないと,被告は,判決後に,売買代金の請求をしないとも限りません。そして,これが認められれば,先の判決に基づいて支払った100万円を取り戻すこととなって,その判決による紛争の解決を実質的に無にすることになってしまいます(相殺の抗弁を認めた場合にも問題が生じます)。そこで,先の判決の判決理由中の相殺の抗弁に関する判断にも既判力を認めることとされているわけです(もっとも,上記のことは相殺をもって対抗した額についてのみ言いうることですから,その限度でのみ既判力が認められています)。

ところで,判決理由中の判断に既判力を認めないことの根拠が当事者に対する不意打ちの防止と裁判所の審理の弾力性の確保にあるとすると,このような要請が害されない限りでは判決理由中の判断に拘束力を認めてもよいのではないかということが問題になります。すなわち,前訴で当事者が主要な争点として争い,かつ,裁判所がこれを審理して下した判断については,同一の争点を主要な先決問題とした後訴請求の審理において,それに反する主張・立証や裁判所の判断を禁止することができるのではないかが問題とされています。これを争点効といい,学説上は次第に支持者を増しつつありますが,最高裁の判例はこれを認めていません。もっとも,その判例も,信義則の活用によって,実質的に争点効を認めたかのような結論をとっていることがあり,今後の展開が注目されるところです。

4 既判力の主観的範囲と反射効

既判力が誰と誰の間で作用するかを既判力の主観的範囲の問題といいますが,これは当事者間に限られるのが原則です(115条1項1号)。当事者間の私的利益に関する民事訴訟は相対的に解決すればたりますし,また,手続に関与していない者に既判力を及ぼすことは,その者の裁判を受ける権利を奪うことになりかねないからです。

しかし,この原則にはいくつかの例外があります。まず,既に説明した訴訟担当(69頁参照)の場合の被担当者があげられます(同項2号)。次に,当事者と被担当者の口頭弁論終結後の承継人があげられますが(同項3号),これは,そうしないと,既判力の標準時後に承継があった場合に折角の判決が無駄になって不経済ですし,当事者間の公平にも反するからで

す。この承継人には,当事者の一般承継人(相続人や合併会社など)のみならず特定承継人も含まれます。所有権確認請求訴訟の目的物を原告または被告から譲り受けた第三者とか債務の履行請求訴訟の目的物であるその債権についての債権譲受人や債務引受人のような係争権利自体についての承継人のみならず,建物収去土地明渡請求訴訟における原告からの土地の譲受人,被告からの建物の譲受人のような紛争の主体たる地位の移転を受けた者を含みます。第3に,1号から3号までに掲げられた者のために請求の目的物を所持する者があげられますが(同項4号),その例としては,家族,同居人,管理人などがあります。これらの者は既判力を及ぼされてもその固有の実体的利益を害されるおそれがないからです。これに対し,自己固有の利益に基づいて占有をしている賃借人や質権者はこれにあたりません。

他方,先に述べたように,身分関係は社会との関係で画一的に決まっていなければ社会生活に混乱が生じます(96頁参照)。また,同様のことは,株主総会決議が有効か無効かというような会社に関連したことがらについてもいうことができます。ところが,既判力が当事者間にのみ及ぶということは,様々な主体の間に同一のことがらについて矛盾した判決がなされうるということを意味します。このようなことは,身分関係や会社関係については到底容認することはできないので,そこでは第三者に既判力が一般的に拡張されるものとされています(人事訴訟法24条1項,会社法838条)。

ところで,第三者が直接既判力を受けるわけではありませんが,当事者間に既判力のある判決があることが,当事者と特殊な関係にある第三者に反射的に有利または不利な影響を及ぼすのではないかが問題とされることがあり,この効果を反射効といいます。たとえば,貸金返還請求訴訟の債権者敗訴判決の既判力は保証人には及びませんが,主たる債務が消滅すれば保証債務も消滅するという保証債務の付従性(民法448条)から,保証債務の履行請求訴訟において,保証人は主たる債務者勝訴判決を援用して,支払いを免れることができるとされます。この場合,115条の明文の規定に反するとして反射効を否定する学説や,むしろその場合は既判力の拡張の一場合にほかならないとする学説もみられます。また,判例は反射効に消極的な態度をとっています。

（定期金による賠償を命じた確定判決の変更を求める訴え）
第117条 ① 口頭弁論終結前に生じた損害につき定期金による賠償を命じた確定判決について，口頭弁論終結後に，後遺障害の程度，賃金水準その他の損害額の算定の基礎となった事情に著しい変更が生じた場合には，その判決の変更を求める訴えを提起することができる。ただし，その訴えの提起の日以後に支払期限が到来する定期金に係る部分に限る。
② 前項の訴えは，第一審裁判所の管轄に専属する。
第118条～第123条　省略

用語解説

定期金による賠償　逸失利益（事故によって働けなくなったような場合に，働ければ得られたはずであるのに，得られなくなった収入）等を賠償する場合に，定期的に（たとえば，毎月）一定額を支払っていく方式。
後遺障害　病気やけがの初期の症状が治癒した後に長く残る機能障害。

◆定期金賠償を命じた確定判決の変更を求める訴え

損害賠償は一時金賠償方式（逸失利益についても，将来の収入を現在の価値に換算して一時に全額を賠償する方式）によるのが通例ですが，定期金による賠償を命じた裁判例もないわけではありません。そして，その賠償を命ずる場合，将来のことがらを予測し，それを前提として損害額を算定しているのですから，その前提とされた事実関係が著しく変動したときには，確定判決の内容を事後的に修正し，賠償額の増額または減額を認めるのが公平に合致すると考えられます。そこで，現行法は，その判決が定期金賠償を命じたものであり，口頭弁論終結前に生じた損害に関するものであるときに，損害額の算定の基礎となった後遺症の程度や賃金水準が予測とは著しく異なることが明らかとなったなどの事情が生じた場合には，その判決の変更を求める訴えを提起しうることとしています（本条1項）。この訴えと既判力との関係の理解（既判力に抵触しないか，それを打破するものであるか）については，理論的に問題のありうることが指摘されています。また，これによって変更を求めうるのは，当該訴えの提起以後に支払期限が到来する定期金部分に限られ（同項ただし書），管轄裁判所は変更を求められている判決のなされた訴訟の第一審裁判所です（本条2項）。

定期金賠償を命ずる判決には，過去の不法行為に基づく既発生の損害の賠償を命ずるもの（交通事故の場合が典型的です）と，継続的不法行為

によって将来にわたって継続的に発生する損害について賠償を命ずるもの(不動産の不法占拠に基づく賃料相当損害金の支払いを命ずる判決が典型的です)が考えられますが、117条は前者の判決についてのみ適用があり、後者のそれには適用がありません。一時金賠償方式をとる判決にも適用がありません。しかし、これらの判決も将来のことがらを予測して損害額を算定していることに変わりはありませんから、予測の基礎とされた事情に変動が生じたときには、追加賠償を請求する訴えや、請求異議の訴え(民事執行法35条)(確定判決や和解調書に記載された給付義務の不成立、消滅等を理由として、その確定判決や和解調書等による強制執行を許さない旨の宣言を求める訴訟)によって判決に表示された賠償請求権が不存在であることやその額がそれ程ではないことを主張することを認めることが問題となりえます。これらの訴えをめぐっては従来から様々な議論がなされてきましたが、その議論は、今後も継続することになると思われます。

(仮執行の宣言)
第259条 ① 財産権上の請求に関する判決については、裁判所は、必要があると認めるときは、申立てにより又は職権で、担保を立てて、又は立てないで仮執行をすることができることを宣言することができる。
② 手形又は小切手による金銭の支払の請求及びこれに附帯する法定利率による損害賠償の請求に関する判決については、裁判所は、職権で、担保を立てないで仮執行をすることができることを宣言しなければならない。ただし、裁判所が相当と認めるときは、仮執行を担保を立てることに係らしめることができる。
③ 裁判所は、申立てにより又は職権で、担保を立てて仮執行を免れることができることを宣言することができる。
④ 仮執行の宣言は、判決の主文に掲げなければならない。前項の規定による宣言についても、同様とする。
⑤・⑥ 省略
第260条 省略

用語解説

担保 債務者が債務を履行しない場合に債権者が被る危険に備えて、あらかじめ債務の弁済を確保し、債権者に満足を与えるために提供される手段。
仮執行 仮執行宣言のついた判決または支払督促(3頁参照)に基づく強制執行

（1頁参照）。
法定利率 法律により定められている利率。民事では年5分,商事では年6分。

1 執 行 力

　判決によって命ぜられた給付を債務者が任意に履行しない場合には,当該判決に基づいて債権者は強制執行をすることができます。そして,判決のこの強制執行を行うことのできる効力を執行力といいます。執行力は判決の確定をまって生ずるのが原則ですが,まだ確定しない判決にも仮執行の宣言が付されたときには,その判決に基づいて強制執行をすることができます。すなわち,訴訟には相当の時間を要しますが,上訴が提起されたとき(あるいは異議の申立てがなされたとき)には特に長期の時間を必要とします。すると,第一審(や異議前の手続)で勝訴した当事者も,相手方が上訴(等を)すると,せっかくの勝訴判決に基づいて強制執行をなしえないこととなってしまいます。そこで,事情によっては,勝訴者のために,判決の確定前であってもそれに暫定的に執行力を付与することを認める必要がありますので,そのために仮執行の宣言の制度が設けられています(259条)。とりわけ,迅速にその権利の実現をはかる必要のある手形・小切手金の支払いを目的とする訴訟においては,裁判所の職権で必ず仮執行の宣言を付すべきものとされています(同条2項)。執行力は,確定給付判決,仮執行宣言付給付判決のほかに,請求認諾,和解および各種の調停調書(267条,民事調停法16条,家事事件手続法268条1項),仮執行宣言付支払督促(391条),執行証書(金銭その他の代替物の給付請求権について公証人が作成した文書で,債務者の執行受諾の意思表示が記載されているもの)などに認められます(民事執行法22条)。執行力は,判決主文で確定された給付義務についてだけ生じ,その主観的範囲も既判力に準ずるのが原則です(115条2項参照)。

　なお,以上を狭義の執行力といい,これに対して,強制執行によらず判決の内容を実現できる効力を広義の執行力といいます。たとえば,確定判決に基づいて登記や戸籍の訂正を申請できる場合(不動産登記法63条1項,戸籍法116条)がこれにあたります。この広義の執行力は,給付判決だけでなく,確認判決や形成判決にも生じます。

2 形 成 力

　判決の本来的効果には,以上の既判力,執行力のほかに形成力があります。すなわち,形成判決の確定によって判決内容どおりに法律関係の発

生,変更,消滅を生じますが,このような変動を生じさせる効力を形成力といいます。たとえば,離婚判決によって初めて婚姻関係消滅の効果が生ずることとして,法律生活の安定をはかることが意図されています。形成判決には,形成力があるほか,通説は,それは形成原因を確認する作用をもち,この判断に既判力が生ずるとしています。また,通説は,形成力は,当事者だけでなく,広く第三者にも及ぶものとしています。

第2節　裁判によらない訴訟の終了

（訴えの取下げ）
第261条　① 訴えは,判決が確定するまで,その全部又は一部を取り下げることができる。
② 訴えの取下げは,相手方が本案について準備書面を提出し,弁論準備手続において申述をし,又は口頭弁論をした後にあっては,相手方の同意を得なければ,その効力を生じない。ただし,本訴の取下げがあった場合における反訴の取下げについては,この限りでない。
③ 訴えの取下げは,書面でしなければならない。ただし,口頭弁論,弁論準備手続又は和解の期日（以下この章において「口頭弁論等の期日」という。）においては,口頭ですることを妨げない。
④ 第2項本文の場合において,訴えの取下げが書面でされたときはその書面を,訴えの取下げが口頭弁論等の期日において口頭でされたとき（相手方がその期日に出頭したときを除く。）はその期日の調書の謄本を相手方に送達しなければならない。
⑤ 訴えの取下げの書面の送達を受けた日から2週間以内に相手方が異議を述べないときは,訴えの取下げに同意したものとみなす。訴えの取下げが口頭弁論等の期日において口頭でされた場合において,相手方がその期日に出頭したときは訴えの取下げがあった日から,相手方がその期日に出頭しなかったときは前項の謄本の送達があった日から2週間以内に相手方が異議を述べないときも,同様とする。

（訴えの取下げの効果）
第262条　① 訴訟は,訴えの取下げがあった部分については,初めから係属していなかったものとみなす。
② 本案について終局判決があった後に訴えを取り下げた者は,同一の訴えを提起することができない。

用語解説

判決が確定する 162頁参照。
訴えの取下げ 原告がいったん提起した審判の申立てとしての訴えを途中で撤回すること。

1 裁判によらない訴訟の終了

　裁判所としては、訴えに対し審理を尽くし終局判決をもって訴訟に結末をつけることになりますが、先に述べた処分権主義の一内容として、訴訟の終了についても当事者の主導権が認められているため、訴訟は、必ずしも終局判決によらず、当事者の行為によって終了することもあります。すなわち、当事者は訴えの取下げ、請求の放棄・認諾、訴訟上の和解によって訴訟を終了させることができます。このうち、訴えの取下げは審判の申立てを撤回して訴訟を終了させるだけであるのに対し、ほかのものは当事者間で請求自体について決着をつけて訴訟を終了させる点が異なっています。もっとも、訴えの取下げにも、訴訟外での和解が前提となっていることが多いといわれます。そして、訴えの取下げや和解によって訴訟が終了することは、相当な数にのぼります(下のグラフ参照)。なお、訴訟係属中における原告・被告の地位の混同(たとえば、訴訟係属中に一方の当事者が死亡し、その唯一の相続人である相手方当事者が訴訟物たる権利義務を相続した場合)や、訴訟物たる権利義務が一身専属的である場合の当事者の死亡(たとえば、離婚訴訟中に当事者の一方たる配偶者が死亡した場合)によっても、訴訟は終了します。

終局区分

簡裁	判決 35%	和 11	取下げ 27	その他 27

地裁	判決 33%	和解 32	取下げ 29	その他 6

(注) 「司法統計年報」(平23)30頁第8表、36頁第19表による。

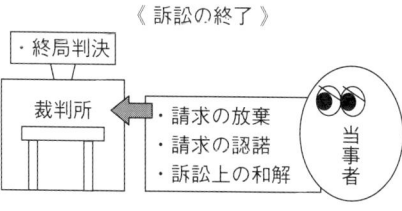

《 訴訟の終了 》
・終局判決
裁判所 ← ・請求の放棄　・請求の認諾　・訴訟上の和解 ← 当事者

2 訴えの取下げ

　訴えの取下げは、書面または口頭弁論等の期日(または進行協議期日〔民事訴訟規則95条2項〕)における口頭での陳述によってなされます。それをするのはもちろ

ん原告ですが、被告が本案、すなわち請求の当否についての応訴の態勢をとった後は、被告側に訴訟追行をして請求棄却判決を得る利益を生じますから、被告の同意がなければなりません(261条1項・2項本文。なお、同条2項ただし書および5項参照)。これによって訴訟は初めから係属しなかったことになり、訴訟も終了します(262条1項)。人事訴訟のような職権探知主義のとられている事件においては原則として請求の放棄はできないとされていますが(177頁参照)、訴えの取下げは可能です。請求の一部について取下げをすることもできます。また、判決が確定するまでは訴えの取下げができますから、終局判決の言渡しがあった後でも、上訴期間や異議申立期間の経過するまで、あるいは事件が上訴審や異議審に係属中でも、訴えを取り下げることができます。ただし、終局判決後に訴えを取り下げた場合には、同一の訴えを再度提起することはできません(同条2項)。この再訴禁止の根拠については争いがありますが、国家がせっかく紛争の解決案を示してやったのに、それを無に帰せしめたことに対する制裁であると説くのが通説の立場です。もっとも、この訴えの取下げ後、訴えの提起を必要とさせる新たな事情が生じたときには、再訴は許されると解されています。訴えの取下げが有効になされたか否かは、裁判所は職権で調査しなければなりません。詐欺・強迫等刑事上罰すべき行為によって取り下げられた場合はもちろん、争いはありますが、錯誤による取下げも無効と解されます。そこで、訴えの取下げがこれらの事由によって無効であることを主張する原告は訴訟の係属した裁判所に期日指定の申立て(93条1項)をすることができ、裁判所は口頭弁論を開いてこの主張についての審理を行い、訴えの取下げが無効であると認めれば、さらに本案の審理を続行し、有効であると認めれば、訴訟は訴えの取下げによって終了したとの旨の宣言を行って訴訟を打ち切ることになります。

(和解条項案の書面による受諾)
第264条 当事者が遠隔の地に居住していることその他の事由により出頭することが困難であると認められる場合において、その当事者があらかじめ裁判所又は受命裁判官若しくは受託裁判官から提示された和解条項案を受諾する旨の書面を提出し、他の当事者が口頭弁論等の期日に出頭してその和解条項案を受諾したときは、当事者間に和解が調ったものとみなす。
(裁判所等が定める和解条項)

第265条 ① 裁判所又は受命裁判官若しくは受託裁判官は,当事者の共同の申立てがあるときは,事件の解決のために適当な和解条項を定めることができる。
② 前項の申立ては,書面でしなければならない。この場合においては,その書面に同項の和解条項に服する旨を記載しなければならない。
③ 第1項の規定による和解条項の定めは,口頭弁論等の期日における告知その他相当と認める方法による告知によってする。
④ 当事者は,前項の告知前に限り,第1項の申立てを取り下げることができる。この場合においては,相手方の同意を得ることを要しない。
⑤ 第3項の告知が当事者双方にされたときは,当事者間に和解が調ったものとみなす。
(請求の放棄又は認諾)
第266条 ① 請求の放棄又は認諾は,口頭弁論等の期日においてする。
② 請求の放棄又は認諾をする旨の書面を提出した当事者が口頭弁論等の期日に出頭しないときは,裁判所又は受命裁判官若しくは受託裁判官は,その旨の陳述をしたものとみなすことができる。
(和解調書等の効力)
第267条 和解又は請求の放棄若しくは認諾を調書に記載したときは,その記載は,確定判決と同一の効力を有する。
第268条~第280条 省略

用語解説

和解 訴訟係属中に当事者双方が訴訟物たる権利関係についてのその対立する主張を互いに譲歩することによって,訴訟を終了させる旨の期日における当事者間の合意。
請求の放棄 原告の,請求が理由のないことを自認する,裁判所に対する意思表示。
請求の認諾 被告の,請求に理由があることを認める,裁判所に対する意思表示。

---

1 和 解

　裁判所は,訴訟の係属中,それがいかなる段階にあるかを問わず,和解を試み,あるいは受命裁判官や受託裁判官(以下,1 2 の解説において,裁判所,受命裁判官,受託裁判官をあわせて「裁判所等」といいます)をして和解を試みさせることができます(89条)。これにより,口頭弁論等の期日において,当事者が相互に譲り合って訴訟物である権利関係についてどうするか合意した場合には,この合意の内容を調書に記載します(民事訴訟規則67条1項1号)。この合意を訴訟上の和解といい(なお,2頁参照),

それが調書に記載されると訴訟が終了し、その記載は確定判決と同一の効力を生じます(267条)。

ところで、従来は、訴訟上の和解では期日における当事者の合意が必要とされていましたから、当事者間で合意が調っていても、一方の当事者が期日に出頭しないときには、和解を成立させることはできませんでした。しかし、これでは不便ですから、現行法は、当事者の出頭の必要性を緩和して和解の成立を容易にするために(当事者が多数の場合に効用があるでしょう)、一定の場合には、一方の当事者から裁判所等から提出された和解条項案を受諾する旨の書面の提出があり、他の当事者の期日における受諾があれば、和解が成立したものとみなすことにしています(264条)。

和解は、当事者が明確にされた和解条項案を前提にして、それに積極的な同意を与えることによって成立するものですが、当事者間にそのような和解が調わない場合でも、裁判所等が提示する和解条項案には、その内容いかんを問わず従ってもよいとされることがあります(従前の感情的な対立が尾を引いていて、和解として成立させることをいさぎよしとしないが、裁判所等が決めてくれればそれに従うと当事者が述べているような場合などに、そのようなことがあるでしょう)。

このような仲裁的(仲裁については、2頁参照)な解決方法が訴訟手続内にあれば、紛争解決のための手段が多様化され、当事者は、その希望に応じて、様々な手段の中から最適と考えられるものを選択することができることになって、それにとっても便宜と考えられます。そこで、現行法は、裁判所等は、当事者の共同の申立てがあるときは、事件の解決のために適当な和解条項を定めることができ、これが当事者双方に告知されたときは、当事者間に和解が成立したものとみなすという制度を新たに設けています(265条)(なお起訴前の和解〔2頁参照〕では、264条と265条の適用はありません〔275条4項〕)。

訴訟上の和解は、当事者による自主的な紛争解決方法ですから、当事者の自由に処分できる権利関係を対象とするものでなければなりません。したがって、協議離婚・協議離縁との対応でそれが認められる離婚の訴え・離縁の訴え(人事訴訟法37条・44条)を除いては、人事訴訟では和解は認められません(同法19条2項)。和解の内容となる権利関係は、公序良俗に反するなど現行法上許されないものであってはなりません。また、その内容は、訴訟物たる権利関係そのものの処分を含んでいなければなりませんが、それのみに限られなければならないわけではありません。たと

えば，訴訟物たる権利関係を被告が認める代わりに，原告が新たな給付義務を負担したり，あるいは代金支払請求訴訟において，原告が代金額を減らす代わりに，第三者が保証人としてその和解に参加したりすることもできます。訴訟要件の具備は要しませんが，当事者の実在，当事者能力，代理人の代理権の存在は必要です。

　和解調書の記載には，先に述べたように，確定判決と同一の効力があります。したがって，そこに具体的な給付義務が記載されていれば，その和解に執行力(171頁参照)が認められます。これに対し，既判力(164頁以下参照)が認められるかには争いがあり，かつてはこれを肯定する見解が有力でしたが，近時は，和解がその成立過程に対する裁判所の関与の程度が低い当事者間の自主的紛争解決方法であり，そのため錯誤，代理権の欠缺，虚偽表示，詐欺・強迫といった瑕疵を伴うことが多いということを重視して，既判力を否定する見解が有力です。そして，このこととの関連で，このような和解の瑕疵をどのような手段によって主張したらよいかについても争いがあり，判例は和解無効確認の訴えや請求異議の訴え(民事執行法35条)，期日指定の申立て(93条1項)のいずれの方法を選択してもよいとしており，学説上はこれに賛成する見解も有力ですが，このうちの最後の方法に限るべきであるとする見解もまた有力です。

2　請求の放棄・認諾

　訴訟は，原告が請求に理由のないことを認め，あるいは被告が理由のあることを認めることによっても終了します。前者を請求の放棄，後者を請求の認諾といい，ともにそれぞれの当事者にとって不利な陳述ですが，請求の当否そのものに関する点において自白とは区別されます。

　請求の放棄・認諾は，口頭弁論期日，弁論準備手続または和解の期日(あるいは進行協議期日〔民事訴訟規則95条2項〕)において口頭の陳述でなされるのが原則です(266条1項)。しかし，当事者が請求の放棄や認諾をするためだけに常に裁判所に出頭しなければいけないとするまでの理由はないと思われますから，放棄または認諾をする旨の書面が提出されていれば，裁判所等は，その旨の陳述がなされたものとみなすことができます(同条2項)。また，放棄・認諾も当事者による紛争の自主的解決方法ですから，請求が当事者によって自由に処分できる権利関係に関するものである場合に限って認められます。したがって，人事訴訟では原則として許されないことになりますが(人事訴訟法19条2項)，ただ民法上協議離婚・協議離縁が認められていますから(民法763条・811条)，離婚の訴えや離

縁の訴えでは請求の放棄・認諾が許されます(人事訴訟法37条1項・44条)。さらに,請求が公序良俗違反その他法律上許されない権利関係の主張でないことも必要です。たとえば,妾契約の履行請求を認諾することは許されません。訴え自体に訴訟要件が具備されていることを要するかについては争いがありますが,少なくとも,当事者の実在,訴訟能力,代理権の具備は必要です。

　放棄・認諾がなされると,裁判所はこれらの要件を審査し,それが具備されていると認めれば裁判所書記官に調書を作成させます(民事訴訟規則67条1項1号)。これによって訴訟は当然に終了し,放棄であれば請求棄却の,認諾であれば請求認容の確定判決と同様の効力を生じます(267条)。すなわち,給付請求についての認諾調書には執行力(171頁参照),形成請求についての認諾調書には形成力(171頁以下参照)を生じます。既判力(164頁以下参照)を生ずるかについては争いがあり,肯定する見解は再審事由(338条)がある場合にのみ,調書の取消しを求めうるとしていますが,近時は,放棄・認諾が当事者の意思表示による自主的な紛争解決方法であることを重視し,既判力を否定し,意思表示に瑕疵のある場合には期日指定の申立て(93条1項)により手続の続行を求めうるとする見解が有力になっています。

第6章　上訴と再審

第1節　上　訴

（控訴をすることができる判決等）
第281条　① 控訴は,地方裁判所が第一審としてした終局判決又は簡易裁判所の終局判決に対してすることができる。──ただし書省略
② 省略
第282条　省略
（控訴裁判所の判断を受ける裁判）
第283条　終局判決前の裁判は,控訴裁判所の判断を受ける。ただし,不服を申し立てることができない裁判及び抗告により不服を申し立てることができる裁判は,この限りでない。
第284条　省略
（控訴期間）
第285条　控訴は,判決書又は第254条第2項の調書の送達を受けた日から2週間の不変期間内に提起しなければならない。ただし,その期間前に提起した控訴の効力を妨げない。
（控訴提起の方式）
第286条　① 控訴の提起は,控訴状を第一審裁判所に提出してしなければならない。
② 控訴状には,次に掲げる事項を記載しなければならない。
　1　当事者及び法定代理人
　2　第一審判決の表示及びその判決に対して控訴をする旨
第287条～第291条　省略
（控訴の取下げ）
第292条　① 控訴は,控訴審の終局判決があるまで,取り下げることができる。
② 第261条第3項,第262条第1項及び第263条の規定は,控訴の取下げについて準用する。
（附帯控訴）
第293条　① 被控訴人は,控訴権が消滅した後であっても,口頭弁論の終

結に至るまで、附帯控訴をすることができる。
② 附帯控訴は、控訴の取下げがあったとき、又は不適法として控訴の却下があったときは、その効力を失う。ただし、控訴の要件を備えるものは、独立した控訴とみなす。
③ 附帯控訴については、控訴に関する規定による。ただし、附帯控訴の提起は、附帯控訴状を控訴裁判所に提出してすることができる。

第294条・第295条 省略

（口頭弁論の範囲等）
第296条 ① 口頭弁論は、当事者が第一審判決の変更を求める限度においてのみ、これをする。
② 当事者は、第一審における口頭弁論の結果を陳述しなければならない。

（第一審の訴訟手続の規定の準用）
第297条 前編第1章から第7章までの規定は、特別の定めがある場合を除き、控訴審の訴訟手続について準用する。ただし、第269条の規定は、この限りでない。

（第一審の訴訟行為の効力等）
第298条 ① 第一審においてした訴訟行為は、控訴審においてもその効力を有する。
② 第167条の規定は、第一審において準備的口頭弁論を終了し、又は弁論準備手続を終結した事件につき控訴審で攻撃又は防御の方法を提出した当事者について、第178条の規定は、第一審において書面による準備手続を終結した事件につき同条の陳述又は確認がされた場合において控訴審で攻撃又は防御の方法を提出した当事者について準用する。

第299条・第300条 省略

（攻撃防御方法の提出等の期間）
第301条 ① 裁判長は、当事者の意見を聴いて、攻撃若しくは防御の方法の提出、請求若しくは請求の原因の変更、反訴の提起又は選定者に係る請求の追加をすべき期間を定めることができる。
② 前項の規定により定められた期間の経過後に同項に規定する訴訟行為をする当事者は、裁判所に対し、その期間内にこれをすることができなかった理由を説明しなければならない。

（控訴棄却）
第302条 ① 控訴裁判所は、第一審判決を相当とするときは、控訴を棄却しなければならない。
② 第一審判決がその理由によれば不当である場合においても、他の理由により正当であるときは、控訴を棄却しなければならない。

第303条 省略

(第一審判決の取消し及び変更の範囲)
第304条　第一審判決の取消し及び変更は,不服申立ての限度においてのみ,これをすることができる。
(第一審判決が不当な場合の取消し)
第305条　控訴裁判所は,第一審判決を不当とするときは,これを取り消さなければならない。
(第一審の判決の手続が違法な場合の取消し)
第306条　第一審の判決の手続が法律に違反したときは,控訴裁判所は,第一審判決を取り消さなければならない。
(事件の差戻し)
第307条　控訴裁判所は,訴えを不適法として却下した第一審判決を取り消す場合には,事件を第一審裁判所に差し戻さなければならない。ただし,事件につき更に弁論をする必要がないときは,この限りでない。
第308条　①　前条本文に規定する場合のほか,控訴裁判所が第一審判決を取り消す場合において,事件につき更に弁論をする必要があるときは,これを第一審裁判所に差し戻すことができる。
②　第一審裁判所における訴訟手続が法律に違反したことを理由として事件を差し戻したときは,その訴訟手続は,これによって取り消されたものとみなす。
(第一審の管轄違いを理由とする移送)
第309条　控訴裁判所は,事件が管轄違いであることを理由として第一審判決を取り消すときは,判決で,事件を管轄裁判所に移送しなければならない。
第310条・第310条の2　省略

用語解説

控訴　第一審の終局判決に対してなされる第二の事実審への上訴。
終局判決前の裁判　終局判決がされる前になされる中間的な裁判。
控訴状　控訴を提起するときに裁判所に提出しなければならない書面。
控訴権　控訴をする権利。
附帯控訴　控訴により開始された控訴審の手続中で,被控訴人がその手続に便乗して原裁判に対する自己の不服を主張し,控訴審の審判の範囲を自己に有利に拡張させる申立て。

1　上訴の種類と要件・効果

　裁判は生身の人間である裁判官によって行われますから,絶対に誤判がないとはいいきれません。そこで,裁判の適正を確保するために,裁判所の間に上下の関係をつくり,下級の裁判所の裁判に不服のある当事者

は,上級の裁判所に不服申立て,すなわち上訴をして再度の審理を求めることができると制度が設けられています。これを上訴制度といいます。また,上訴により事件が究極的には1個の最高の裁判所にまとめられることによって,法令の解釈適用の統一がはかられることにもなります。この上訴には,判決に対するそれとして控訴,上告があり,決定,命令に対するそれとして抗告,再抗告があります。

このように,わが国では1つの事件につき三度の審理を認める三審制度がとられていますが,先に述べたように,第一審裁判所は訴額によって簡易裁判所か地方裁判所とされています。そこで,簡易裁判所が第一審の事件では,その判決に対して地方裁判所に控訴が,地方裁判所の判決に対して高等裁判所に上告ができ,地方裁判所が第一審の事件では,その判決に対して高等裁判所に控訴が,高等裁判所の判決に対して最高裁判所に上告ができることになります。なお,例外的に高等裁判所が第一審裁判所となる場合,その判決に対しては最高裁判所への上告しか認められません(281条1項・311条1項,裁判所法16条1号・24条3号)。また,簡易裁判所の決定,命令に対しては地方裁判所への抗告を経て,高等裁判所に再抗告ができ,地方裁判所の決定,命令に対しては高等裁判所へ抗告ができることになります(328条1項・330条,裁判所法16条2号・24条4号)。高等裁判所の決定,命令に対しては,特別にその決定,命令をした高等裁判所が許可した場合に限って,最高裁判所に抗告することができます(337条。ただし,例外につき,194頁参照)。なお,324条の高等裁判所から最高裁判所への移送や327条の特別上告,336条の特別抗告は,最高裁判所への通常の不服申立てができない場合に,それに,憲法違反の有無を判断させる見地から特別に認められた制度であり,上訴とは異なります。後二者と許可抗告の場合は,裁判の確定は妨げられません。

訴えの提起について訴訟要件の具備が要求されるのと同様に,上訴についても上訴要件が必要とされ,それが欠ける場合には,上訴は不適法として却下されます。それぞれの上訴要件については後で説明することとし,ここでは上訴の利益についてのみ説明しておきます。すなわち,上訴が適法であるためには,上訴人すなわち上訴を提起する者が原裁判に対して不服を有していなければなりません。この不服がどのような場合に認められるかについては争いがありますが,判例・通説は,原審における当事者の申立てに比べて,原裁判の内容が質的または量的に劣る場合にそれが認められるという形式的不服説とよばれる考え方をとっています。

したがって、原告の請求を全部認容した判決に対しては、判決理由中の判断に対する不服を理由として上訴すること(たとえば、所有権確認請求訴訟において、時効取得を認めて認容判決があった場合に、買得を理由として認容されるべきであるとして上訴すること)や、訴えの変更や反訴をするために上訴すること(たとえば、同様の訴訟において、訴えを追加的に変更して目的物の引渡しまでの損害賠償を求めるために上訴すること)は許されません。

控訴率, 同認容率；上告率, 同認容率

簡裁を第一審とするもの

控訴率[1]	認容率	上告率[2]	認容率
6.9	10.6	13.0	4.8

地裁を第一審とするもの

控訴率[1]	認容率	上告率[3]	認容率
26.5	13.1	52.5	0.2

(注)

1　控訴率(%) = $\dfrac{控訴提起件数}{第一審判決数}$

2　上告率(%) = $\dfrac{上告状提出件数}{控訴審判決数}$

3　上告率(%) = $\dfrac{上告件数＋上告受理申立件数}{控訴審判決数}$

4　「司法統計年報」(平23)30頁第8表, 36頁第19表, 40頁第27表, 第28表, 43頁第36表, 第37表, 48頁第46表, 第47表, 51頁第54表, 52頁第55表による。

上訴が提起されると、判決の確定が遮断され(116条2項)、事件が上訴審へ移る効果を生じます(前者を確定遮断効、後者を移審効といいます)。これらの効果は1個の判決の全部について生じます(これを上訴不可分の原則といいます)。したがって、最初から、あるいは訴えの追加的変更や反訴などによって訴えの客観的併合が生じており、その複数の請求についてまとめて判決がなされた場合には、原告が敗訴した方の請求について上訴を提起すれば、他方の請求についても確定遮断効と移審効が生じます。

② 控　訴

第一審裁判所の終局判決に対して許される控訴は、事実面法律面の双方について全面的に審判をやり直してもらうことを求める上訴です。これは終局判決に対してなされるものですから、中間判決その他の中間的裁判については、原則として独立した控訴はできず、終局判決とともに控訴裁判所の判断を受けます(283条)。控訴の提起は控訴状を第一審裁判所に提出して行います(286条1項)。また控訴は第一審判決の送達を受けてから2週間の控訴期間内に提起しなければなりません(285条)。控訴審においても、争点を早期に明らかにし、迅速な充実した審理を行うことが望まれますから、そのために、控訴人には、控訴状または控訴提起後50日以内に控訴裁判所に提出されるべき書面に、第一審判決の取消しま

たは変更を求める事由を具体的に記載することが求められます(民事訴訟規則182条)。他方、これに対応して、裁判長は、被控訴人に対し、相当の期間を定めて、控訴人が主張する第一審判決の取消しまたは変更を求める事由に対する被控訴人の主張を記載した書面の提出を命ずることができるとされています(民事訴訟規則183条)。控訴人はいったん提起した控訴を、終局判決があるまでは取り下げることができます(292条)。これは控訴の申立てを取り下げる行為であって、訴え自体を取り下げるものではありませんから、後者の取下げの場合のように、控訴の取下げがあっても第一審判決まで失効するものではありません。控訴審での審理は、第一審判決について当事者が不服を申し立てた範囲内で行われますが(296条1項)、これも処分権主義の1つのあらわれです。そこで、控訴人すなわち控訴を提起した者としては、第一審判決の一部に自分にとって有利な部分があれば、これを確保したうえで、控訴を提起することができることになり、控訴がうまくいかなくとも、控訴棄却の判決を受ける以上の不利益を受けることはないことになります(304条)。これを不利益変更の禁止といいます(なお、これは上告の場合でも同様です)。ただし、これでは相手方である被控訴人にとって不公平ですので、被控訴人は、第一審判決が自己にも不利益であるため控訴できたにもかかわらず控訴しなかったため控訴権を失った後でも、控訴人の控訴に便乗して不服申立てをすることを認められています。これを附帯控訴といいます(293条1項)。この附帯控訴は、控訴が取り下げられたり、却下されたりして便乗されるべき本体の控訴がなくなったときは、それ自体が控訴の要件を備えている場合を除き(この場合の附帯控訴を独立附帯控訴といいます)、効力を失います(同条2項)。

　控訴審の審理の方法についてはいろいろな立法例がありますが、わが国では、第一審で集めた資料を前提として、その上に控訴審で集めた資料を積み重ねて判断するという続審制とよばれる方法がとられています。その結果、控訴審の口頭弁論は第一審のそれの継続としてみられることになり、当事者は、控訴審で、第一審における資料を提出するとともに(296条2項・298条1項参照)、新しい資料を提出することができます。しかし、そのために、第一審で争点整理手続を経ている場合でも自由に新たな攻撃防御方法を提出できるとするのでは相当ではありませんから、そのようにする当事者は、相手方の求めがあれば、その者に対し、準備的口頭弁論もしくは弁論準備手続内で、あるいは書面による準備手続におけ

る証明すべき事実の確認前にそれを提出できなかった理由を説明しなければなりません(298条2項)。また、現行法は、争点を早期に明らかにして迅速な審理を行うために、裁判長は、当事者の意見を聴いたうえで、攻撃防御方法の提出、訴えの変更、反訴の提起、選定者に関する請求の追加をすべき期間を定めることができ、この期間後にこれらの行為をする当事者には、裁判所に対し、期間内にそれをなしえなかった理由を説明しなければならないという新しい制度も設けています(301条)。ともあれ、時機に後れた攻撃防御方法(157条1項)であるか否かは、続審制のために第一審と控訴審とを一体として判断されますが、この判断に際しては、298条2項や301条による説明が考慮に入れられることになりましょう。

　以上のような審理の結果、控訴裁判所が控訴がその要件を欠き不適法であるとの結論に達したときは、控訴却下の判決をします。また、控訴裁判所が第一審判決を支持するときは控訴棄却の判決をします(302条1項)。その際、たとえば、所有権確認請求訴訟において、第一審判決が買得を認めて原告を勝訴させたのが誤りであったとしても、時効取得により結局原告の請求が認められるというように、他の理由によって結論を是認できるときも、そのような誤りは判決の結論を左右しませんから、控訴棄却の判決をします(同条2項)。これに対し、控訴裁判所が第一審判決の判断を不当と考えるとき(305条)、その成立過程に違法があると考えるとき(306条)、さらには第一審の訴訟手続に法令違反があってこれを控訴審の審判の前提にすることができないとき(308条2項・309条参照)には第一審判決を取り消すことになります。この場合には、第一審判決がなくなるので、それに代わる判決をすることになりますが(これを取消自判といいます)、第一審判決が却下であるときは第一審において十分な本案審理が行われている場合を除き(通常は行われていません)、これを行わせるために、事件を第一審に差し戻すことになります(307条)。その他、適当と認める場合にも第一審に差し戻すことができますし(308条1項)、管轄権のある裁判所へ移送する場合もあります(309条)。従来の訴訟手続は、取消判決の取消理由となっていない限り、差戻し後の第一審でも効力を有します(308条2項参照)。差戻し後の第一審裁判所は、第一審判決の取消しの理由とされた控訴裁判所の判断に拘束されます(裁判所法4条)。そうでないと、第一審裁判所が同じ意見に固執して事件がいつまでたっても解決されないおそれがあるからです。

(上告裁判所)
第311条　① 上告は,高等裁判所が第二審又は第一審としてした終局判決に対しては最高裁判所に,地方裁判所が第二審としてした終局判決に対しては高等裁判所にすることができる。
② 省略
(上告の理由)
第312条　① 上告は,判決に憲法の解釈の誤りがあることその他憲法の違反があることを理由とするときに,することができる。
② 上告は,次に掲げる事由があることを理由とするときも,することができる。ただし,第4号に掲げる事由については,第34条第2項(第59条において準用する場合を含む。)の規定による追認があったときは,この限りでない。
　1　法律に従って判決裁判所を構成しなかったこと。
　2　法律により判決に関与することができない裁判官が判決に関与したこと。
　3　専属管轄に関する規定に違反したこと(第6条第1項各号に定める裁判所が第一審の終局判決をした場合において当該訴訟が同項の規定により他の裁判所の専属管轄に属するときを除く。)。
　4　法定代理権,訴訟代理権又は代理人が訴訟行為をするのに必要な授権を欠いたこと。
　5　口頭弁論の公開の規定に違反したこと。
　6　判決に理由を付せず,又は理由に食違いがあること。
③ 高等裁判所にする上告は,判決に影響を及ぼすことが明らかな法令の違反があることを理由とするときも,することができる。
(控訴の規定の準用)
第313条　前章の規定は,特別の定めがある場合を除き,上告及び上告審の訴訟手続について準用する。
(上告提起の方式等)
第314条　① 上告の提起は,上告状を原裁判所に提出してしなければならない。
② 省略
(上告の理由の記載)
第315条　① 上告状に上告の理由の記載がないときは,上告人は,最高裁判所規則で定める期間内に,上告理由書を原裁判所に提出しなければならない。
② 省略
(原裁判所による上告の却下)

第316条 ① 次の各号に該当することが明らかであるときは,原裁判所は,決定で,上告を却下しなければならない。
1 上告が不適法でその不備を補正することができないとき。
2 前条第1項の規定に違反して上告理由書を提出せず,又は上告の理由の記載が同条第2項の規定に違反しているとき。
② 省略
(上告裁判所による上告の却下等)
第317条 ① 前条第1項各号に掲げる場合には,上告裁判所は,決定で,上告を却下することができる。
② 上告裁判所である最高裁判所は,上告の理由が明らかに第312条第1項及び第2項に規定する事由に該当しない場合には,決定で,上告を棄却することができる。
(上告受理の申立て)
第318条 ① 上告をすべき裁判所が最高裁判所である場合には,最高裁判所は,原判決に最高裁判所の判例(これがない場合にあっては,大審院又は上告裁判所若しくは控訴裁判所である高等裁判所の判例)と相反する判断がある事件その他の法令の解釈に関する重要な事項を含むものと認められる事件について,申立てにより,決定で,上告審として事件を受理することができる。
② 前項の申立て(以下「上告受理の申立て」という。)においては,第312条第1項及び第2項に規定する事由を理由とすることができない。
③ 第1項の場合において,最高裁判所は,上告受理の申立ての理由中に重要でないと認めるものがあるときは,これを排除することができる。
④ 第1項の決定があった場合には,上告があったものとみなす。この場合においては,第320条の規定の適用については,上告受理の申立ての理由中前項の規定により排除されたもの以外のものを上告の理由とみなす。
⑤ 第313条から第315条まで及び第316条第1項の規定は,上告受理の申立てについて準用する。
(口頭弁論を経ない上告の棄却)
第319条 上告裁判所は,上告状,上告理由書,答弁書その他の書類により,上告を理由がないと認めるときは,口頭弁論を経ないで,判決で,上告を棄却することができる。
(調査の範囲)
第320条 上告裁判所は,上告の理由に基づき,不服の申立てがあった限度においてのみ調査をする。
(原判決の確定した事実の拘束)
第321条 ① 原判決において適法に確定した事実は,上告裁判所を拘束する。

② 省略
第322条～第324条　省略
（破棄差戻し等）
第325条　①　第312条第１項又は第２項に規定する事由があるときは、上告裁判所は、原判決を破棄し、次条の場合を除き、事件を原裁判所に差し戻し、又はこれと同等の他の裁判所に移送しなければならない。高等裁判所が上告裁判所である場合において、判決に影響を及ぼすことが明らかな法令の違反があるときも、同様とする。
②　上告裁判所である最高裁判所は、第312条第１項又は第２項に規定する事由がない場合であっても、判決に影響を及ぼすことが明らかな法令の違反があるときは、原判決を破棄し、次条の場合を除き、事件を原裁判所に差し戻し、又はこれと同等の他の裁判所に移送することができる。
③　前２項の規定により差戻し又は移送を受けた裁判所は、新たな口頭弁論に基づき裁判をしなければならない。この場合において、上告裁判所が破棄の理由とした事実上及び法律上の判断は、差戻し又は移送を受けた裁判所を拘束する。
④　原判決に関与した裁判官は、前項の裁判に関与することができない。
（破棄自判）
第326条　次に掲げる場合には、上告裁判所は、事件について裁判をしなければならない。
　１　確定した事実について憲法その他の法令の適用を誤ったことを理由として判決を破棄する場合において、事件がその事実に基づき裁判をするのに熟するとき。
　２　事件が裁判所の権限に属しないことを理由として判決を破棄するとき。
第327条　省略

用語解説

上告　終局判決に対する法律審への上訴。
上告状　上告を提起するときに裁判所に提出しなければならない書面。
原裁判所　不服の対象となっている判決をした裁判所。
上告理由書　上告の際に提出される上告理由を記載した書面。
原判決　不服の対象となっている判決。
大審院　現在の最高裁判所が設置されるまで存続した最高の司法裁判所。
破棄　上告審で原判決を取り消すこと。

1　上　告

上告は、高等裁判所が第一審裁判所となる場合を除き、控訴裁判所の終

局判決に対する上訴ですが,上告審では,控訴審までに認定された事実を前提として,それに対する法令の適用の面だけが問題とされることになっています(321条1項)。すなわち,そこでは法令の解釈適用の統一が重視されているわけで,第一審,控訴審を事実審というのに対して,法律審とよばれます。上告を提起するためには上告状を提出しなければなりませんが,これは原裁判所に提出することになっています(314条1項)。上告状の提出を受けた原裁判所は,一定の場合には,決定で上告を却下します(316条1項)。上告期間は,控訴期間と同様に,2週間です(313条・285条)。この上告状のなかで,上告人すなわち上告を提起した者がどのような上告理由で上告をするかを書かなかったときは,その上告状が裁判所で受理されてから50日以内に,その上告理由を示した上告理由書を原裁判所に提出しなければなりません(315条1項,民事訴訟規則194条)。この上告理由は,上告審が法律審であるところから,事実の認定が間違っているということだけではたりず,原判決に憲法違反か手続上の違反があることを要するとされています(312条1項・2項)。後者が上告理由となるのは,それが判決の結論に影響を及ぼすか否かの判断は必ずしも容易ではないので,一定の重要な手続上の違反は必ず上告理由になるものとする趣旨であり,これを絶対的上告理由といいます。なお,再審事由(338条1項。197頁参照)とこの絶対的上告理由とは一部だぶっていますが,だぶっていない再審事由も絶対的上告理由となると解されています。そのほか,高等裁判所が上告裁判所である場合には,判決に影響を及ぼすことが明らかな法令違反も上告理由となります(312条3項)。

先に述べたように,一定の場合には原裁判所は決定で上告を却下しなければなりませんが,誤って事件が上告裁判所に送付されたような場合には,上告裁判所としても決定で上告を却下できます(317条1項)。また,最高裁判所が上告裁判所であるときには,上告理由が明らかに憲法違反にも絶対的上告理由にもあたらない場合には,決定で上告を棄却できます(同条2項)。後者は,最高裁判所の事件処理の省力化のために現行法で設け

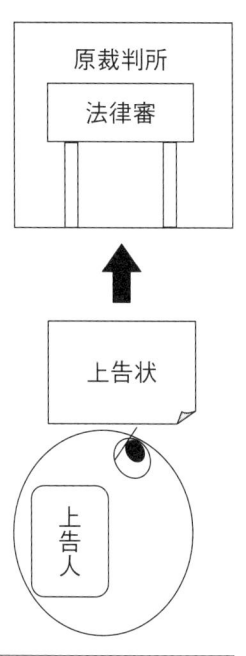

られた制度です。

　上告審でも,当事者から不服の申立てがあった範囲内で審理が行われます(320条)。しかも,控訴審までに認定された事実を前提として,それに対する法令の適用の面だけを問題としますから,上告審における審理は当事者から提出された上告状,上告理由書,答弁書などの書面に基づいて行うのが通常です。そして,その結果,上告がその要件を欠き不適法であるときは,上告却下の判決をし,上告に理由がないと認めるときは,上告棄却の判決をします(319条)。これに対して,上告を認めるときには,口頭弁論を開いて原判決破棄の判決をします。この場合,上告審では事実審理を行いませんから,原則として事件を原裁判所に差し戻すか,それと同審級の他の裁判所に移送します(325条1項)。また,上告裁判所である最高裁判所は,憲法違反または絶対的上告理由にあたる事実がないときでも,判決に影響を及ぼすことが明らかな法令違反があるときは,同様のことをなしえます(同条2項)。事実審理の必要がなければ,上告裁判所自身が破棄された判決に代わる判決をします(破棄自判。326条)。ただ,その場合でも,控訴を認容し第一審判決を取り消すが,さらに事件を第一審へ差戻しまたは移送する場合のように,最終的に事件が終了しない場合もあります。差戻しまたは移送を受けた裁判所は,改めて口頭弁論を開いて審理をしたうえで判決をします。その際,上告裁判所が破棄の理由とした判断に拘束されます(325条3項,裁判所法4条)。

2　上告受理の申立て

　従来は,最高裁判所が上告裁判所である場合にも,判決に影響を及ぼすことが明らかな法令違反は上告理由になるとされていました。そして,その結果,法令違反に名を借りてつまらない事件が最高裁判所に殺到し,最高裁判所は過重な事件負担を負って,違憲立法審査権(憲法81条)を適切に行使し,かつ,最上級裁判所たる法律審としての機能を果たすことが十分にはできない状態にありました。そこで,現行法の立法過程では最高裁判所への上告を制限し,その負担軽減をはかることが重要な問題とされ,そのための案がいろいろ検討されましたが,結局,以下のような制度が設けられました。すなわち,最高裁判所に権利として上告できるのは,先に述べたように,憲法違反と絶対的上告理由が主張される場合に限られ,その代わりに,原判決に最高裁判所の判例に相反する判断がある事件その他の法令の解釈に関する重要な事項を含むものと認められる事件についてのみ,最高裁判所が,申立てに基づき,決定で,上告審として事件

を受理することができるとされました(318条1項)。この申立ても判決の送達を受けてから2週間以内に(同条5項・313条・285条), 原裁判所になされなければならず(318条5項・314条), また, 申立書に上告受理申立理由の記載がない場合には, 受理後50日以内に理由書を原裁判所に提出しなければなりません(318条5項・315条, 民事訴訟規則199条2項・194。なお, 316条1項)。ただし, 最高裁判所は, 上告受理の申立ての理由中に重要でないと認めるものがあるときは, これを排除することができ(318条3項), 上告受理の申立て中の理由のうち, 最高裁判所によって排除されることのなかったものが上告理由とみなされます(同条4項2文)。そして, 上告受理の申立てが認められたときには上告があったものとみなされますから(同項1文), その後は, この上告理由をめぐって通常の上告の提起があった場合と同様に手続が進められることになります。

（抗告をすることができる裁判）
第328条 ① 口頭弁論を経ないで訴訟手続に関する申立てを却下した決定又は命令に対しては, 抗告をすることができる。
② 省略
第329条 省略
（再抗告）
第330条 抗告裁判所の決定に対しては, その決定に憲法の解釈の誤りがあることその他憲法の違反があること, 又は決定に影響を及ぼすことが明らかな法令の違反があることを理由とするときに限り, 更に抗告をすることができる。
第331条 省略
（即時抗告期間）
第332条 即時抗告は, 裁判の告知を受けた日から1週間の不変期間内にしなければならない。
（原裁判所等による更正）
第333条 原裁判をした裁判所又は裁判長は, 抗告を理由があると認めるときは, その裁判を更正しなければならない。
第334条～第336条 省略
（許可抗告）
第337条 ① 高等裁判所の決定及び命令(第330条の抗告及び次項の申立てについての決定及び命令を除く。)に対しては, 前条第1項の規定による場合のほか, その高等裁判所が次項の規定により許可したときに限り, 最高裁判所に特に抗告をすることができる。ただし, その裁判が地方裁

② 前維の高等裁判所は、同項の裁判について、最高裁判所の判例（これがない場合にあっては、大審院又は上告裁判所若しくは抗告裁判所である高等裁判所の判例）と相反する判断がある場合その他の法令の解釈に関する重要な事項を含むと認められる場合には、申立てにより、決定で、抗告を許可しなければならない。
③ 前項の申立てにおいては、前条第1項に規定する事由を理由とすることはできない。
④ 第2項の規定による許可があった場合には、第1項の抗告があったものとみなす。
⑤ 最高裁判所は、裁判に影響を及ぼすことが明らかな法令の違反があるときは、原裁判を破棄することができる。
⑥ 第313条、第315条及び前条第2項の規定は第2項の申立てについて、第318条第3項の規定は第2項の規定による許可をする場合について、同条第4項後段及び前条第3項の規定は第2項の規定による許可があった場合について準用する。

> **用語解説**
>
> 抗告　決定、命令に対する上訴。
> 即時抗告　抗告のうち、一定の不変期間内にのみ提起することができるとされているもの。

1 抗　告

　先に述べたように、終局判決の前提となる中間的裁判については、終局判決に対する上訴とともに上級審の判断を受けることになりますが（283条）、事件の本案と関係が薄くかつ迅速に確定すべき事項の解決までを上級審に持ち越すことはかえって手続を煩雑にし、訴訟の完結を遅らせることにもなります。また、訴状却下命令などのように終局判決に至らずに訴訟の完結がはかられる場合などにも上訴の途を開いておく必要があります。そこで、一定の決定、命令に対しては、抗告という上訴が認められています。

　抗告には通常抗告と即時抗告とがあります。即時抗告は、裁判が告知されてから1週間内に提起されるべきものとされている抗告で（332条）、それ以外の抗告を通常抗告といいます。通常抗告は、原裁判の取消しを求める利益がある限り、いつでも提起することができます。また、抗告に

は最初の抗告と再抗告の区別があります。再抗告は最初の抗告についての決定に対する抗告であり、判決に対する上告に相当するもので、法令違反を理由としてのみ許されます(330条)。

抗告が許される決定や命令は法律が特にこれを認めたものに限られます。特に即時抗告が許される決定、命令は法律が個別的に列挙していますが(たとえば、本書では省略していますが、21条は、移送決定と移送の申立ての却下決定に対しては、即時抗告ができるとしています)、通常抗告については一般的な規定として328条1項があります。すなわち、口頭弁論を経ないで訴訟手続に関する申立てを却下した決定、命令には通常抗告が許されます。口頭弁論を経ないでとは、判決手続における必要的口頭弁論による必要がないということを意味します。そうでない裁判は、本案と密接な関係にありますから、283条の適用を受けるべきだからです。

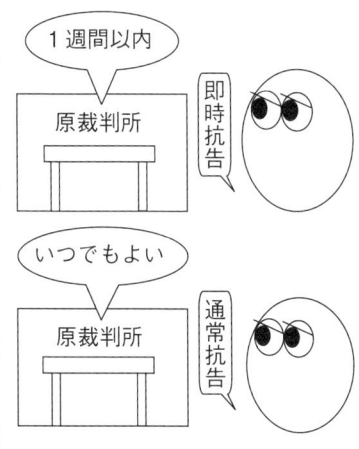

最初の抗告であれ再抗告であれ、抗告は原裁判所に抗告状を提出して行わなければなりません(331条・286条1項・314条1項)。その際、抗告状に原裁判の取消しまたは変更を求める事由の具体的な記載がない場合には、抗告人は、最初の抗告にあっては抗告の提起後14日以内、再抗告にあっては抗告提起通知書の送達を受けた日から14日以内に、これらを記載した書面を原裁判所に提出しなければなりません(民事訴訟規則207条・210条1項)。原裁判所または原裁判をした裁判長は、自分がした裁判についての抗告が理由があると認めるときは、自ら原裁判の更正をしなければなりません(333条)。これを再度の考案といいますが、これは、決定、命令の自己拘束力を緩めて、迅速な処理と抗告裁判所の負担軽減をはかったものです。

② 許可抗告

従来、特別抗告(336条)を除いて、最高裁判所に対する抗告は認められていませんでしたが(裁判所法7条2号参照)、決定や命令で判断されることがらの中にも重要なものがありますし、重要な法律問題について抗告審または再抗告審である高等裁判所の判断が区々に分かれて最高裁判所

による法令解釈の統一が望まれる事態も生じていました。しかし、他方では、最高裁判所の負担を考えれば、それに対する抗告をあまりに広く認めることができないことも明らかです。そこで、現行法は、許可抗告の制度を創設して、高等裁判所の決定、命令に対しては、特別抗告のほか、その裁判をした裁判機関としての(つまり、官署としての裁判所〔18頁参照〕ではなく)高等裁判所が特に許可したときに限り、最高裁判所に抗告することができるとしています(上告の場合とは異なり、抗告受理の申立てとしていないのは、最高裁判所の負担軽減に、より配慮したためです)。ただし、これは、その裁判が地方裁判所の裁判であるとした場合に抗告をすることができるものであるときに限られますし、高等裁判所が再抗告審としてした決定、命令、並びに、許可抗告の申立てに対する決定も除かれます(337条1項)。そして、高等裁判所は、自らのした裁判について、最高裁判所の判例(それがないときは、抗告裁判所である高等裁判所等の判例)と相反する判断がある場合その他法令の解釈に関する重要な事項を含むと認められる場合には、申立てにより、決定で、抗告を許可しなければなりません(同条2項)。この申立ては、原裁判の告知を受けてから5日以内に(同条6項前段・336条2項)、原裁判所に対してしなければなりません。抗告の許可がされたときは、抗告があったものとみなされ(337条4項)、最高裁判所は、判例違反の有無にかかわらず、裁判に影響を及ぼすことが明らかな法令違反があると認めれば、原裁判を破棄することができます(同条5項)。そのほか、この抗告には、上告受理の申立てに関する規定などが準用されています(同条6項)。

第2節 再 審

(再審の事由)
第338条 ① 次に掲げる事由がある場合には、確定した終局判決に対し、再審の訴えをもって、不服を申し立てることができる。ただし、当事者が控訴若しくは上告によりその事由を主張したとき、又はこれを知りながら主張しなかったときは、この限りでない。
 1 法律に従って判決裁判所を構成しなかったこと。
 2 法律により判決に関与することができない裁判官が判決に関与したこと。

3 法定代理権,訴訟代理権又は代理人が訴訟行為をするのに必要な授権を欠いたこと。
4 判決に関与した裁判官が事件について職務に関する罪を犯したこと。
5 刑事上罰すべき他人の行為により,自白をするに至ったこと又は判決に影響を及ぼすべき攻撃若しくは防御の方法を提出することを妨げられたこと。
6 判決の証拠となった文書その他の物件が偽造又は変造されたものであったこと。
7 証人,鑑定人,通訳人又は宣誓した当事者若しくは法定代理人の虚偽の陳述が判決の証拠となったこと。
8 判決の基礎となった民事若しくは刑事の判決その他の裁判又は行政処分が後の裁判又は行政処分により変更されたこと。
9 判決の影響に及ぼすべき重要な事項について判断の遺脱があったこと。
10 不服の申立てに係る判決が前に確定した判決と抵触すること。
② 前項第4号から第7号までに掲げる事由がある場合においては,罰すべき行為について,有罪の判決若しくは過料の裁判が確定したとき,又は証拠がないという理由以外の理由により有罪の確定判決若しくは過料の確定裁判を得ることができないときに限り,再審の訴えを提起することができる。
③ 控訴審において事件につき本案判決をしたときは,第一審の判決に対し再審の訴えを提起することができない。
第339条 省略
(管轄裁判所)
第340条 ① 再審の訴えは,不服の申立てに係る判決をした裁判所の管轄に専属する。
② 審級を異にする裁判所が同一の事件についてした判決に対する再審の訴えは,上級の裁判所が併せて管轄する。
第341条 省略
(再審期間)
第342条 ① 再審の訴えは,当事者が判決の確定した後再審の事由を知った日から30日の不変期間内に提起しなければならない。
② 判決が確定した日(再審の事由が判決の確定した後に生じた場合にあっては,その事由が発生した日)から5年を経過したときは,再審の訴えを提起することができない。
③ 前2項の規定は,第338条第1項第3号に掲げる事由のうち代理権を欠いたこと及び同項第10号に掲げる事由を理由とする再審の訴えには,

適用しない。
第343条・第344条　省略
（再審の訴えの却下等）
第345条　① 裁判所は,再審の訴えが不適法である場合には,決定で,これを却下しなければならない。
② 裁判所は,再審の事由がない場合には,決定で,再審の請求を棄却しなければならない。
③ 前項の決定が確定したときは,同一の事由を不服の理由として,更に,再審の訴えを提起することができない。
（再審開始の決定）
第346条　① 裁判所は,再審の事由がある場合には,再審開始の決定をしなければならない。
② 裁判所は,前項の決定をする場合には,相手方を審尋しなければならない。
（即時抗告）
第347条　第345条第1項及び第2項並びに前条第1項の決定に対しては,即時抗告をすることができる。
（本案の審理及び裁判）
第348条　① 裁判所は,再審開始の決定が確定した場合には,不服申立ての限度で,本案の審理及び裁判をする。
② 裁判所は,前項の場合において,判決を正当とするときは,再審の請求を棄却しなければならない。
③ 裁判所は,前項の場合を除き,判決を取り消した上,更に裁判をしなければならない。
（決定又は命令に対する再審）
第349条　① 即時抗告をもって不服を申し立てることができる決定又は命令で確定したものに対しては,再審の申立てをすることができる。
② 第338条から前条までの規定は,前項の申立てについて準用する。
第350条～第367条　省略

用語解説

再審の訴え　確定した終局判決の訴訟手続または基礎資料に重大な誤りがあることを理由として,その判決の取消しおよび事件の再審判を求める特別の不服申立方法。
刑事上　刑罰を科するか否かの問題上。
偽造　作成名義を偽った文書などを作ること。
変造　無権限者が既存の真正な文書などの非本質的部分に変更を加えること。
行政処分　行政庁が,法令に基づき,公権力の行使として,国民に対し,具体的事

◆再　審

　判決がいったん確定した後は、むやみにそれを取り消す余地を認めたのでは法律生活の安定は望めません。しかしそうかといって、確定した判決の基礎になった手続や資料について重大な誤りが発見された場合にまで、絶対に取消しを認めないとすると、当事者にとって酷となり、また、かえって裁判の威信を損なうことにもなりかねません。そこで、法律の定めた異常な特別な事情（これを再審事由といいます）がある場合に限って、確定判決の取消しと事件の再審判を許す制度が認められており、これを再審といいます。再審事由としては、たとえば、法律上除斥原因のある裁判官が裁判をしたとか（338条1項2号）、無能力者が自分で訴訟をして敗訴したとか（同項3号）（3号は代理人に代理権がなかったという場合ばかりでなく、代理人がつくべきであったのにつかなかったという場合を含みます）、あるいは他人の犯罪行為、たとえば脅迫されて自白したために敗訴したとか（同項5号）、判決で証拠として取り上げた証拠が偽造されたものであったとか（同項6号）、前の確定判決と抵触する判決があって既判力が抵触するとか（同項10号）といったようなものがあげられます。したがって、単に新しい証拠が出てきたというのでは不十分であり、他人の犯罪行為によってその提出が妨げられていたということが必要なわけです（同項5号）。この再審の訴えは、不服の対象となっている判決をした裁判所に（340条）、原則として再審事由を知ってから30日以内、かつ判決確定後5年を経過する前に（342条1項・2項。例外につき、同条3項参照）提起しなければなりません。

《再審の訴えの提起》

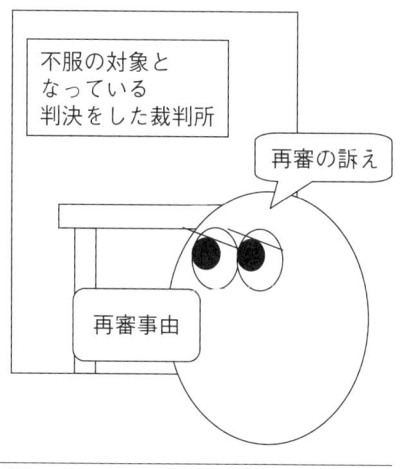

　ところで、再審は、確定判決の

取消しと確定判決によって終了した事件について再審判を求めるという2つの目的を有し,審理手続もこの取消しの可否に関する部分と,それが認められた場合の確定判決にかかわる再審判の部分に区別されえます。ところが,従来は,この2つの段階が区別されていませんでしたが,再審事由の存否に関する判断を確定させたうえで(346条1項・347条参照),再審としての本案の審理をして判決をする方が(348条参照),再審の手続構造に合致し,合理的と考えられますので,現行法は,この趣旨にそった規定を設けています(上記の諸規定のほか,345条)。

　なお,即時抗告によって不服申立てのできる決定や命令が確定したときに,これに再審事由があれば,確定判決の再審手続に準じて再審の申立てができ(349条),これを準再審といいます。

第7章 少額訴訟

(少額訴訟の要件等)
第368条 ① 簡易裁判所においては,訴訟の目的の価額が60万円以下の金銭の支払の請求を目的とする訴えについて,少額訴訟による審理及び裁判を求めることができる。ただし,同一の簡易裁判所において同一の年に最高裁判所規則で定める回数を超えてこれを求めることができない。
② 少額訴訟による審理及び裁判を求める旨の申述は,訴えの提起の際にしなければならない。
③ 前項の申述をするには,当該訴えを提起する簡易裁判所においてその年に少額訴訟による審理及び裁判を求めた回数を届け出なければならない。
(反訴の禁止)
第369条 少額訴訟においては,反訴を提起することができない。
(一期日審理の原則)
第370条 ① 少額訴訟においては,特別の事情がある場合を除き,最初にすべき口頭弁論の期日において,審理を完了しなければならない。
② 当事者は,前項の期日前又はその期日において,すべての攻撃又は防御の方法を提出しなければならない。ただし,口頭弁論が続行されたときは,この限りでない。
(証拠調べの制限)
第371条 証拠調べは,即時に取り調べることができる証拠に限りすることができる。
(証人等の尋問)
第372条 ① 証人の尋問は,宣誓をさせないですることができる。
② 証人又は当事者本人の尋問は,裁判官が相当と認める順序でする。
③ 裁判所は,相当と認めるときは,最高裁判所規則で定めるところにより,裁判所及び当事者双方と証人とが音声の送受信により同時に通話をすることができる方法によって,証人を尋問することができる。
(通常の手続への移行)
第373条 ① 被告は,訴訟を通常の手続に移行させる旨の申述をすることができる。ただし,被告が最初にすべき口頭弁論の期日において弁論をし,又はその期日が終了した後は,この限りでない。

② 訴訟は,前項の申述があった時に,通常の手続に移行する。
③ 次に掲げる場合には,裁判所は,訴訟を通常の手続により審理及び裁判をする旨の決定をしなければならない。
　1　第368条第1項の規定に違反して少額訴訟による審理及び裁判を求めたとき。
　2　第368条第3項の規定によってすべき届出を相当の期間を定めて命じた場合において,その届出がないとき。
　3　公示送達によらなければ被告に対する最初にすべき口頭弁論の期日の呼出しをすることができないとき。
　4　少額訴訟により審理及び裁判をするのを相当でないと認めるとき。
④ 前項の決定に対しては,不服を申し立てることができない。
⑤ 訴訟が通常の手続に移行したときは,少額訴訟のため既に指定した期日は,通常の手続のために指定したものとみなす。
（判決の言渡し）
第374条　①　判決の言渡しは,相当でないと認める場合を除き,口頭弁論の終結後直ちにする。
② 前項の場合には,判決の言渡しは,判決書の原本に基づかないですることができる。この場合においては,第254条第2項及び第255条の規定を準用する。
（判決による支払の猶予）
第375条　①　裁判所は,請求を認容する判決をする場合において,被告の資力その他の事情を考慮して特に必要があると認めるときは,判決の言渡しの日から3年を超えない範囲内において,認容する請求に係る金銭の支払について,その時期の定め若しくは分割払の定めをし,又はこれと併せて,その時期の定めに従い支払をしたとき,若しくはその分割払の定めによる期限の利益を次項の規定による定めにより失うことなく支払をしたときは訴え提起後の遅延損害金の支払義務を免除する旨の定めをすることができる。
② 前項の分割払の定めをするときは,被告が支払を怠った場合における期限の利益の喪失についての定めをしなければならない。
③ 前2項の規定による定めに関する裁判に対しては,不服を申し立てることができない。
（仮執行の宣言）
第376条　①　請求を認容する判決については,裁判所は,職権で,担保を立てて,又は立てないで仮執行をすることができることを宣言しなければならない。
② 省略

（控訴の禁止）
第377条　少額訴訟の終局判決に対しては，控訴をすることができない。
（異議）
第378条　①　少額訴訟の終局判決に対しては，判決書又は第254条第2項（第374条第2項において準用する場合を含む。）の調書の送達を受けた日から2週間の不変期間内に，その判決をした裁判所に異議を申し立てることができる。ただし，その期間前に申し立てた異議の効力を妨げない。
②　第358条から第360条までの規定は，前項の異議について準用する。
（異議後の審理及び裁判）
第379条　①　適法な異議があったときは，訴訟は，口頭弁論の終結前の程度に復する。この場合においては，通常の手続によりその審理及び裁判をする。
②　第362条，第363条，第369条，第372条第2項及び第375条の規定は，前項の審理及び裁判について準用する。
（異議後の判決に対する不服申立て）
第380条　①　第378条第2項において準用する第359条又は前条第1項の規定によってした終局判決に対しては，控訴をすることができない。
②　第327条の規定は，前項の終局判決について準用する。
（過料）
第381条　①　少額訴訟による審理及び裁判を求めた者が第368条第3項の回数について虚偽の届出をしたときは，裁判所は，決定で，10万円以下の過料に処する。
②・③　省略
第382条～第400条　省略

用語解説

期限の利益　期限の付してあることによって受ける利益。債務者は，債務の支払いに期限が付してあれば，期限到来までは支払わなくてよいので期限の利益を受ける。

遅延損害金　債務の履行が期限に遅れたために支払うべき損害賠償金。金銭債務では遅延した期間に応じて法定利率または約定利率によって計算される。

1　少額訴訟手続の創設

クリーニングに出した衣類に染みがついて返ってきたり，購入した商品に欠陥があったりした場合に数万円程度の損害賠償を請求しようと思っても，通常の訴訟手続の利用は時間や費用，労力の点で引き合いません。もともと，このような少額の請求をするためには国民に身近な裁判

《 少額訴訟 》

簡易裁判所

６０万円以下の
金銭の支払いの請求

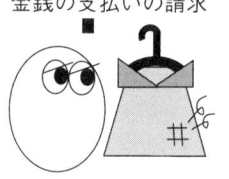

所として簡易裁判所が設けられており、その訴訟手続は多少簡略化されうるようにもなっているのですが、種々の事情によって簡易裁判所の訴訟手続は地方裁判所のそれとあまり変わりなく運用されてきました。そこで、現行法は、少額訴訟のために特別に簡略化された訴訟手続を設け、前記のような紛争をも民事訴訟手続に吸い上げることによって、国民の司法離れを食い止めることを意図しています。

この対象になるのは訴額が60万円以下の金銭の支払いの請求を目的とした訴えに限られます。したがって、訴額が60万円以下であっても、金銭債務の不存在確認請求訴訟や物の引渡請求訴訟については、この手続を利用しえません。なお、この少額訴訟の対象になる訴えの訴額の上限は従来30万円とされていましたが、その後、簡易迅速に紛争を解決する手続として利用者から高い評価を受けていることに鑑みて、平成15年の改正によって引き上げられたものです。また、この手続が信販会社等の取立ての手段として利用されることを防ぐために、１人の原告が同一の簡易裁判所で少額訴訟手続を利用しうるのは１年10回までに制限されます(368条、民事訴訟規則223条。なお、民事訴訟法381条)。

次に、少額訴訟手続は、原告がこの手続を選択した場合にのみ行われます。つまり、原告は、この手続によることのできる事件についても、これを利用するか通常訴訟手続を利用するかの選択権を有するわけです。ただし、原告がこの手続を選択しても、一定の時期までに被告からの申述があれば、少額訴訟手続は通常の手続に移行します。また、裁判所の職権によって通常の手続に移行する場合もあります(373条)。被告に移行申述権を認めることによって少額訴訟手続があまり利用されなくなる懸念もありますが、逆にそうすることによって、思い切った手続の簡略化や上訴の制限が可能になるともいえるわけで、現行法はこの後者のメリットを重視したものです。

② **少額訴訟の手続**

少額訴訟は簡易裁判所で行われますから、原告は口頭で訴えを提起でき、しかもその際には、請求の原因に代えて紛争の要点を示せばたります(271条・272条)。少額訴訟手続による審理および裁判を求める旨の申述は、この折りにしておかなければなりません(368条２項)。

口頭弁論期日は原則として書面によって準備することを要せず(276条1項)，当事者は各自が自由に自己の考える事件のストーリーを裁判所の面前で物語ることができます。そして，当事者が何回も裁判所に出頭する必要がないようにするために，この期日は1回で終了するのが原則とされています(370条1項)。したがって，当事者は，当該期日前またはその期日において，すべての攻撃防御方法を提出する必要があります(同条2項)。また，この原則を貫くために，反訴の提起が禁止され(369条)，証拠調べは即時に取り調べることができる証拠に限られます(371条)。その結果，現場検証や改めて呼出しが必要な証人の尋問などはできないことになりましょう。さらに，形式的な宣誓なしで証人を尋問でき，証人等の尋問も裁判官が相当と認める順序ですればよいとされています(372条1項・2項)。後者は，当事者本人が交互尋問方式によって証人等を尋問することが困難と思われることを配慮したものです(禁止されているわけではありませんが，実際には弁護士が訴訟代理人として選任されることはほとんどないと思われます)。電話会議システムによる証人尋問も認められます(同条3項)。

　判決の言渡しも，原則として，期日が終了した後直ちになされます(374条1項)。そして，そのために，それを判決原本に基づかずにすることが認められており，その場合には，判決書の作成に代えて，一定の事項を判決の言渡しをした口頭弁論期日の調書に記載すればたりるとされています(同条2項)。なお，このように1回の期日で審理も判決の言渡しも済ませるとすると，証人等の陳述を調書に記載することは不要と思われますから，その記載は省略されうるものとされていますが(民事訴訟規則227条1項)，当事者の申し出があれば録音テープに記録しておくことはします(同条2項)。また，少額訴訟では，実際に勝訴判決に基づいて強制執行をすることは困難と思われますし(ただし，職権で仮執行宣言が付されますし〔376条〕，平成16年の民事執行法の改正によって，少額訴訟の確定判決や仮執行宣言付判決などの債権執行のための簡易な手続が設けられました〔少額訴訟債権執行。民事執行法167条の2以下〕)，任意履行をしやすい判決が必要でもありますから，一定期間支払いを猶予したり，分割払いを認める判決を下すこともできるとされています(375条)。

　せっかく第一審手続を簡略化しても，その後，本格的な控訴審手続が行われるというのでは，簡略化の意味が失われます。そこで，少額訴訟の判決に対する不服申立てとしては，控訴は禁止され(377条)，同一の裁判所

少額訴訟新受件数・異議申立て件数

	新受件数	小額訴訟判決に対する異議申立て件数
平19	22,122	318
平20	20,782	341
平21	21,233	323
平22	19,133	305
平23	17,841	310

(注)「司法統計年報」(平23) 6 頁第 1-2 表による。

への異議の申立てのみが認められます(378条)。そして,適法な異議の申立てがあれば,訴訟は,口頭弁論終結前の状態に回復し,通常の手続によって審理および裁判がなされますが(379条1項),異議後の手続においても,反訴の禁止,交互尋問方式によらなくともよいこと,判決による支払猶予等が可能であることは,その前の手続におけるのと同様です(同条2項)。ただし,1回の期日で審理を終了させる必要はなく,証拠調べの制限もありません。また,異議後の判決に対する控訴も禁止されており,憲法違反を理由とする特別上告が認められるだけです(380条)。

■ 第一審裁判所の新受件数の推移 ■

(注) 1. 戦前は簡易裁判所ではなく区裁判所がおかれていた。
2. 林家礼二「第一審裁判所の新受件数（1）」法学教皇50号117頁のグラフを各年度版の、「司法統計年報」6頁第1-2表により補った。
3. 平成18年以降の簡裁の新受件数（通常訴訟と少額訴訟の合計数）は18年（420,940件）、19年（497,746件）、20年（572,657件）、21年（679,460件）、22年（604,727件）、23年（540,480件）である。これらの件数と簡裁と地裁合わせての新受件数はグラフに記載できない。

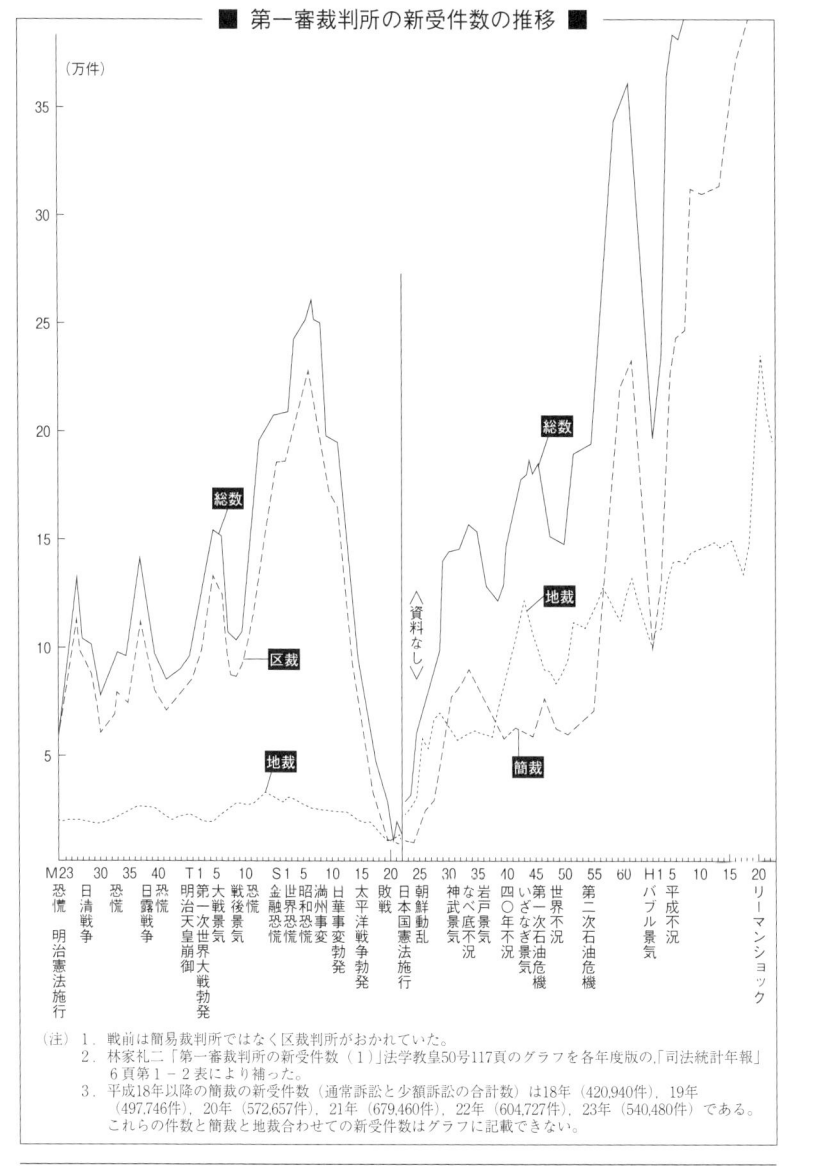

■ 審 理 期 間 ■

第一審通常訴訟既済事件の審理期間

簡易裁判所	総数	1月以内	3月以内	6月以内	1年以内	3年以内	5年以内	5年超
判　　決	193,932	9,864	135,850	38,089	8,994	1,133	2	
対席	81,682	2,422	41,364	28,432	8,364	1,098	2	
欠席	112,210	7,438	94,472	9,645	626	29	—	
和　　解	61,137	4,505	43,166	9,341	3,708	417		
その他	295,729	29,479	179,949	70,577	9,156	6,572	16	
地方裁判所	総数	1月以内	3月以内	6月以内	1年以内	3年以内	5年以内	5年超
判　　決	70,690	256	24,957	15,833	12,642	15,707	1,117	178
対席	48,209	57	9,091	10,621	11,767	15,391	1,107	175
欠席	22,415	192	15,852	5,198	861	301	9	2
和　　解	68,857	524	19,601	21,506	14,814	11,761	572	79
その他	72,943	5,472	26,007	23,053	8,656	9,594	141	20

(注)1　簡易事件数には,少額訴訟から通常移行したものを含む。
　　2　「司法統計年報」(平23)32頁第10表,36頁第20表による。

控訴審・上告審既済事件の平均審理期間

●簡裁を第一審とするもの

当審の受理から終局まで

	総数	1月以内	3月以内	6月以内	1年以内	3年以内	5年以内	5年超
控訴審	12,782	899	4,813	5,374	1,369	324	3	—
上告審	690	15	291	196	131	56	1	—

第一審受理から終局まで

	総数	3月以内	6月以内	1年以内	2年以内	3年以内	5年以内	5年超
控訴審	12,422	120	2,205	7,313	2,534	219	30	1
上告審	686	—	1	28	431	177	44	5

●地裁を第一審とするもの

当審の受理から終局まで

	総数	1月以内 2月以内	3月以内	6月以内	1年以内	3年以内	5年以内	5年超 7年以内	10年以内	10年超
控訴審	19,205	669	4,139	9,510	3,398	1,449	35	5		
上告審 上告	1,862	881	285	401	134	161	—	—	—	—
上告審 上告受理	2,101	845	327	512	194	199	24	—	—	—

第一審受理から終局まで

	総数	3月以内	6月以内	1年以内	2年以内	3年以内	5年以内	5年超 7年以内	10年以内	10年超
控訴審	17,640	21	442	3,821	7,562	3,944	1,538	322		
上告審	2,512	—	—	51	869	798	603	142	32	17

(注)「司法統計年報」(平23)41頁第29表,第31表,44頁第38表,45頁第40表,49頁第48表,第50表,52頁第56表,54頁第58表による。

さくいん

あ行

言渡し ……………………………………… 159
異　議 ……………………………… 162, 204
育成者権 ……………………………………… 20
意匠権 ………………………………………… 20
移審効 …………………………………… 183
一部請求 ……………………………………… 46
一部認容判決 ……………………………… 158
一部判決 …………………………………… 156
訴えの客観的併合 ………………………… 131
訴えの主観的併合 ………………………… 137
訴えの取下げ ……………………………… 173
訴えの変更 ………………………………… 132
訴えの利益 …………………………… 65, 67
営業秘密 ……………………………… 40, 72
ADR ……………………………………………… 2
応訴管轄 …………………………… 15, 26, 66

か行

外国法事務弁護士 ………………………… 118
回　避 …………………………………………… 30
回路配置利用権 ……………………………… 20
確定遮断効 ………………………………… 183
確定判決の変更を求める訴え ………… 169
確認訴訟 ……………………………… 44, 68
確認判決 …………………………………… 44
仮差押え ……………………………………… 35
仮執行 ……………………………………… 170
仮処分 ………………………………………… 35
管轄（権） ………………………… 16, 18, 65
間接事実 ……………………………………… 96
間接証拠 …………………………………… 114
鑑定（人） ………………………………… 122
鑑定証人 …………………………………… 123
関連裁判籍 …………………………………… 23
期　間 ………………………………………… 59
期　日 …………………………………… 57, 58

擬制自白 ……………………………… 94, 109
既判力 ……………………………………… 164
忌　避 …………………………………………… 30
却　下 …………………………………………… 28
旧訴訟物理論 ……… 45, 62, 132, 157, 166
給付訴訟 ……………………………… 44, 68
給付判決 ……………………………………… 44
求問権 ………………………………………… 97
強行規定 ……………………………………… 91
強制執行 …………………………………… 1, 171
共同訴訟 …………………………………… 136
許可抗告 …………………………………… 193
挙証責任 …………………………………… 109
訓示規定 ……………………………………… 91
計画審理 ……………………………………… 80
経験則 ……………………………………… 111
形式的確定力 ……………………………… 162
形式的証拠力 ……………………………… 128
形式的不服説 ……………………………… 182
形成訴訟 ……………………………… 46, 68
形成判決 ……………………………………… 44
形成力 ……………………………………… 171
係争物の譲渡 ……………………………… 152
決　定 ……………………………… 70, 182, 192
検　証 ……………………………………… 129
顕著な事実 ………………………………… 108
原　本 ……………………………………… 159
権利主張参加 ……………………………… 149
合意管轄 ……………………………… 15, 26
公開主義 ……………………………………… 70
交換的変更 ………………………………… 133
合議体 ………………………………………… 51
攻撃防御方法 ………………………… 79, 99
抗　告 ……………………………………… 192
交互尋問方式 ……………………………… 119
公示送達 ……………………………………… 56
公証人 ……………………………………… 118
更正決定 …………………………………… 161

公　訴	125
控　訴	17, 181
公知の事実	109
口頭起訴	42, 45
口頭主義	70, 105
口頭弁論	58, 70, 98
交付送達	55
公文書	126
抗　弁	94
効力規定	91
国際裁判管轄	14

さ行

再抗告	193
再抗弁	94
再　審	197
再審事由	189, 197
裁定期間	59
裁　判	70, 156
裁判権	17, 65
裁判所	18
裁判所書記官	40
裁判所調査官	76
裁判籍	16
裁判長	51, 70, 97
差置送達	55
詐害防止参加	149
参　加	144
参加承継	153
残部判決	156
時効の中断	64
自己拘束力	161
事実上の主張	93
事実上の推定	111
執行官	40
執行力	171
実質的証拠力	128
実用新案権	20
自　白	94, 108
自白契約	92
自縛性	162

支払督促	3
事物管轄	17, 24, 26
私文書	126
釈明(権)	96, 100
遮へいの措置	119
終局判決	155
自由心証主義	111
集中証拠調べ	114
受　継	107
受託裁判官	70, 90, 175
主張責任	95, 110
主　文	159, 166
受命裁判官	70, 88, 90, 175
主要事実	93
準再審	198
準備書面	81
準備的口頭弁論	85
少額訴訟	201
消極的確認訴訟	44
証拠共通の原則	110, 140
上　告	17, 188
上告受理の申立て	190
上告期間	189
上告理由書	188
証拠制限契約	92
証拠原因	113
証拠収集処分	41
証拠調べ	113
証拠資料	113
証拠の申出	113
証拠方法	113
上　訴	32, 140, 181
証　人	118
消費者契約	15
商標権	20
抄　本	40
証　明	108
証明責任	109
――の転換	110
職分管轄	17, 26
書　証	125

除　斥	30	続審制	184
職権主義	90	訴　状	42
職権探知主義	66, 96, 110	訴状却下命令	49, 52
職権調査事項	66	訴訟記録	70
処分権主義	50, 184	訴訟係属	28
書面による準備手続	89	訴訟契約	92
人事訴訟法	73, 96	訴訟行為	32
申　述	14	訴訟告知	147
人　証	113	訴訟指揮権	90
審　尋	69, 115	訴訟承継	136, 152
新訴訟物理論	45, 62, 132, 133, 157, 166	訴訟上の和解	2, 175
真　否	68, 128	訴訟代理人	36
尋　問	74	訴訟担当	69, 167
審理計画	79, 100	訴訟追行権	69
推　定	111	訴訟手続に関する異議権の喪失	92
請　求	45	訴訟手続に関する異議権の放棄	92
――の基礎	132	訴訟能力	33, 65
――の原因	42, 46, 155	訴訟判決	66, 156
――の趣旨	42, 46	訴訟費用	49
――の認諾	175, 177	訴訟物	45, 62, 157
――の放棄	175, 177	訴訟要件	65
請求棄却判決	44, 65	即決和解	2
請求認容判決	44, 65	続行命令	107
制限訴訟能力者	33	責問権	92
正　本	40, 160	疎　明	108
積極的確認訴訟	44		
前　審	30	**た行**	
宣　誓	118	大規模訴訟	51, 91
宣誓認証	128	対　質	119
専属管轄	26, 66, 91	対等主義	70
選択的併合	132	多数当事者訴訟	136
選定当事者	69, 143	脱　退	148, 150
全部判決	156	単純反訴	135
専門委員	76	単純併合	133
相　殺	164, 166	中間確認の訴え	134
送　達	51, 55, 65	中間の争い	155
争点効	167	中間判決	155, 183
争点整理手続	85	仲　裁	2
双方審尋主義	70	仲裁合意	2, 66
訴　額	23	中　断	106, 140
即時抗告	192	調　書	101

調　停	2
重複起訴禁止	62
直接主義	74
直接証拠	114
著作隣接権	20
追加的共同訴訟	136
追加的変更	133
追加判決	163
追　完	59
通常期間	59
通常共同訴訟	137, 140
通常抗告	192
付添い(証人の)	119
付添い(弁論能力を欠く者の)	36
提訴前照会	41
提訴予告通知	41
適時提出主義	100
テレビ会議システム	120, 122
電話会議システム	88, 89, 203
当事者	14, 51, 65, 67, 90, 104, 120, 136, 159, 161
当事者主義	90
当事者照会	83
当事者尋問	120
当事者適格	65, 68
当事者能力	33, 65
当事者変更	151
同時審判の申し出がある共同訴訟	141
当然承継	152
謄　本	40
督促手続	3
特段の事情	14, 15
特別裁判籍	14, 21
特別の事情	15
独立裁判籍	23
独立当事者参加	136, 148
土地管轄	14, 18, 26
特許権	20

な行

任意管轄	26, 66
任意規定	92
任意訴訟の禁止	92
任意的口頭弁論	70
任意的訴訟担当	69, 143
任意的当事者変更	136, 152

は行

陪席裁判官	95, 97
判　決	5, 156, 159, 161
——の脱漏	163
反射効	168
反　証	110
反　訴	134
判断の遺脱	163
引受承継	153
非財産権上の請求	24, 49
非訟事件	4
必要的口頭弁論	70
必要的共同訴訟	137, 140
否　認	94
秘密保護のための閲覧等の制限	71
秘密保持命令	72
不起訴契約	66, 92
不起訴の合意	92
副　本	61
複　本	61
付従的効果	162
附帯控訴	181, 184
普通裁判籍	14, 16
物　証	113
不変期間	59
文書送付の嘱託	128
文書提出命令	126
併合請求の裁判籍	22, 132
変更判決	162
弁　論	70, 98, 112
——の再開	98
——の制限・分離・併合	98
弁論主義	95, 108
弁論準備手続	87
弁論能力	36

法定期間	59
法定証拠主義	112
法定訴訟担当	69
法定代理人	32, 33, 43, 159, 161
法定当事者変更	152
法律審	189
法律扶助	50
法律要件的効果	162
法律要件分類説	110
保佐人	30
補佐人	30
補充送達	55
補充判決	163
補助参加	136, 145
補助事実	96
補助人	30
補正命令	52
本案	14
本案判決	65, 156
本証	110
本訴	134
本人尋問	120
本人訴訟主義	36
本来的効力	162

ま行

民事裁判権	66
命令	70, 182, 192
申立て	28
申立事項	157

や行

要件事実	93
予告通知書	41
呼出状	57
予備的反訴	135
予備的併合	132

ら行

立証責任	109
労働関係	15

わ行

和解	2, 175

〔著者紹介〕

野村 秀敏（のむら・ひでとし）

1950年生まれ。1978年一橋大学大学院法学研究科博士課程単位取得退学。成城大学教授，横浜国立大学教授等を経て，現在，専修大学教授・法学博士

〈主著〉

『保全訴訟と本案訴訟』（千倉書房・1981年）
『予防的権利保護の研究』（千倉書房・1995年）
『破産と会計』（信山社・1999年）
『民事保全法研究』（弘文堂・2001年）
『民事訴訟法判例研究』（信山社・2002年）
『民事訴訟法の解説〔4訂版〕』（一橋出版・2005年）
『教材倒産法ⅠⅡ』（共編，信山社・2010年）
『最新EU民事訴訟法判例研究Ⅰ』（共編著 信山社・2013年）

信山社双書
法学編

法学民事訴訟法

2013（平成25）年11月28日　第1版第1刷発行　P232
1283-012-0200-020

著者　野村　秀敏
発行者　今井貴・稲葉文子
発行所　㈱信山社
〒113-0033　東京都文京区本郷6-2-9-102
TEL 03-3818-1019　FAX 03-3818-0344
Printed in Japan, 2013　henshu@shinzansha.co.jp

©野村秀敏　印刷・製本／亜細亜印刷・渋谷文泉閣
出版契約書 No.2013-11-1283-9-01011
ISBN 978-4-7972-1283-9 C3332　NDC分類 327.210

JCOPY〈（社）出版者著作権管理機構　委託出版物〉
本書の無断複写は著作権法上での例外を除き禁じられています。複写される場合は，そのつど事前に，(社)出版者著作権管理機構（電話 03-3513-6969, FAX03-3513-6979, e-mail:info@jcopy.or.jp）の許諾を得てください。

法学六法'14
収録数69件，全544頁
定価：本体1,000円（税別）

標準六法'14
収録数126件，全1160頁
定価：本体1,480円（税別）

石川 明・池田 真朗・宮島 司・三上 威彦
大森 正仁・三木 浩一・小山 剛 編集代表

スポーツ六法'13
全832頁
定価：本体2,500円（税別）

小笠原 正・塩野 宏・松尾 浩也 編集代表

ジェンダー六法
収録数163件，全776頁
定価：本体3,200円（税別）

山下 泰子・辻村 みよ子
浅倉 むつ子・二宮 周平・戒能 民江 編

医事法六法
収録数109件，全560頁
定価：本体2,200円（税別）

甲斐 克則 編集代表

保育六法〔第3版〕
収録数230件，全800頁
定価：本体2,600円（税別）

田村 和之 編集代表

コンパクト学習条約集
収録数127件，全584頁
定価：本体1,450円（税別）

芹田 健太郎 編集代表

―― 信山社 ――

野村秀敏 著
民事訴訟法判例研究
定価: 16,600 円（税別）

野村秀敏・安達栄司 編著
最新EU民事訴訟法判例研究 I
定価: 9,800 円（税別）

高橋宏志 著
新民事訴訟法論考
定価: 2,700 円（税別）

井上治典 著
民事手続の実践と理論
定価: 10,000 円（税別）

山本和彦 著
民事訴訟審理構造論
定価: 12,621 円（税別）

信山社

信山社双書法学編

法学入門 社会生活と法 山田卓生 著

法学民法 I 総則・物権 平井一雄 著
法学民法 II 債権総論 平井一雄 著
法学民法 III 債権各論 平井一雄 著
法学民法 IV 判例編 平井一雄・太矢一彦 著

法学刑法 1 総　論 設楽裕文 編
法学刑法 2 各　論 設楽裕文 編
法学刑法 3 演習(総論) 設楽裕文 編
法学刑法 4 演習(各論) 設楽裕文 編
法学刑法 5 判例インデックス1000 設楽裕文 編